BTS Tertiaires

Économie, Droit, Management des entreprises

Tout en fiches

Christine Maurin
Adrien Vila
Jean-François Bocquillon
Martine Mariage
Christian Carrissant

DUNOD

Table des matières

Partie 2 Économie

Partie 3 Droit

11, rue Paul Bert 92247 Malakoff Cedex
www.dunod.com

ISBN 978-2-10-072585-4

Partie 1

Management des entreprises

1 La logique entrepreneuriale

- **1** Qu'est-ce qu'un entrepreneur au sens de Schumpeter ?
- **2** Qu'est-ce que la logique entrepreneuriale ?
- **3** Quelles sont les étapes du projet entrepreneurial ?

1 Qu'est-ce qu'un entrepreneur au sens de Schumpeter ?

Selon **Joseph Schumpeter**, un **entrepreneur** est un agent économique dont la fonction est de repérer des opportunités puis d'exécuter de nouvelles combinaisons de production afin d'en tirer de la valeur. Pour cela **l'entrepreneur doit innover**.

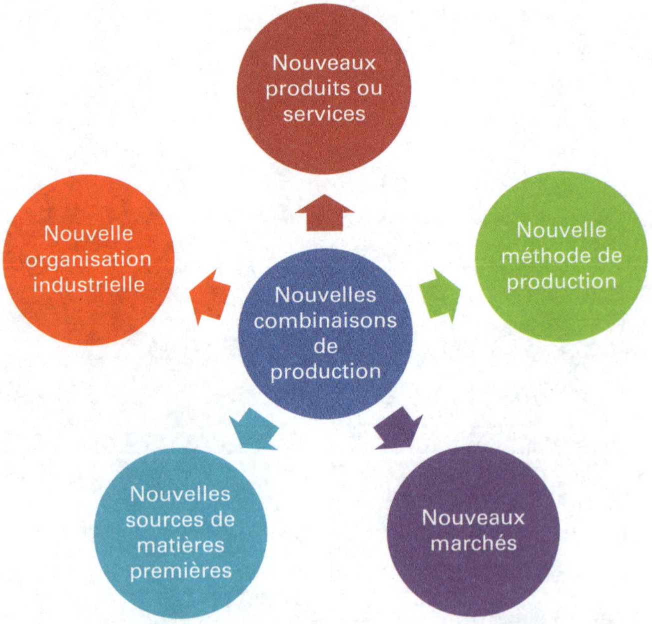

EXEMPLE

U-Switch est une marque de montres créée par trois entrepreneurs français. À l'affût des tendances émergentes, ils ont créé une montre au design soigné personnalisable et modulable. Le produit n'est pas nouveau, le concept l'est.

2 Qu'est-ce que la logique entrepreneuriale ?

a. Quelles qualités doit-on posséder pour être entrepreneur ?

- Avoir **l'esprit d'initiative**. Être entrepreneur, c'est avoir une idée et la mettre en œuvre. Pour cela, il faut démarcher des partenaires commerciaux, des banquiers, des entreprises de communication…
- **Prendre des risques**. Créer une entreprise ou racheter une entreprise existante demande un investissement financier conséquent. Un entrepreneur engage pour partie son patrimoine et bien souvent en cas d'échec ne perçoit pas d'allocation-chômage.
- Avoir une **force de conviction**. Être entrepreneur, c'est convaincre des investisseurs de la solidité de son projet afin qu'ils le financent pour partie. C'est également convaincre des partenaires commerciaux et surtout des clients.
- Être **combatif et tenace**. La création d'entreprise est un parcours de plusieurs mois. Une fois l'entreprise créée, les négociations avec les fournisseurs par exemple ou avec les clients peuvent durer dans le temps sans garantie de succès.

EXEMPLE

L'entreprise Michel et Augustin a été créée par Augustin Paluel-Marmont et Michel de Rovira. Après un passage en école de commerce et un début de carrière prometteur, ils ont décidé de fabriquer des sablés d'abord dans leurs cuisines puis chez un boulanger complaisant. La vente en porte à porte puis chez les commerçants de quartier a démarré très lentement. Ils ont alors eu l'idée de négocier avec la grande distribution pour présenter leurs produits non pas en rayon comme les concurrents, mais au stand « boulangerie ». Depuis, le développement de la marque est assuré par une politique de communication agressive qui s'appuie sur les réseaux sociaux et des partenariats tels que Starbucks.

Esprit d'initiative, prise de risque, ténacité et force de conviction sont bien des qualités que l'on peut attribuer aux deux créateurs.

b. Quelle est la dynamique d'action d'un entrepreneur ?

- **Détecter et saisir des opportunités**. Pour cela, il va falloir rassembler des ressources (financières, matérielles, humaines).
- **Innover**. Un produit peut devenir obsolète, les consommateurs peuvent modifier leurs comportements d'achat… Une entreprise doit donc toujours être à l'affût de nouvelles opportunités voire créer de nouveaux produits ou services.
- **Créer de la valeur**. Une entreprise doit payer ses charges mais également créer de la valeur pour rémunérer les **parties-prenantes** (investisseurs, salariés…) et pour rendre l'activité pérenne (la création de valeur permettra de nouveaux investissements).

3 Quelles sont les étapes du projet entrepreneurial ?

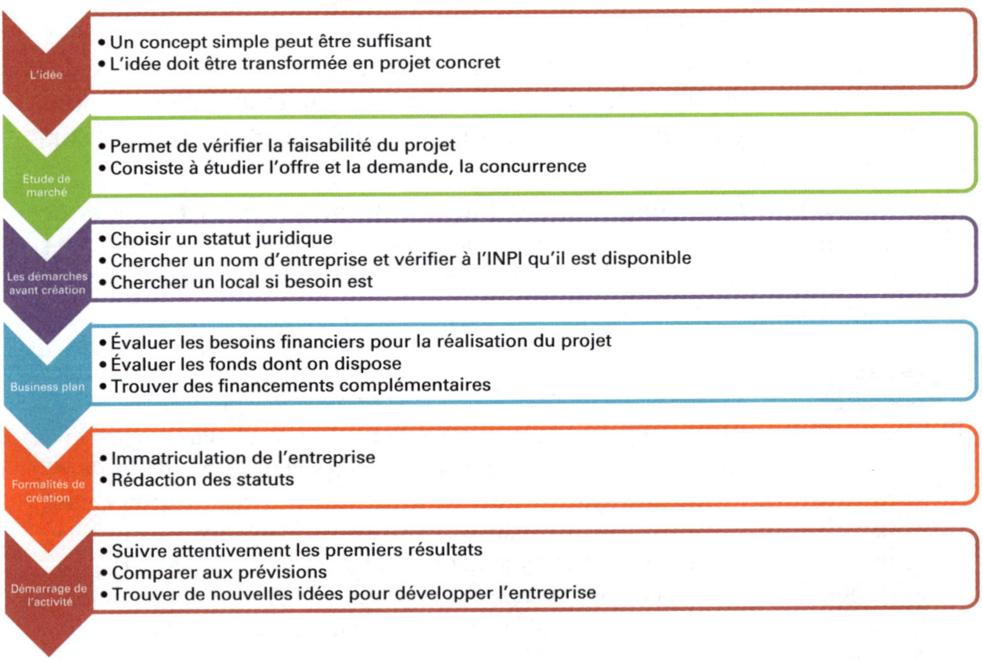

2 La logique managériale

- **1** Qu'est qu'un manager ?
- **2** Quelles sont les fonctions d'un manager ?
- **3** Quels sont les enjeux de la logique managériale ?
- **4** Quelles sont les différences entre entrepreneurs et managers ?

1 Qu'est qu'un manager ?

Le manageur est celui qui gère l'entreprise. Concrètement le manager prend des **décisions** dans la limite des ressources qui lui sont allouées avec pour **objectif** de maximiser la rentabilité de l'entreprise en minimisant les coûts.

Selon **Henry Mintzberg**, le manager organise le travail, planifie les tâches, coordonne les équipes, contrôle le travail réalisé.

Si dans les entreprises de petites tailles le créateur de l'entreprise assure à la fois le rôle d'entrepreneur et de manager, dans les grandes structures, les actionnaires nomment un manager qui assure alors ce seul rôle. Il doit donc se conformer aux exigences des actionnaires c'est-à-dire augmenter le profil en réduisant autant que possible les coûts.

La fonction de manager est complémentaire à celle d'entrepreneur. Pour qu'un concept ou projet voit le jour et soit une réussite, il faut une **démarche managériale.**

EXEMPLE

Jack Welch a présidé General Electric de 1981 à 2001. Pour assurer la solidité du groupe c'est-à-dire maximiser la rentabilité en minimisant les coûts, il a dû procéder à des vagues massives de licenciements.

En ce qui concerne l'organisation du travail et le contrôle, il avait pour habitude, face à un collaborateur inefficace, de le convoquer à un entretien, de fixer avec lui des axes d'amélioration puis d'effectuer un deuxième entretien pour évaluer les progrès effectués.

2 Quelles sont les fonctions d'un manager ?

EXEMPLE

Carlos Ghosn est à l'origine du redressement de Nissan. Ce redressement est passé par une phase d'analyse à laquelle ont participé toutes les équipes. C'est cette phase d'analyse qui a permis la prise de décisions.

Il a également imposé la culture des résultats en fixant des objectifs à chaque collaborateur.

3 Quels sont les enjeux de la logique managériale ?

Le manager pilote l'entreprise en fonction des contraintes qu'on lui impose. Il doit donc respecter le cadre qui lui est fixé comme tout salarié. Tout en respectant ce cadre, il doit optimiser les ressources pour les utiliser avec **efficacité** et **efficience** (< voir Fiche 5) et assurer au mieux la continuité de l'entreprise. Mais son rôle est essentiel. De ses connaissances, de ses **compétences**, de son expérience dépend la réussite de l'entreprise. Les décisions à prendre sont complexes et nécessitent l'adhésion des collaborateurs. Le manager doit donc être particulièrement investi et ne doit pas rejeter toute idée nouvelle au nom de l'équilibre financier. Mieux, il doit parfois faire preuve d'un certain esprit entrepreneurial afin de favoriser réactivité et flexibilité, tout comme l'entrepreneur doit faire preuve d'une certaine rigueur en matière financière s'il ne veut pas que sa prise de risque aboutisse à la fermeture de l'entreprise.

4 Quelles sont les différences entre entrepreneurs et managers ?

L'entrepreneur	Le manager
Imaginatif et visionnaire	Organisateur
Investit son argent	Agit dans le cadre du budget de l'entreprise
A l'idée du projet puis se projette développe une nouvelle idée	Accompagne les projets
actif face à une opportunité	Est réfléchi
Goût du risque	Doit maîtriser les risques

Citation

« *La valeur d'une idée dépend de son utilisation* » Thomas Edison
« *La meilleure façon de prédire le futur est de le créer* » Peter Drucker

3 La finalité de l'entreprise

- **1** Qu'est-ce que la finalité de l'entreprise selon Peter Drucker ?
- **2** Quel est le rôle du profit ?
- **3** Quelle relation entre finalité et objectifs ?
- **4** Qu'est-ce que la RSE ?
- **5** Quelles actions concrètes peuvent être mises en place par l'entreprise ?
- **6** Quels sont les enjeux de la RSE ?

1 Qu'est-ce que la finalité de l'entreprise selon Peter Drucker ?

Selon **Peter Drucker**, la **finalité** de l'entreprise est la satisfaction client. En effet, sans client qui cherche à satisfaire un besoin par un produit ou un service, il n'y a pas de réussite possible pour une entreprise.

De cette constatation, Peter Drucker en déduit qu'il y a deux fonctions essentielles dans l'entreprise, **le marketing** et l'**innovation**.

Le service marketing doit chercher à connaître le consommateur afin de lui proposer le produit ou le service adapté à ses besoins. Innover est donc un impératif car les besoins, les envies, les modes de vie du consommateur évoluent dans le temps et il sera nécessaire de développer des biens ou services nouveaux.

EXEMPLE

« Le slip français » est une entreprise créée en 2011 par Guillaume Gibault, jeune diplômé de 25 ans. Les sous-vêtements proposés par l'entreprise sont 100 % Français et commercialisés essentiellement via internet. Pour se démarquer des concurrents, le créateur a misé sur la qualité et une communication décalée presque 100 % Web (réseaux sociaux, Youtube) adaptée à la clientèle de jeunes qui est la sienne.

L'entreprise n'a cessé d'innover. En 2013, elle finance un nouveau produit « le slip qui sent bon » (des microcapsules de parfum sont incorporées au slip) grâce à une plateforme de financement participatif.

2 Quel est le rôle du profit ?

Il est tentant d'affirmer que le **profit** est la première finalité de l'entreprise. Or, pour Peter Drucker, le profit n'est pas la finalité de l'entreprise car il n'est pas l'objet de l'entreprise et n'explique pas comment fonctionne une entreprise.

L'entreprise qui vise uniquement le profit en oubliant la satisfaction client ne sera rentable qu'un temps car très rapidement elle ne trouvera plus sa clientèle (produits inadaptés à la demande, prix trop élevés…). L'entreprise qui vise la satisfaction client, fera du profit car elle aura correctement ciblé sa clientèle, les produits et services attendus. Le profit est important car il va permettre à l'entreprise de se développer, d'investir et de créer des emplois.

3 Quelle relation entre finalité et objectifs ?

Pour offrir des produits ou services satisfaisant le client, l'entreprise doit se fixer des objectifs. Il s'agit de buts concrets réalisables dans un délai donné.

De ces objectifs vont découler l'organisation des services de l'entreprise (on parle de **structure**), l'affectation des salariés aux différentes tâches.

On distingue des objectifs généraux tels qu'identifiés par Peter Drucker (voir figure ci-après) et des objectifs secondaires assignés aux différents services de l'entreprise (augmenter le budget formation par exemple).

L'ensemble de ces objectifs doit être en conformité avec la finalité.

EXEMPLE

Guillaume Gibault, créateur du « Slip français » n'ayant pas les moyens de créer sa propre usine et désirant une production 100 % française, a décidé de sous-traiter la production auprès d'une usine en Dordogne. Les capacités de production de l'usine étant très rapidement atteintes, l'entrepreneur a dû trouver de nouveaux sites de production français sans pour autant perdre de vue l'impératif de qualité exigé par sa clientèle.

4 Qu'est-ce que la RSE ?

La notion de **responsabilité sociétale des entreprises (RSE)** découle de la notion de **développement durable**.

Définition

Il s'agit pour l'entreprise non seulement de se soucier de sa rentabilité financière et de son développement mais également des impacts environnementaux et sociaux de son activité. Elle doit de plus se préoccuper de ses parties-prenantes (salariés, actionnaires, clients, instances représentatives du personnel...).

Cette démarche va se traduire par diverses actions concrètes qui peuvent aboutir à la mise en œuvre de démarches qualité et à la certification de ses actions.

5 Quelles actions concrètes peuvent être mises en place par l'entreprise ?

Les aspects de la RSE	Exemples d'actions concrètes
Environnement	▷ Emballage recyclable du produit ▷ Commerce équitable

Sociétal	▷ Mécénat ▷ Mise en place d'un projet humanitaire
Parties-prenantes	▷ Améliorer les conditions de travail des salariés ▷ Meilleure information des actionnaires

EXEMPLE

Mc Donald's a commencé à se préoccuper de RSE dans les années 1990. L'entreprise a modifié ses emballages et adopté le carton recyclé pour ensuite se préoccuper de la diminution des gaz à effet de serre engendrés par son activité. L'entreprise affirme veiller à ses bonnes relations avec ses fournisseurs, à former et favoriser les perspectives d'emploi de ses salariés.

6 Quels sont les enjeux de la RSE ?

La plupart des grandes entreprises communiquent sur les actions de RSE qu'elles mettent en place. Ces actions et la communication qui s'en suit ne doivent pas n'être qu'une façade. L'entreprise doit se fixer des objectifs raisonnables et s'engager dans une politique de progrès continu.

Une véritable politique de RSE permet par exemple à l'entreprise :

- d'anticiper les législations notamment dans le domaine de l'environnement ;
- de conquérir des clients de plus en plus réceptifs et en attente d'attitude citoyenne ;
- de façonner son image ;
- de placer l'humain au cœur de l'entreprise et de favoriser l'implication des salariés.

EXEMPLE

En 2007, Monoprix a mis en place en région parisienne un mode d'approvisionnement de marchandises plus écologique. Les marchandises sont acheminées via la Seine puis par camions roulant au gaz et équipés de système anti-bruit. Ce dispositif lui permet d'être moins impacté par les restrictions de circulation prises dans la capitale.

Cette décision fait partie d'une démarche commencée il y a 20 ans qui a forgé son image pro-environnementale.

4 Management stratégique et management opérationnel

- **1** Qu'est-ce que le management stratégique ?
- **2** Qu'est-ce que le management opérationnel ?
- **3** Comment s'articule le management stratégique et le management opérationnel ?

Le management consiste à fixer des objectifs en conformité avec la finalité de l'entreprise, mobiliser des ressources et contrôler les résultats. On distingue donc deux dimensions au management : le **management stratégique** et le **management opérationnel**.

1 Qu'est-ce que le management stratégique ?

Définition

Le management stratégique consiste à définir les grandes orientations de l'entreprise à moyen et long terme en tenant compte de son environnement et de ses ressources.

De ces grandes orientations, dépendent souvent la réussite ou la disparition de l'entreprise. Il convient donc de fixer des objectifs clairs en phase avec la finalité de l'entreprise, d'adapter la structure de l'entreprise (diviser l'entreprise en services, répartir les tâches et coordonner le tout) et de contrôler la mise en œuvre des objectifs afin éventuellement de prévoir des mesures correctives.

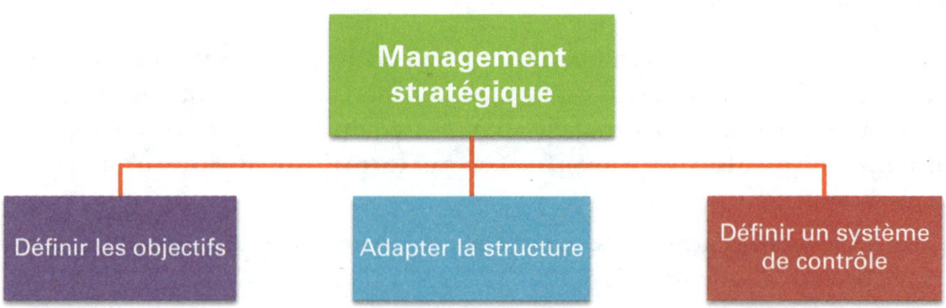

EXEMPLE

Face à une image devenue un peu floue, Lacoste a décidé en 2014 d'accentuer le côté luxe de la marque et de jouer sur les émotions. Pour cela, l'entreprise a défini un nouveau concept de boutiques et de vitrines et a fixé une nouvelle cible pour la marque « Live », les 25-30 ans. Stratégiquement, ils sont considérés comme plus « modes » que les 15-25 ciblés à la création de cette marque.

2 Qu'est-ce que le management opérationnel ?

Définition

Le management opérationnel consiste à mettre en œuvre les objectifs définis par le management stratégique en optimisant les ressources disponibles (financières, humaines…).

Le management stratégique a dessiné la structure de l'entreprise en la scindant en différentes fonctions (par exemple fonction production, fonction ressources humaines, fonction commerciale…) et services (par exemple service achat).

Ce sont les responsables de ces fonctions et des services qui vont être les acteurs du management opérationnel. Ils vont effectuer des choix en fonction des ressources disponibles et en tenant compte du coût de ces ressources. Ils vont coordonner les actions du personnel, leur allouer les ressources nécessaires, assurer la circulation de l'information, animer et motiver les équipes, assurer la gestion des conflits…

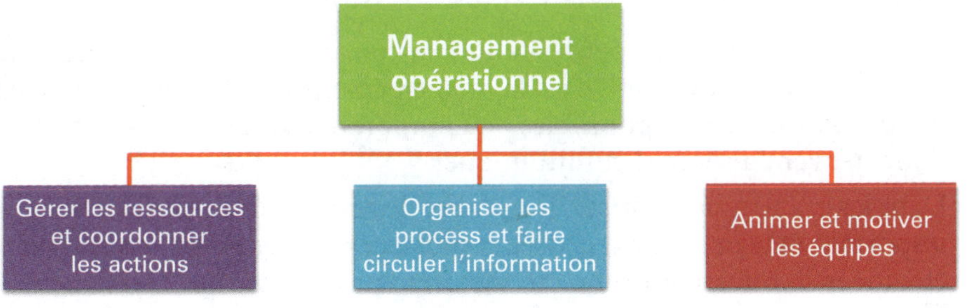

EXEMPLE

En conformité avec l'objectif de jouer sur les émotions et de cibler les 25-30 ans, Lacoste a fait concevoir par l'agence BETC (Havas) une campagne de communication axée sur le style de vie à la française. Sa campagne « *Life is a beautiful sport* » fit la part belle aux émotions et fut un vrai succès. L'objectif de rajeunir la marque et d'augmenter la côte de popularité a été atteint. On constate ici l'importance du management opérationnel (choix de l'agence de communication) pour atteindre les objectifs fixés par le management stratégique.

3 Comment s'articule le management stratégique et le management opérationnel ?

a. En quoi sont-ils complémentaires ?

- Les décisions prises dans le cadre du management opérationnel sont le prolongement logique des objectifs fixés par le management stratégique. Pour assurer au mieux la cohésion des décisions, les acteurs du management stratégique doivent impérativement informer les acteurs du management opérationnel des orientations générales.
- Mais l'information ne doit pas être seulement descendante. Les acteurs du management opérationnel doivent, face à des difficultés d'organisation, à un retour client négatif…, informer la hiérarchie afin qu'elle puisse prendre des mesures correctives pouvant aller jusqu'à un changement de **stratégie**.

b. Quelles sont les difficultés d'articulation ?

- Dans les entreprises de petites tailles, la coordination ne pose pas vraiment de problème car soit c'est la même personne qui assure l'ensemble de ces rôles soit les responsables peu nombreux, sont sur le même site et donc peuvent aisément communiquer.
- Dans les grandes entreprises, le nombre de responsables est relativement important et la firme peut posséder plusieurs entités géographiquement éloignées. L'information ne circule donc pas toujours correctement et l'organisation ne favorise pas la réactivité des équipes. Les décisions sont aussi plus difficiles à faire accepter en raison d'une résistance naturelle au changement et des conséquences qu'elles engendrent parfois

(licenciements). Il est donc impératif d'informer l'ensemble du personnel des objectifs fixés et des mesures qui l'accompagnent.

- En raison d'un environnement changeant et dans un univers économique et technologique qui évolue de plus en plus rapidement, il est impératif que les premières décisions prises dans le cadre du management opérationnel suivent rapidement les décisions stratégiques.
- Les décisions stratégiques engagent l'entreprise sur le long terme (sur 5 ans environ). Les **décisions opérationnelles** sont quant à elles, des décisions de court terme et doivent donc correctement s'articuler dans le temps avec les décisions stratégiques.

EXEMPLE

Le secteur bancaire est fortement impacté par le développement du numérique et l'apparition de nouveaux concurrents. Aussi, la Société Générale a lancé en 2015 un plan de transformation de son réseau qui prévoit la suppression de 6 sites de traitement des opérations clients. Ces décisions s'accompagnent de vagues de licenciements.

Fin décembre 2015, la société générale a annoncé 2 000 suppressions d'emplois d'ici 2020 dans son réseau d'agences et début mars 2016, 550 suppressions de postes supplémentaires sur 5 ans. Avec un bénéfice en augmentation en 2015 de 50 % par rapport à l'année précédente, de telles décisions doivent être expliquées en interne pour éviter d'éventuels mouvements sociaux ou une baisse de motivation des salariés.

5 La performance

1 Qu'est-ce que la performance ?

Définition

Évaluer la performance d'une entreprise consiste à mesurer les résultats obtenus par cette dernière. Le concept de performance est double. Il s'agit d'une part d'être efficace c'est-à-dire d'atteindre l'objectif fixé et d'autre part d'être efficient c'est-à-dire atteindre ce résultat en utilisant le moins de ressources possibles.

Dans une entreprise, on peut évaluer la **performance** d'un employé, d'un service ou de l'ensemble de la firme. Quelque soit le niveau hiérarchique choisi, on peut également évaluer un seul aspect (par exemple la performance financière) ou tout un ensemble.

Lorsqu'on analyse au niveau de l'entreprise la performance économique, sociétale et environnementale, on parle de **performance globale**. Cette notion découle du concept de développement durable et de responsabilité sociétale des entreprises.

2 Comment mesurer la performance ?

a. Pourquoi la démarche doit être réfléchie ?

Mesurer la performance nécessite de clairement définir ce que l'on veut mesurer puis de déterminer un ou des critères d'évaluation. Si établir un indicateur financier est relativement aisé (chiffre d'affaires par exemple), **évaluer l'aspect environnemental** (baisse de la pollution, amélioration de la sécurité…) ou **social** (conditions de travail, égalité hommes/femmes…) s'avère plus complexe.

Dès lors, on peut se poser les questions suivantes :

- Quel indicateur utiliser ? La conception et le choix d'un critère présentent presque toujours une part de subjectivité et certains critères sont peu compatibles entre eux.
- Combien d'indicateurs utiliser ?
- Sont-ils fiables ?

EXEMPLE

Groupama a mis en place une évaluation globale de sa performance. Parmi ces indicateurs nous pouvons citer :

- le nombre de personnes en interne ayant bénéficié d'actions de sensibilisation à la prévention ou la sécurité ;
- la part de pare-chocs et boucliers plastiques réparés dans la branche automobile, plutôt que remplacés ;
- le montant alloué au titre du mécénat ;
- la répartition hommes/femmes des effectifs CDI/CDD ;
- le nombre de salariés ayant eu une promotion au cours de l'année.

b. Quels indicateurs utiliser ?

C'est à chaque entreprise de déterminer ce qu'elle veut évaluer ou qui elle veut évaluer et à déterminer des critères (quantitatifs ou qualitatifs).

- **Les indicateurs financiers**

Chiffre d'affaires, bénéfices sont les premiers indicateurs que l'on utilise pour analyser la performance d'une entreprise. **Alfred Sloan** a distingué :

- **le ROI** (*Return On Investment*). Il s'agit de mesurer la rentabilité financière des capitaux en divisant les résultats nets par les capitaux propres ;

- **le ROE** (*Return On Equity*). Il s'agit de mesurer la rentabilité économique en divisant les résultats d'exploitation par les capitaux investis.

Le tableau de bord

Des outils tels que les tableaux de bord peuvent aider les entreprises à évaluer leur performance. Un **tableau de bord** est un outil synthétique qui présente en un seul document l'ensemble des éléments d'évaluation. Le tableau de bord le plus complet est celui de **Kaplan et Norton**. Il n'est pas limité à l'aspect financier comme le sont souvent les tableaux de bord et intègre l'aspect sociétal de l'entreprise.

- **l'axe financier :** si l'objectif est de développer les parts de marché, l'entreprise peut adopter comme indicateur la part de marché en pourcentage ;
- **l'axe processus internes :** si l'objectif est d'améliorer le processus de fabrication, l'entreprise peut choisir comme indicateur le taux de produits non conformes ;
- **l'axe organisationnel :** si l'objectif est de développer les compétences des salariés, l'entreprise peut fixer comme indicateur le nombre de jours de formation par salarié ;
- **l'axe clients :** si l'objectif est de fidéliser la clientèle, l'entreprise doit se baser sur le nombre de cartes de fidélité souscrites dans le mois.

L'intérêt d'une telle démarche est de mettre en relation résultats et objectifs, de susciter un questionnement au sujet des écarts et d'induire des mesures correctives.

6 Les styles de direction

- **1** Quels facteurs influencent les styles de direction ?
- **2** Quels sont les styles de direction selon Likert ?
- **3** Quel est le style de direction selon Blake et Mouton ?
- **4** Quel est le style de direction idéal ?

Définition

Un style de direction est la façon dont un dirigeant exerce le pouvoir au sein de l'entreprise.

1 Quels facteurs influencent les styles de direction ?

Différentes catégories de facteurs influencent le **style de direction** du décideur :

- **Les facteurs globaux :**
  - **le secteur d'activité.** On ne manage pas de la même façon une équipe dans le secteur du bâtiment et dans le secteur social par exemple ;
  - **la taille de l'entreprise.** Les rapports avec la hiérarchie sont plus formels dans les grandes entreprises par rapport aux PME ;
  - **la structure.** Certaines entreprises sont très hiérarchisées, d'autres fonctionnent par projets collaboratifs.
- **Les facteurs humains :**
  - **la personnalité du décideur.** Certaines personnes sont naturellement plus autoritaires ;
  - **le comportement des subordonnés.** Certains salariés sont plus autonomes que d'autres.
- **Les circonstances :** certaines décisions doivent être prises rapidement et ne permettent pas de consulter l'équipe concernée. Aussi, un décideur peut modifier son comportement et adopter une attitude plus ou moins autoritaire en fonction du type de décision à prendre, et de la réactivité nécessaire.

EXEMPLE

Steve Jobs lorsqu'il était à la tête d'Apple avait la réputation d'un « micro-gestionnaire tyrannique ». Il a su conserver d'excellentes relations avec son équipe de direction, de moins bonnes avec le reste des subordonnées.

2 Quels sont les styles de direction selon Likert ?

Rensis Likert, psychologue américain a étudié le comportement des individus au sein des entreprises et en a déduit quatre styles de direction.

Caractéristiques	L'autoritaire exploiteur	L'autoritaire paternaliste	Le consultatif	Le participatif
Attitude envers les subordonnés :	Autorité fondée sur la crainte	Autorité incontestée et écoute	Confiance partielle envers les subordonnés	Confiance totale
Processus de décision	Décisions unilatérales puis annonce des décisions	Décisions au sommet mais discussion au sujet de la mise en œuvre	Consultation avant décision	Concertation collective avant décision et parfois **décentralisation** de la décision
Système de motivation	Menaces, sanctions	▻ Récompenses ▻ Sanctions possibles	Système de récompenses	Système de participation et d'intéressement aux résultats

EXEMPLE

Steve Jobs, manager autoritaire : en matière de recrutement, il a affirmé « *Quand je recrute des seniors, la compétence prime. Ils doivent être vraiment intelligents. Mais le vrai enjeu pour moi est de savoir s'ils vont tomber amoureux d'Apple, parce que, s'ils tombent amoureux d'Apple, tout le reste suivra.* ». Entrer chez Apple, c'est offrir tout son temps et son énergie.

Son autoritarisme ne s'arrêtait pas au recrutement. Il désirait donner son accord pour toutes les décisions même secondaires et avait mis en place un système de détection des salariés « déviants ».

Le grand public le connait pour sa marque, ses produits et le succès de son entreprise ; beaucoup moins pour la terreur qu'il inspirait à bon nombre de ses salariés.

3 Quel est le style de direction selon Blake et Mouton ?

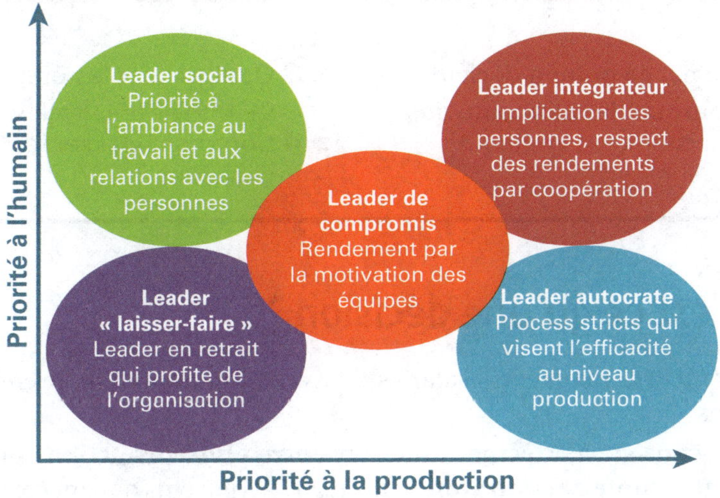

EXEMPLE

Jocelyn Denis, leader social : il dirige une *start-up* rennaise de digital marketing, Digitaleo. Installé avec ses 70 salariés dans un grand loft au cœur d'un éco-quartier, il a écrit l'histoire de son entreprise jusqu'en 2020 pour expliquer sa vision à ses salariés. Il favorise la convivialité (babyfoot, cours de pilates…), l'esprit d'équipe (information ascendante). Il est toutefois conscient qu'un tel management n'est possible qu'en recrutant des profils particuliers. Il affirme « *qu'une personne qui n'aime pas le changement, qui n'est pas autonome, ne s'y sentirait pas bien: notre management ne correspond pas à tous les profils.»*.

4 Quel est le style de direction idéal ?

Si Likert a une préférence pour le style participatif qu'il juge plus efficace (bien que source de stress pour les subordonnés ayant besoin de repères et de directives), il n'y a pas de style de direction idéal.

Des études ont montré que les subordonnés sont peu influencés par le style de direction de leur supérieur. Leur performance dépend avant tout de leur formation, de leur expérience, de leur motivation personnelle et de l'organisation du travail.

7 Les décisions et le processus de décision

- **1** Qu'est ce qu'une décision ?
- **2** Pourquoi la rationalité des décisions est limitée ?
- **3** Quelles sont les étapes du processus décisionnel ?
- **4** Comment classer les décisions ?

1 Qu'est ce qu'une décision ?

Entrepreneurs, managers, salariés, doivent au quotidien prendre des décisions.

Décider consiste à effectuer un choix entre plusieurs actions possibles en tenant compte de contraintes (stratégies et objectifs qui ont été fixés, législations, réactions des clients, relations sociales au sein de l'entreprise…).

Herbert Simon, économiste américain est venu préciser la notion. Lorsqu'un problème est identifié, le décideur doit modéliser les solutions possibles afin de sélectionner la meilleure d'entre elles. Mais la décision n'est jamais rationnelle car elle découle des circonstances et des éléments d'information que possède le décideur au moment de la prise de décision.

2 Pourquoi la rationalité des décisions est limitée ?

Modéliser des solutions après avoir identifié le problème, nécessite des connaissances, un système de veille efficace afin de rassembler le plus d'informations possibles. C'est sur la base de ces données que le décideur va envisager les avantages et les inconvénients de chaque solution et anticiper les conséquences possibles de chaque choix. Or,

- les connaissances et les informations n'étant que partielles, la solution ne peut être optimale ;
- il y a une impossibilité d'évaluer les conséquences possibles de chaque choix dans la mesure où le décideur n'en a pas forcément les capacités et/ou ne maitrise pas l'ensemble des paramètres ;

- le délai imparti pour prendre une décision peut être relativement court.

À cela s'ajoute le comportement naturel de tout individu qui lors de la prise de décision :

- analyse le contexte de façon simple ;
- opte pour les solutions déjà expérimentées ;
- adopte des solutions qui lui apportent une certaine satisfaction.

3 Quelles sont les étapes du processus décisionnel ?

Ce processus est plus ou moins respecté selon la personnalité du décideur, la nature du problème, le type de décisions…

- certains problèmes surviennent régulièrement engendrant un processus décisionnel rapide et standardisé (exemple : renouvellement de stocks).
- certaines décisions (problèmes nouveaux et/ou complexes) nécessitent un processus de décision long et formel (exemple : nouvelle campagne de communication).

EXEMPLE

L'entreprise H&M s'est lancée en 2014 dans la décoration à l'instar de Zara 10 ans auparavant. C'est la solution trouvée pour palier la chute du marché du textile (baisse de 11 % en France sur 6 ans). Cette diversification est cohérente dans la mesure où de nombreux articles de décoration sont en tissus et font donc appel à des processus industriels utilisés pour les lignes de vêtements.

Décision fut prise d'accompagner ce lancement de la création d'une boutique en ligne. C'est l'occasion pour H&M de rattraper son retard car jusqu'à présent l'entreprise ne s'était pas essayée au e-commerce.

4 Comment classer les décisions ?

a. En fonction du type de décision

Il est possible de classer les décisions de plusieurs façons : en fonction de l'objet de la décision (production, ressources humaines…), en fonction de sa prévisibilité (anticipée, émergente…), du niveau hiérarchique de la décision (émanant de l'entrepreneur, du manager, d'un employé)…

Igor Ansoff a proposé la classification suivante :

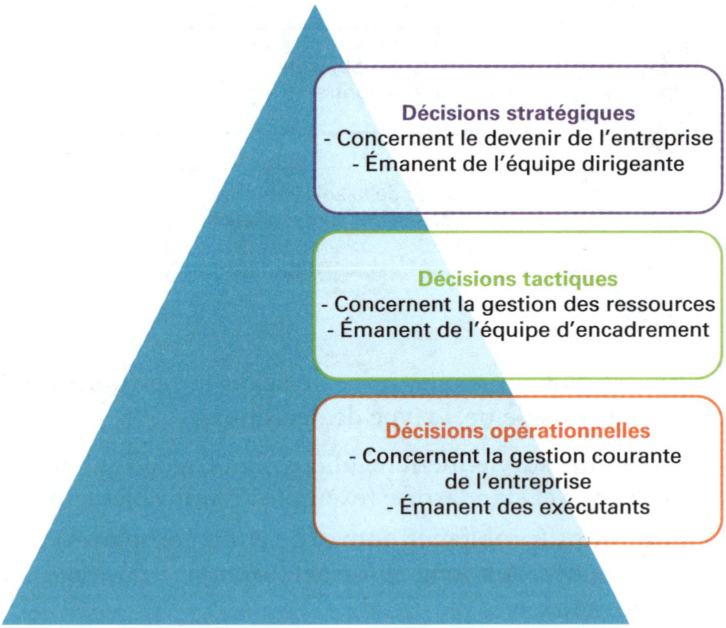

EXEMPLE

L'entreprise Greencup fabrique des gobelets réutilisables et recyclables. Les trois jeunes créateurs ont pris la décision de postuler pour devenir fournisseur officiel de l'EURO 2016. Retenue par l'UEFA, l'entreprise de 13 salariés s'est vue contrainte de prendre des décisions tactiques importantes : déménagement dans des locaux plus spacieux, embauches de nouveaux salariés. Il faut dire que leur chiffre d'affaires devrait augmenter de 40 à 50 % en 2016.

b. Entrepreneur, Manager, quelles décisions ?

Il serait tentant au vu de cette pyramide, d'en conclure que l'entrepreneur prend des décisions stratégiques dont le caractère risqué impacte fortement le devenir de l'entreprise et le manager des **décisions tactiques** puisque son rôle est de gérer et organiser les ressources.

Selon la taille de l'entreprise, le rôle du manager varie. Dans les grandes structures, ses décisions s'apparenteront à celles de l'entrepreneur. Il devra être vigilant en phase d'identification du problème car c'est dans cette phase qu'il pourra repérer des opportunités.

En phase de choix de la solution, il aura la possibilité d'opter pour une décision plus ou moins risquée.

Dans les petites structures, l'entrepreneur assure souvent les deux rôles et donc prendra alternativement des décisions stratégiques ou tactiques.

8 Les parties prenantes

- **1** Qu'est-ce qu'une partie prenante ?
- **2** Quels sont les enjeux liés aux intérêts des parties prenantes ?
- **3** Quels sont les modes de gouvernance ?

1 Qu'est-ce qu'une partie prenante ?

a. De quelle façon définir une partie prenante ?

Définition

R. Edward Freeman, philosophe américain a défini une partie prenante de la façon suivante : « *une partie prenante est un individu ou un groupe d'individus qui peut affecter ou être affecté par la réalisation des objectifs de l'entreprise* ».

Ces individus ou groupes d'individus sont nombreux. On peut citer les salariés, les fournisseurs, les clients, l'opinion publique, les syndicats, les IRP (Instances Représentatives du Personnel), les organisations non gouvernementales (ONG)…

b. Comment classer les parties prenantes ?

On peut tout d'abord classer les parties prenantes en fonction du lien qu'elles ont établi avec l'entreprise. On distingue ainsi :

- **les parties prenantes primaires ou de premier rang** qui ont une relation directe et souvent contractuelle avec l'entreprise telle que les actionnaires, les salariés, clients, les fournisseurs. De ces relations dépend la survie de l'entreprise ;
- **les parties prenantes secondaires ou de second rang** qui font partie de l'environnement de l'entreprise telles que la société civile, les ONG, les

organisations professionnelles. Les relations établies entre l'entreprise et ces parties prenantes sont certes importantes mais ne menacent pas la survie de l'entreprise.

On peut également classer les parties prenantes en fonction de la place qu'elles occupent par rapport à l'entreprise. On distingue ainsi :

- **les parties prenantes internes** telles que les actionnaires de l'entreprise, les salariés, les instances représentatives du personnel.
- **les parties prenantes externes** telles que les clients, fournisseurs, les banques, les associations de consommateurs, les collectivités territoriales, les médias…

2 Quels sont les enjeux liés aux intérêts des parties prenantes ?

a. Quels sont les intérêts et objectifs des principales parties prenantes ?

Parties prenantes	Exemples d'intérêts et objectifs
Le dirigeant	Il vise le développement de l'entreprise et pour cela défini la stratégie.
Les actionnaires	Ils constituent l'équipe dirigeante et participent aux décisions avec pour objectifs de maximiser les **dividendes**.
Les salariés	Ils ont des exigences en matière de rémunération, de conditions de travail, de sécurité.
Les syndicats et IRP	Ils défendent les intérêts des salariés.
Les clients	Ils désirent un rapport qualité/prix et le respect des délais de livraison.
Les fournisseurs	L'important est pour eux de maximiser les volumes à fournir à un prix intéressant.
Les banques et assurances	Ils désirent fournir des services de façon à maximiser leurs profits et de minimiser leurs risques.
Les pouvoirs publics	Leur rôle est de réguler par exemple en légiférant, et d'orienter l'économie via la fiscalité notamment.
La société civile	Elle a pour objectif de défendre les intérêts collectifs (exemple : les consommateurs).

EXEMPLE

Depuis plus de 10 ans les syndicats de la Société Nationale Maritime Corse (SNCM) entretient des relations conflictuelles avec les actionnaires.

En 2014, au vu des difficultés économiques, l'actionnaire majoritaire Transdev était partisan d'une procédure de redressement judiciaire. Pour l'actionnaire cette procédure était l'assurance que l'entreprise serait exonérée des amendes prononcées par la commission européenne pour des aides d'État touchées illégalement. Les syndicats étaient contre, estimant que la procédure aboutirait au démantèlement de la compagnie.

b. Quelles sont les relations entre parties prenantes ?

Les parties prenantes peuvent avoir des intérêts communs mais souvent elles ont des intérêts et des objectifs qui leur sont propres. Les intérêts de chacun ne sont pas toujours compatibles avec ceux des autres et de l'entreprise (exemple : la richesse créée par l'entreprise appelée valeur ajoutée sera partagée entre autres, entre actionnaires et salariés. Se pose la question de sa juste répartition). Un « jeu » d'influence peut alors se mettre en place.

Cela engendre :

- la nécessité d'identifier les interlocuteurs importants ;
- l'analyse de la vision des autres parties prenantes préalable à la formulation d'arguments contradictoires.
- le besoin pour les parties prenantes de négocier entre elles pour trouver un compromis ;
- de possibles conflits ;

Lorsque le dirigeant prend une décision, un système de contre-pouvoir peut se mettre en place. On entend par contre-pouvoir le fait de mettre en œuvre des moyens légitimes et organisés pour contenir le pouvoir du dirigeant. Ainsi par exemple, les actionnaires peuvent décider de la création d'un conseil de surveillance qui aura pour rôle d'effectuer un contrôle continu sur la gestion de l'entreprise.

Même lorsqu'il s'agit d'exécuter une action définie au sein de l'entreprise, le « jeu » d'influence va se manifester. Les parties prenantes concernées ont chacune leur vision des moyens nécessaires, une action peut être exécutée de différentes façons et l'exécutant dispose toujours d'une marge de liberté.

EXEMPLE

L'État a mis en place un plan pour lutter contre la grippe aviaire. Les producteurs de foie gras vont être impactés par ces mesures puisqu'ils vont devoir fermer les élevages pendant plusieurs semaines afin de les désinfecter et de les réaménager. Ces nouvelles contraintes sanitaires vont avoir un impact sur les coûts de production au moment même où les éleveurs sont en pleine négociation avec la grande distribution. L'État a demandé à la grande distribution de prolonger la période de négociation des prix pour en tenir compte.

On voit donc bien que la décision d'une partie prenante (l'État) peut influer sur les relations entre d'autres parties prenantes (fournisseurs/clients).

3 Quels sont les modes de gouvernance ?

La **gouvernance** est la mise en place de dispositifs (règles par exemple) qui permettent de définir les pouvoirs des parties prenantes et de coordonner ces pouvoirs au sein d'une structure.

En principe, l'assemblée générale des actionnaires élit un conseil d'administration, choisit et contrôle les dirigeants des entreprises. Au-delà de ce schéma, on distingue deux modes de gouvernances :

- **le modèle de gouvernance actionnariale** appelé également modèle *shareholder* qui vise à s'assurer que le dirigeant salarié agira bien en conformité avec les intérêts des actionnaires ;
- **le modèle de gouvernance partenariale** appelé également modèle *stakeholder* qui vise à trouver un équilibre entre l'ensemble des parties prenantes en réduisant les conflits et en recherchant l'adhésion de tous. On se rapproche ainsi de la notion de responsabilité sociétale des entreprises.

Modèle actionnarial	Modèle partenarial
Relations dirigeant/actionnaires privilégiées	Prise en compte de l'ensemble des parties prenantes et de la notion de RSE
Maximisation de la richesse créée pour les actionnaires	Trouver un équilibre entre les intérêts des parties prenantes
Contrôle du dirigeant	Contrôle de fait du dirigeant par l'ensemble des parties prenantes

EXEMPLE

Certaines entreprises développent leurs propres systèmes pour établir et évaluer leurs objectifs en matière de développement durable et de prise en compte des parties prenantes. C'est le cas de Danone qui a créé un outil de gestion nommé la « Danone way ». Cet outil comprend une charte, un code de conduite, des supports d'auto-évaluation…

D'autres entreprises vont s'appuyer sur les plateformes telles que Sequovia qui vise à accompagner les entreprises responsables ou font le choix de recourir à un prestataire extérieur qui va leur permettre de définir des objectifs et des outils.

9 Définir une démarche stratégique

- **1** Qu'est-ce qu'une stratégie ?
- **2** Qu'est-ce que la démarche stratégique ?
- **3** Qu'est-ce qu'une segmentation stratégique ?

1 Qu'est-ce qu'une stratégie ?

a. Qu'est-ce qu'une décision stratégique ?

Une **décision stratégique** est une décision prise par l'entreprise. Elle consiste à faire des choix d'actions, d'allocations de ressources en vue de réaliser les objectifs fixés. Ces choix doivent être cohérents avec le métier (compétences génériques) et la finalité de l'entreprise. Une stratégie répond à trois questions :

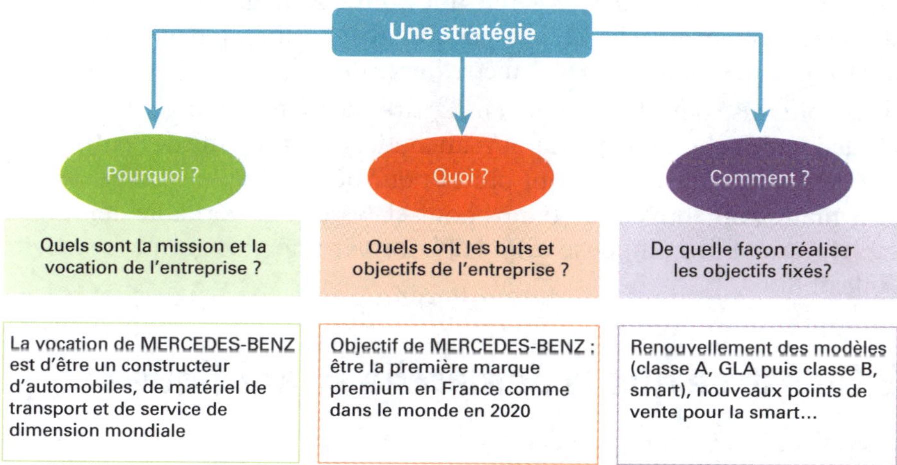

b. Une stratégie est-elle toujours délibérée ?

On pourrait penser qu'une stratégie est systématiquement réfléchie et planifiée. Or, **Henry Mintberg** a démontré d'une part, que si parfois certaines stratégies sont délibérées, elles ne sont pas pour autant menées à terme en raison d'un environnement changeant et d'autre part, qu'il existe des stratégies émergentes. On distingue donc :

- **la stratégie délibérée**, stratégie voulue et mise en place de façon volontaire suivant une démarche très formelle (voir deuxième partie sur la démarche stratégique) ;
- **la stratégie émergente**, stratégie qui découle d'opportunités. Une décision stratégique engage l'entreprise sur le moyen et le long terme.

L'environnement de l'entreprise étant changeant, il est parfois judicieux d'abandonner une stratégie délibérée pour une stratégie émergente, ou de compléter une stratégie délibérée générale par des stratégies émergentes qui s'adaptent rapidement aux changements observés sur le marché visé.

EXEMPLE

Dacia n'était pas au cœur de la stratégie de Renaud qui privilégiait la montée en gamme. La Logan devait être au départ un produit bas de gamme destiné uniquement aux pays émergents.

c. Qu'est-ce qu'une bonne stratégie ?

Quelle soit délibérée ou émergente, une bonne stratégie est avant tout une stratégie qui permet à l'entreprise de **s'adapter à son environnement**, de **faire face à ses concurrents** et d'être **pérenne**.

Il sera plus aisé pour les grandes entreprises de mettre en place une stratégie délibérée cohérente par rapport au métier et à la finalité de l'entreprise. Les petites structures opteront plutôt pour des stratégies émergentes car elles manquent souvent de temps pour élaborer une véritable **démarche stratégique**. Elle compense cette faiblesse par une plus grande réactivité et flexibilité.

2 Qu'est-ce que la démarche stratégique ?

a. Qu'est-ce qu'un objectif ?

Pour mettre en place une démarche stratégique il convient en premier lieu de **fixer un ou des objectifs**. Il s'agit d'une situation future imaginée et désirée par l'entreprise.

Ces objectifs peuvent être économiques ou sociétaux, à plus ou moins long terme et pris à différents niveaux hiérarchiques.

Les objectifs sont fixés en fonction de paramètres propres à chaque entreprise comme par exemple :

- son métier ;
- ses domaines d'activités stratégiques ;
- sa taille ;
- les valeurs du dirigeant ;
- sa performance ;
- son environnement.

b. Quel modèle adopter ?

Le **modèle LCAG** (de Messieurs Learned, Christensen, Andrew et Guth) est un modèle fréquemment utilisé. Il porte parfois le nom de **modèle FFOM** (Forces, Faiblesses, Opportunités, Menaces) ou **SWOT** en anglais qui permet d'une part, via une analyse externe de l'entreprise, de mettre en avant les opportunités et les menaces auxquelles elle doit faire face, et d'autre part, via le diagnostic interne, de souligner les forces et les faiblesses de l'entité. Le modèle FFOM a une vocation essentiellement économique puisqu'il permet à l'entreprise de déterminer les marchés porteurs et les produits qui lui permettront de faire face à la concurrence en fonction de ses ressources.

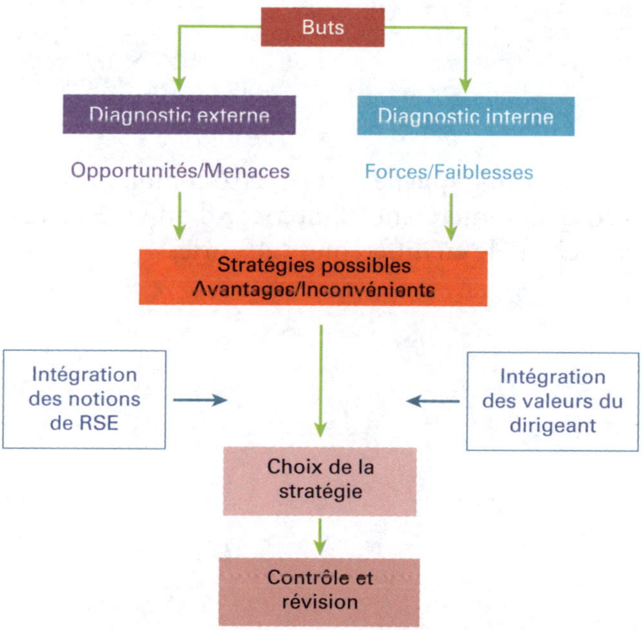

3 Qu'est-ce qu'une segmentation stratégique ?

Certaines entreprises ont plusieurs métiers très différents les uns des autres. Il est donc impossible de définir une stratégie générale adaptée à l'ensemble du groupe. On divise alors l'entreprise en **Domaines d'Activités Stratégiques** (DAS) afin de déterminer des objectifs puis une stratégie propre à chaque domaine.

EXEMPLE

Bouygues est un groupe industriel diversifié dont les métiers s'organisent autour de trois activités : la Construction, les Télécoms et les Médias.

Cette segmentation peut se faire selon différents critères tels que :

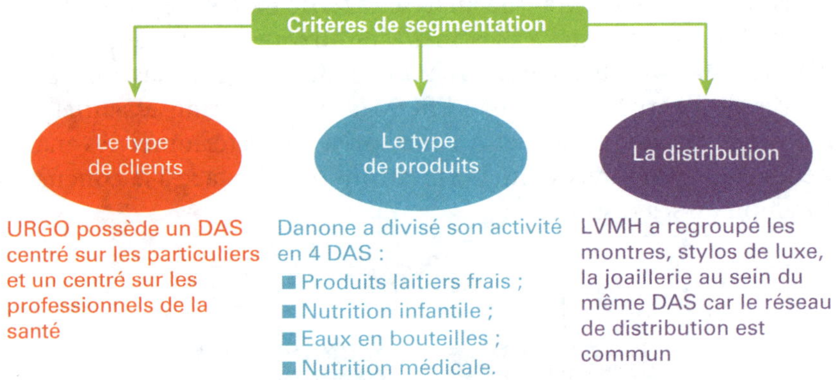

La **segmentation stratégique** ne doit pas être confondue avec la **segmentation marketing** qui intervient à l'intérieur d'un DAS et a pour objectif de regrouper la clientèle en différentes catégories.

10 L'analyse de l'environnement et la connaissance du marché

- **1** Comment analyser l'environnement ?
- **2** Comment analyser le marché ?

En fonction des objectifs fixés, l'entreprise prend des décisions stratégiques. Pour cela, elle doit effectuer un diagnostic externe qui comprend d'une part l'analyse de son environnement et d'autre part l'analyse de son marché et des **forces concurrentielles**.

1 Comment analyser l'environnement ?

a. Pourquoi analyser l'environnement ?

L'entreprise vit au sein d'un environnement instable et complexe (nouvelles lois, crise économique…) sur lequel elle n'a pas de prise. Par contre, l'environnement peut avoir un impact positif ou négatif sur l'entreprise.

Repérer les facteurs susceptibles d'influencer son devenir et les analyser va permettre à l'entreprise de mettre en évidence :

- **des opportunités** dont elle pourra profiter et qui lui permettront de préparer son avenir ;
- **des menaces** qui vont générer des contraintes. L'entreprise pourra alors réduire l'incertitude, s'adapter en surmontant les contraintes.

b. Quelle démarche adopter ?

Pour analyser l'environnement, l'entreprise doit :

- recueillir des informations fiables ;
- les analyser ;
- mettre en avant les opportunités et les menaces ;
- transmettre l'information aux décisionnaires.

Il convient donc d'organiser cette activité au sein de l'entreprise et de déterminer les moyens affectés. Ainsi par exemple, l'entreprise devra se demander si une personne sera dédiée à la recherche d'informations ou à l'entretien des bases de données.

c. Quelle méthode adopter ?

La **méthode PESTEL** permet de rassembler un ensemble d'informations afin d'identifier et de hiérarchiser les éléments de l'environnement qui peuvent constituer dans le futur une opportunité ou une menace pour l'entreprise et de les classer dans des catégories.

L'entreprise doit :

- identifier uniquement les facteurs qui peuvent l'impacter ;
- identifier le plus grand nombre de facteurs puis les regrouper au sein des catégories et les classer en fonction de l'impact plus ou moins grand sur l'entreprise ;
- mettre en évidence les opportunités et menaces.

EXEMPLE

Un dirigeant d'agences immobilières de la région parisienne va tenir compte des éléments suivants (analyse partielle) :

- Politique : décision de bloquer les loyers et renonciation de propriétaires à louer leur bien donc moins de volume d'affaires.
- Économique : Les banques prêtent moins donc les acheteurs ont des difficultés pour investir.
- Socioculturel : Les acheteurs veulent des logements avec une cuisine ouverte, peu de travaux…
- Technologique : Apparition d'agences en ligne proposant des prestations à prix cassés.
- Écologique : De nouvelles normes basse consommation sont imposées.
- Légal : La loi ALUR réduit la validité de la carte professionnelle à trois ans augmentant ainsi les contrôles sur les agents immobiliers et impose une obligation de formation.

2 Comment analyser le marché ?

a. Qu'est-ce qu'un marché ?

Le **marché** est le lieu de rencontre de l'offre et de la demande. Un marché est encadré, d'une part, par des règles et des institutions qui veillent à son bon fonctionnement (l'État par exemple) et, d'autre part par des parties prenantes telles que les associations de consommateurs.

b. Qu'est-ce qu'une étude de marché ?

La mise en place de nouveaux projets nécessite une **étude de marché** qui consiste à mettre en relief les relations entre l'entreprise, les consommateurs, les clients.

Son questionnement portera sur les domaines suivants :

- **le secteur et la réglementation**. Y a-t-il des règles spécifiques au secteur ? Y a-t-il des **innovations** dans ce secteur ? le secteur est-il saisonnier ? etc.
- **la demande**. Quels sont les besoins des consommateurs ? quelle est la clientèle ciblée ? Achète-t-elle les produits des concurrents ? etc.
- **l'offre**. Quels sont les produits existants ? Qui sont mes concurrents ? quelles sont les caractéristiques de mes concurrents (taille, chiffre d'affaires…) etc.

c. Comment analyser les forces concurrentielles ?

Toujours dans l'optique d'identifier les opportunités et les menaces, l'entreprise peut analyser la concurrence grâce à un outil développé par **Michael Porter**.

Ce professeur de stratégie d'entreprise a mis en évidence cinq forces concurrentielles :

- **l'intensité de la concurrence**. Il est important de connaître le nombre de concurrents, leur taille… ;

EXEMPLE

La plupart des banques proposent des produits d'assurance et profitent de leur réseau d'agences pour conquérir les parts de marché des assureurs qui eux peinent à proposer des produits bancaires faute d'une relation client plus distendue.

- **les nouveaux entrants**. Les nouveaux entrants potentiels (nouveaux concurrents) ont l'intention de conquérir des parts de marché. Leur entrée dépend des besoins en investissements pour avoir accès au marché des réglementations, etc. ;

EXEMPLE

Google s'est lancé sur le marché de l'assurance aux États-Unis et projette d'en faire de même en France où elle vient de lancer un comparateur d'assurance.

- **le pouvoir de négociation des clients** consiste à obtenir de l'entreprise de meilleures conditions de vente. Ce pouvoir est plus ou moins important selon le nombre de vendeurs et d'acheteurs et du coût du remplacement du fournisseur par l'acheteur ;

EXEMPLE

Régulièrement les agriculteurs se plaignent des conditions imposées par la grande distribution (prix trop bas qui ne couvrent pas leurs frais par exemple).

- **le pouvoir de négociation des fournisseurs** de matières premières mais également de capitaux, de main-d'œuvre…peut être important s'il n'existe pas de produits de substitution ou s'ils sont peu nombreux ;

EXEMPLE

Dans les systèmes de franchise tel que l'Occitane, le fournisseur est en position de force car il contrôle la fourniture de marchandise, les prix pratiqués et l'agencement des magasins.

- **les produits de substitution** satisfont les mêmes besoins que les produits de l'entreprise et sont susceptibles de les faire disparaître. Le succès du produit de substitution dépend du prix et des performances du produit de substitution, du besoin de nouveauté du consommateur, etc.

EXEMPLE

Les sites de vidéo à la demande ont fait disparaître les magasins de location de films vidéo.

Ce modèle est un outil efficace lorsqu'il s'agit d'analyser les forces concurrentielles au sein d'un secteur d'activité. Il ne tient pas compte des secteurs d'activité complémentaires ou du fait qu'il est possible de créer des marchés complémentaires nouveaux.

11 Les ressources stratégiques disponibles

- **1** En quoi consiste une analyse des ressources et des compétences ?
- **2** En quoi consiste l'analyse de la chaîne de valeur ?

Le **diagnostic externe** (analyse de l'environnement et des forces concurrentielles afin d'en dégager des opportunités et des menaces pour l'entreprise) doit être complété par un **diagnostic interne** qui va consister en une analyse des ressources, des compétences de l'entreprise et de sa capacité à créer de la valeur. Cela va permettre à l'entreprise de cerner ses forces et ses faiblesses.

1 En quoi consiste une analyse des ressources et des compétences ?

a. Qu'est-ce qu'un audit de ressources ?

L'entreprise doit lister :

- ses **ressources tangibles** ou matérielles ;
- ses **ressources intangibles** ou immatérielles.

En listant ses ressources, l'entreprise va mettre en avant :

- **les ressources requises ou nécessaires**. Ce sont les ressources que tout concurrent possède ou peut acquérir à tout moment et qui donc ne constituent pas pour l'entreprise un avantage concurrentiel ;
- **les ressources uniques**. Ce sont les ressources que seule l'entreprise possède ou ce qu'elle fait de mieux que les concurrents et qui lui procurent un avantage concurrentiel.

Ressources tangibles

Ressources financières
- Sources de financement
- Capacité d'autofinancement
- Capacité d'endettement
- Etc.

Ressources physiques
- Bâtiments
- Matériel
- Stocks
- Etc.

Ressources intangibles

Ressources humaines
- Flexibilité
- Capacité à travailler en équipe
- Capacité de communication
- Etc.

Ressources technologiques et commerciales
- Brevets
- Marques
- Réputation
- Etc.

Ressources organisationnelles
- Structure
- Normes de qualité
- Base de données
- Etc.

EXEMPLE

Jean-Marc Gaucher a transformé une entreprise de fabrication de chaussons de danse en difficulté, en entreprise de chaussures mondialement connue : Repetto.

Pour cela il s'est appuyé sur l'image de luxe associée à la danse, sur un savoir-faire technique et des produits de grande qualité. Il a su valoriser des ressources que seul Repetto possédait.

b. En quoi consistent les compétences ?

Il s'agit de la capacité d'une entreprise à mobiliser et coordonner ses ressources afin d'atteindre l'objectif défini. Il s'agit aussi bien des compétences individuelles (savoir, savoir-faire, savoir-être) que des compétences collectives.

Selon **Edith Penrose**, économiste anglaise, la stratégie de l'entreprise doit découler d'une bonne exploitation des ressources et compétences afin d'obtenir un avantage concurrentiel. L'entreprise pourra alors modeler son environnement plutôt que de le subir.

Certaines compétences particulièrement importantes ont été mises à jour par **Hamel et Prahalad** :

- **le cœur de compétences** qui correspond aux compétences distinctes c'est-à-dire aux savoirs de l'entreprise que ne possèdent pas les concurrents ;
- **les compétences fondamentales**. Ce sont celles reconnues par les clients de façon incontestée et qui peuvent s'appliquer à d'autres produits ou services. Après avoir identifié ses **compétences fondamentales**, l'entreprise va devoir :
  - les développer en interne (améliorer, diffuser) ;
  - les protéger de la concurrence ;
  - acquérir de nouvelles compétences fondamentales en externe.

L'analyse des ressources et compétences peut être faite au niveau de l'entreprise ou au sein d'un **domaine d'activité stratégique**.

EXEMPLE

Pour Jean-Marc Gaucher les ressources de l'entreprise doivent servir à agrandir l'usine. Il a donc réinvesti afin de créer des modèles toujours plus innovants sans perdre son cœur de compétences. Pour développer et valoriser ses compétences fondamentales, un partenariat a été signé avec l'université de Compiègne, spécialiste des matériaux et techniques d'assemblage.

2 En quoi consiste l'analyse de la chaîne de valeur ?

Porter a développé un outil permettant à l'entreprise d'identifier en son sein les activités qui créent de la valeur et lui procurent un **avantage concurrentiel** (Élément que ne possède pas la concurrence et qui permet à l'entreprise d'être compétitive). La valeur créée pour le client provient d'un enchaînement d'activités qu'il a schématisé ainsi :

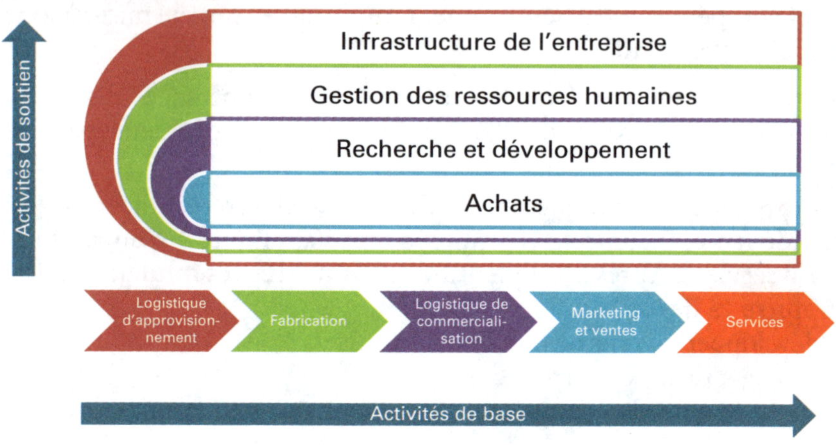

- Il distingue les activités de base qui vont de la production à la commercialisation du produit, des activités de soutien qui apportent les ressources et coordonnent les activités.
- En séparant les activités, il est possible de voir si chacune d'entre elles crée de la valeur pour le client en minimisant les coûts. Cette façon de schématiser l'entreprise minimise le rôle des activités de soutien pourtant essentielles et créatrices de valeur.
- À partir de ce modèle l'entreprise va pouvoir éventuellement envisager une externalisation d'une partie de son activité. C'est déjà le cas pour beaucoup d'entreprises. Leur création de valeur est donc dépendante de la création de valeur du partenaire choisi.

EXEMPLE

Pour créer de la valeur, Repetto a lissé sa production. Partant du constat qu'une production engendre des frais fixes et pas suffisamment de marge, tous les produits fabriqués partent en boutique et ne sont pas refabriqués lorsqu'ils sont tous vendus. De nouveaux produits sont créés régulièrement en séries limitées pour susciter la convoitise et créer de la rareté donc de la valeur aux yeux du client.

12 Les options stratégiques

- **1** Quelles sont les stratégies possibles ?
- **2** Quelles sont les stratégies globales ?
- **3** Quelles sont les stratégies de domaine de Porter ?

À partir du diagnostic externe et interne, l'entreprise va adopter une ou des stratégies. Lorsque l'entreprise a scindé son activité en plusieurs **domaines d'activités stratégiques** (DAS), elle adoptera une ou plusieurs stratégies pour chaque domaine.

1 Quelles sont les stratégies possibles ?

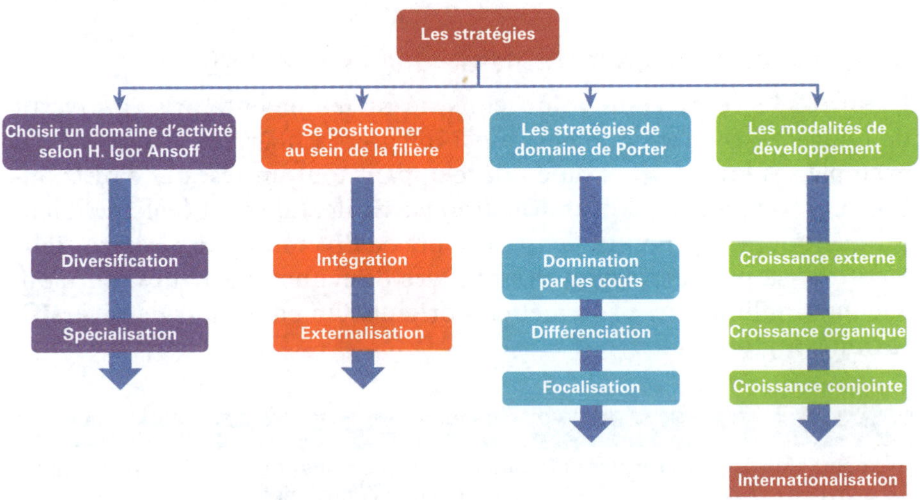

Après avoir arbitré entre les différentes stratégies, **stratégies globales** (selon le domaine d'activité ou la position dans la filière) ou **stratégies de domaine**, l'entreprise va choisir une ou des modalités de développement (<voir Fiche 13).

2 Quelles sont les stratégies globales ?

a. Qu'est-ce que la stratégie de spécialisation ?

La **stratégie de spécialisation** consiste pour une entreprise à se maintenir sur un seul domaine d'activité en privilégiant le métier de base. Pour cela elle peut soit développer son activité à l'ensemble du marché (en multipliant les points de vente par exemple) soit développer de nouveaux produits (élargissement de la gamme) ou marchés (expansion géographique).

Avantages	Inconvénients
▷ un métier unique qui confère une image très professionnelle ; ▷ des ressources optimisées grâce aux **économies d'échelle** et à une gestion plus simple.	▷ dépendance d'un seul marché et donc vulnérable en cas de crise ou de nouveaux entrants ▷ moins de réactivité et de flexibilité

EXEMPLE

La compagnie des arts est un assureur spécialisé sur le marché de l'art.

b. Qu'est-ce que la stratégie de diversification ?

La **stratégie de diversification** consiste pour une entreprise à investir de nouveaux métiers. Elle peut ainsi intégrer la filière en absorbant par exemple ses fournisseurs ou en développant tout un réseau de distribution. On parle alors de **diversification verticale**. Elle peut également lancer de nouveaux produits. On parle alors de **diversification horizontale**. L'entreprise peut enfin s'intéresser à des domaines d'activités qui n'ont aucune similitude avec son métier d'origine. On parle alors de **diversification conglomérale**.

Avantages	Inconvénients
▷ répartir les risques entre les différentes activités ; ▷ acquérir de nouvelles compétences qui parfois sont complémentaires.	▷ risques liés à des activités nouvelles que l'entreprise ne maîtrise pas ; ▷ dispersion des ressources et gestion plus complexe de l'organisation ; ▷ image moins nette pour la clientèle.

EXEMPLE

Spécialisé dans la vente de livres en ligne, Amazon s'est diversifié vers l'équipement de la personne et de la maison.

c. Qu'est-ce que la stratégie d'intégration ?

La **stratégie d'intégration** consiste, pour une entreprise, à prendre en charge des opérations en amont et en aval de son activité principale ou de racheter une entreprise qui exerce la même activité.

Avantages	Inconvénients
▷ un plus grand pouvoir de négociation lié à l'effet de taille ; ▷ l'intégration dans la filière permet de supprimer les intermédiaires et de gagner en indépendance.	▷ organisation et gestion plus lourde, plus rigide ; ▷ nécessité de maîtriser de nouvelles compétences afin d'intégrer la filière.

EXEMPLE

Intermarché possède une importante flotte de bateaux de pêche, des usines de transformation de poissons. Les produits sont commercialisés sous sa marque.

d. Qu'est-ce que la stratégie d'externalisation ?

La **stratégie d'externalisation** consiste à confier à des partenaires extérieurs la réalisation d'activités sous différentes formes : **sous-traitance, franchise**…

Avantages	Inconvénients
▷ bénéficier d'un savoir-faire qu'on ne maîtrise pas ; ▷ limiter les investissements ; ▷ acquérir de la flexibilité.	▷ perte de compétence ; ▷ dépendance vis-à-vis du partenaire et possible problème de qualité qu'on ne maîtrise plus.

3 Quelles sont les stratégies de domaine de Porter ?

a. Qu'est-ce que la stratégie de domination par les coûts ?

L'entreprise cherche à produire au moindre coût (par des effets de volume) ce qui lui permet de vendre moins cher que ses concurrents et ainsi devenir leader sur le marché.

Avantages	Inconvénients
▻ les coûts bas confèrent à l'entreprise un avantage concurrentiel et lui permettent de conquérir des parts de marché ; ▻ ces coûts bas vont constituer une barrière à l'entrée du marché et freiner l'arrivée de nouveaux concurrents.	▻ la position de l'entreprise peut être remise en cause par des produits de substitution ou une augmentation des coûts de matières premières ; ▻ nécessite des ressources importantes.

EXEMPLE

Ikea a considérablement réduit ses coûts de stockage grâce aux meubles en kits.

b. Qu'est-ce qu'une stratégie de différenciation ?

La **stratégie de différenciation** consiste à faire apparaître, aux yeux du consommateur, le produit comme unique. La différenciation peut porter sur le produit, le service, la marque…

Avantages	Inconvénients
▻ une marge plus élevée en raison d'un prix supérieur ; ▻ permet de fidéliser la clientèle ; ▻ constitue une barrière aux produits de substitution.	▻ le facteur de différenciation peut se banaliser avec le temps ; ▻ le prix ne doit pas paraître excessif à la vue de l'élément de différenciation.

EXEMPLE

Apple a réussi à se différencier (logo, système d'exploitation) et en dépit du prix, la clientèle est fidèle.

c. Qu'est-ce que la stratégie de focalisation ?

La **stratégie de focalisation** consiste à se limiter à un segment de marché très spécifique. On parle parfois de marché de niche. En raison d'un marché limité, cette stratégie intéresse plutôt les PME.

On distingue 3 formes :

- la focalisation par les prix (produits de luxe destinés à une clientèle réduite mais aisée) ;
- la focalisation par la différentiation (produit très spécifique) ;
- la focalisation géographique (produits régionaux).

Avantages	Inconvénients
▷ la concurrence est faible ; ▷ les marges sont en général élevées.	▷ la position de l'entreprise peut être remise en cause par un nouvel entrant ; ▷ en raison de l'étroitesse du segment, la demande peut rapidement décroître.

EXEMPLE

L'entreprise Kit Eco Logis propose des maisons en kit en ossature bois pour l'auto-construction. Sera-t-elle concurrencée par Ikea qui teste le concept ?

13 Les modalités de développement stratégique

1 Qu'est-ce que les stratégies de croissance ?

Si quelques rares entrepreneurs ne désirent pas faire croître leur entreprise pour des raisons personnelles ou financières, la majorité a pour objectif de développer leur structure.

Plusieurs stratégies de croissance s'offrent à eux.

a. Qu'est-ce que la croissance organique ?

La **croissance organique** ou croissance interne consiste pour l'entreprise à acquérir des actifs (nouvelles machines, nouvelles technologies…) grâce à ses propres ressources. Le financement est le plus souvent assuré par l'**autofinancement**, l'augmentation de capital ou l'emprunt.

Avantages	Inconvénients
▷ le processus de croissance est continu et contrôlable ; ▷ l'entreprise reste indépendante. Ce mode de croissance est souvent choisi par les entreprises familiales pour cette raison ; ▷ la structure de l'entreprise s'adapte progressivement sans que cela engendre de conflits sociaux.	▷ le développement de l'entreprise est lent puisque dépendant des fonds propres et de l'endettement alors que les marchés évoluent rapidement et que les concurrents peuvent opter pour un développement plus dynamique ; ▷ le taux d'endettement de l'entreprise est souvent important.

EXEMPLE

L'entreprise Groupon implantée sur le marché de l'achat groupé sur internet a financé son développement par autofinancement. Ce n'est que dans un deuxième temps qu'ils ont opté pour de la croissance externe en rachetant des concurrents.

b. Qu'est-ce que la croissance externe ?

La **croissance externe** consiste à acquérir d'autres entreprises ou des parts d'entreprises par fusion, acquisition, **prise de participation**...

Les entreprises acquises peuvent être des entreprises concurrentes (on parle alors de croissance horizontale), des entreprises à l'activité complémentaire (on parle de croissance verticale) ou des entreprises d'un autre secteur d'activité (on parle de **croissance conglomérale**).

Avantages	Inconvénients
▷ Ce type de croissance permet de croître rapidement. ▷ Cette croissance permet de renforcer sa position concurrentielle en augmentant rapidement les parts de marché, en acquérant de nouvelles marques... ▷ L'entreprise accède rapidement à de nouveaux marchés. ▷ C'est également un moyen d'accéder à de nouvelles compétences, de nouvelles technologies...	▷ Le coût de l'opération est important. ▷ Des restructurations sont souvent nécessaires et engendrent licenciements et conflits sociaux. ▷ Plus la taille du groupe est importante, plus l'ensemble est difficile à gérer.

EXEMPLE

L'alliance entre Renaud et Nissan, basé sur des prises de participation croisées, est particulièrement réussie. Au lieu de fusionner, chaque entité a conservé sa culture et sa façon de fonctionner. Pour générer des économies d'échelle, les achats sont effectués en commun, de même que la recherche et développement, des usines sont partagées (Tanger au Maroc). Chaque entité fournit des pièces à l'autre (Renaud fournit des moteurs diesel à Nissan et Nissan approvisionne Renaud en moteurs à essence).

c. Qu'est-ce que la croissance conjointe ?

Lorsque deux entreprises indépendantes décident de coopérer et de partager des ressources, on parle de **croissance conjointe**. On distingue les alliances (coopération entre entreprises concurrentes) des partenariats (coopération entre entreprises non concurrentes).

Avantages	Inconvénients
▻ Ce type de croissance permet d'accéder rapidement à des ressources et compétences que l'on ne possède pas. ▻ Cela permet de mettre en commun des moyens et donc d'accéder à des ressources supplémentaires.	▻ Les entreprises doivent avoir des objectifs compatibles sur le moyen ou long terme. ▻ Elles doivent également s'entendre sur leurs actions et la coordination de ses actions.

EXEMPLE

Dès 2003, Sony et Samsung ont créé une co-entreprise avec pour objectif de créer des téléviseurs LCD. Samsung possédait la technologie et Sony était leader sur le marché du téléviseur. Grâce à cette alliance, les deux concurrents sont rapidement devenus les deux premiers constructeurs du marché.

2 Qu'est-ce que la stratégie d'internationalisation ?

La **stratégie d'internationalisation** est une stratégie d'extension de l'entreprise au-delà de son marché national. Une multitude de raisons peuvent pousser une entreprise à s'internationaliser : la recherche de débouchés et des relais de croissance face à un marché national saturé, de nouveaux marchés, une diminution des coûts (main-d'œuvre, fiscalité…), un rapprochement des sources de matières premières…

Cette stratégie d'internationalisation peut prendre plusieurs formes : **l'exportation directe ou indirecte** (via un réseau de distributeur par exemple), l'**implantation dans le pays visé** (via une succursale ou une **filiale**), un **contrat** (franchise internationale par exemple).

Avantages	Inconvénients
▻ Accroître les débouchés. ▻ Cette stratégie permet de répartir les risques. ▻ Faire des économies d'échelle. ▻ Prolonger le cycle de vie d'un produit.	▻ Une stratégie d'internationalisation engendre des risques liés à l'instabilité possible du pays visé (risques politiques, sociaux…). ▻ La maîtrise des législations étrangères.

EXEMPLE

Septembre 2015, Boeing a annoncé la création d'une usine en Chine pour contrer Airbus qui y est déjà implanté. Cette stratégie est une première pour la firme qui jusque-là était implantée uniquement aux États-Unis.

14 La raison d'être d'une structure

- **1** Quelle est l'importance d'une structure d'entreprise ?
- **2** Quels sont les facteurs de contingences ?

Afin d'atteindre ses objectifs stratégiques, une entreprise a besoin de se structurer.

1 Quelle est l'importance d'une structure d'entreprise ?

a. Qu'est-ce qu'une structure d'entreprise ?

Définition

La structure de l'entreprise est, d'une part, la façon dont elle répartit ses ressources, les tâches et les coordonne et, d'autre part, la façon dont elle contrôle les activités effectuées au sein de l'entreprise.

L'**organigramme** de l'entreprise donne une représentation schématique de l'organisation et des liens hiérarchiques définis au sein de l'entité. Toutefois, ce n'est qu'une représentation à un instant T et certaines entreprises en raison de leur flexibilité n'ont pas d'organigramme.

EXEMPLE

Il n'existe pas d'organigramme écrit chez l'Oréal car cela permet aux équipes d'être réactives et multiformes face à un environnement en perpétuel mouvement.

Une entreprise qui se développe doit se structurer de façon à être performante. De la façon dont le travail et l'autorité vont être répartis, dépendra la capacité de l'entreprise à s'adapter à son environnement.

Structurer l'entreprise nécessite donc des choix tant au niveau de la division du travail que de sa coordination.

EXEMPLE

Organigramme d'un hôtel

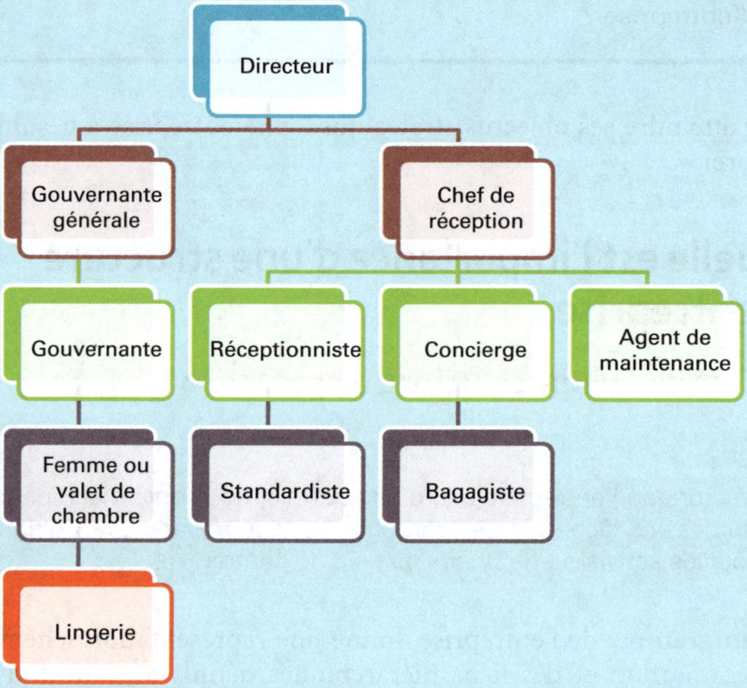

b. Qu'est-ce que la division du travail ?

Diviser le travail va permettre de clairement répartir les tâches entre les individus qui, de ce fait, auront des responsabilités clairement identifiées. Avoir un nombre de tâches limitées, entraîne une meilleure maîtrise de ces tâches et des gains de **productivité** (économies réalisées dans le processus de production).

Cette division peut être plus ou moins poussée. La spécialisation apporte du fait de tâches limitées et répétitives, une efficacité indiscutable mais conduit à la monotonie. On lui préfère donc la polyvalence qui permet d'effectuer des tâches par rotation de postes.

De la division des tâches va dépendre une structure d'entreprise par fonction (production, commerciale…) ou par type de client (particuliers, professionnels) ou par projets…

c. Comment répartir l'autorité ?

Choisir une structure consiste également à réfléchir à la façon dont va être répartie l'autorité :

- Qui va décider de telle ou telle action ?
- Va-t-on décentraliser les décisions sachant que cela favorise la réactivité ?
- Qui va contrôler les décisions prises ?
- Par qui et comment vont être coordonnées les décisions ?

H. Mintzberg a mis à jour trois mécanismes de coordination :

- **la supervision directe** lorsque la hiérarchie donne les instructions et contrôle l'exécution des tâches ;
- **la standardisation du travail** lorsque des process sont élaborés au sommet de l'entreprise et permettent d'uniformiser les méthodes de travail de l'ensemble des salariés ;
- **l'ajustement mutuel** lorsque la confiance entre les salariés est telle qu'il est possible d'échanger, de négocier et de décider. On parle de **coordination informelle**.

EXEMPLE

Benetton a conservé en son sein différents services tels que les achats (matières premières, emballages…), la recherche et développement, la communication, mais a externalisé la production et a confié la distribution à des boutiques indépendantes. Pour assurer la coordination, l'entreprise s'appuie sur un réseau d'agents intermédiaires qui assure la liaison entre les boutiques et le siège et sur un système d'information qui relie le siège, les boutiques et les usines.

2 Quels sont les facteurs de contingences ?

Il n'y a pas de structure idéale. Chaque entreprise va faire des choix qui dépendent de ses objectifs stratégiques mais également et surtout de facteurs de contingences.

Attention

Les facteurs de contingence sont des éléments internes ou externes qui influencent la structure de l'entreprise (taille, âge, environnement...).

Selon A. Chandler, stratégie et structure sont étroitement liées. La structure de l'entreprise suit la stratégie mise en œuvre. La nouvelle stratégie exige du manager des choix en matière de répartition des tâches ou de la coordination du travail afin de renforcer la performance de l'entreprise.

15 Les principales configurations structurelles

- **1** Qu'est-ce qu'une structure simple ?
- **2** Qu'est-ce qu'une structure fonctionnelle ?
- **3** Qu'est-ce qu'une structure divisionnelle ?
- **4** Qu'est-ce qu'une structure matricielle ?
- **5** Qu'est-ce qu'une structure hybride ?

Lorsqu'on analyse la structure des entreprises, on constate que certains types d'organisation sont récurrents.

1 Qu'est-ce qu'une structure simple ?

Cette structure est généralement celle des petites entreprises car sa caractéristique principale est la **centralisation des pouvoirs** et du nombre de fonctions entre les mains du chef d'entreprise. Les relations sont donc peu formalisées.

EXEMPLE

Librinova a été créée en 2013 par deux jeunes femmes issues du milieu de l'édition qui gèrent leur structure naissante de façon concertée. Cette *start-up* permet aux auteurs amateurs de commercialiser leur ouvrage via la plateforme et leur trouve un éditeur papier si les ventes sont au rendez-vous.

2 Qu'est-ce qu'une structure fonctionnelle ?

Dans une **structure fonctionnelle**, les tâches sont regroupées par **fonctions (achats, production, commercialisation…)**. C'est la structure généralement adoptée par les entreprises de taille moyenne. L'organisation et le fonctionnement sont simples et hiérarchisés mais on observe parfois un manque de coordination et d'information entre les services.

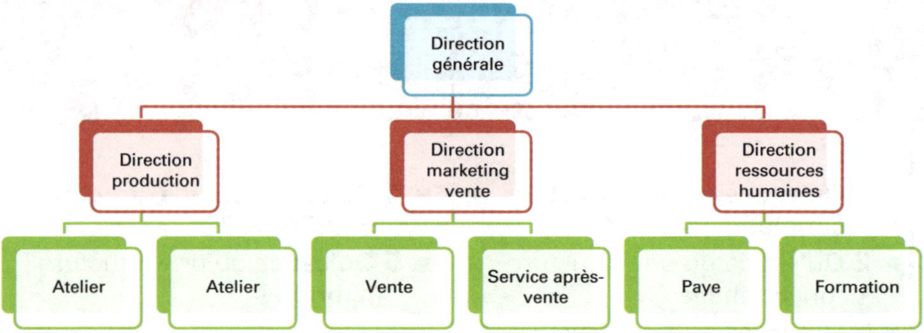

EXEMPLE

L'entreprise GEPEA (Génie des Procédés Environnement et Agroalimentaire) est un laboratoire de recherches situé à Nantes. Quatre services sont rattachés à la direction, un service administratif et un service de soutien administratif, un service recherche et transfert et un service soutien technique.

3 Qu'est-ce qu'une structure divisionnelle ?

Une entreprise adopte une **structure divisionnelle** lorsqu'elle scinde son activité **en fonction de ses produits, de ses marchés, des zones géographiques** dans lesquelles elle est implantée. Il sera alors possible de fixer à chaque division des objectifs propres et de faire évoluer une division en fonction des spécificités qui sont les siennes. Il sera possible de créer ou de supprimer des divisions sans revoir toute la structure de l'entreprise.

Les tâches de nature stratégique sont assurées par la direction générale et chaque division prend en charge l'activité fixée.

EXEMPLE

Danone a adopté une structure divisionnelle par marché et par marque ce qui lui permet d'acheter ou vendre rapidement une marque :

- Division 1 : produits laitiers frais des marques Blédina, Danone…
- Division 2 : eaux en bouteille des marques Volvic, Evian…
- Division 3 : biscuits des marques Lu, Heudebert…

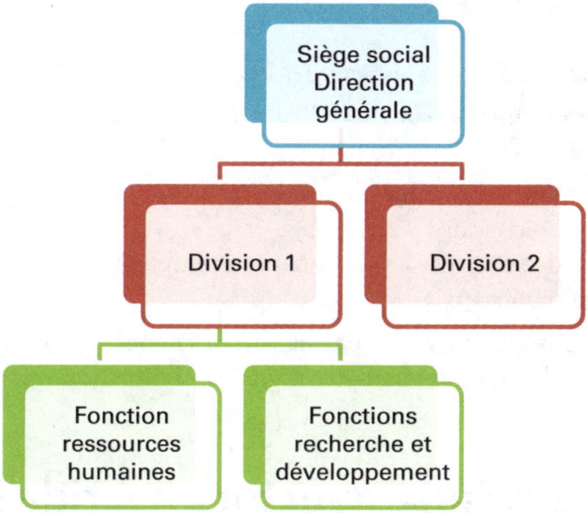

4 Qu'est-ce qu'une structure matricielle ?

Une entreprise peut organiser ses tâches selon deux critères : les **fonctions** et les **projets** ou produits. On parle alors de **structure matricielle**. Cette organisation complexe est adoptée par les entreprises fortement internationalisées ou innovantes. Les décisions sont souvent décentralisées. Les salariés sont impliqués et motivés, intégrés au sein des équipes mais doivent composer avec deux responsables hiérarchiques (chef de fonction et chef de projet).

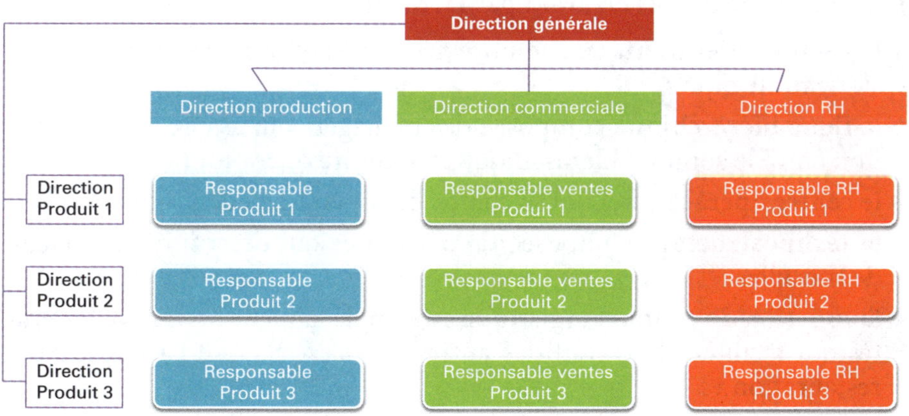

EXEMPLE

Le groupe Michelin distingue les activités opérationnelles des activités supports.

Les activités opérationnelles sont sous l'autorité d'une direction générale des opérations et sont réparties en quatre lignes « produit » :

- ligne « produit tourisme, camionnette » ;
- ligne « produit poids lourd » ;
- ligne « produit de spécialité » (agricole par exemple) ;
- ligne « produit matériaux ».

Les directions « groupe » viennent en support des lignes « produit ». On distingue la direction achat, la direction activités digitales, la direction finance...

5 Qu'est-ce qu'une structure hybride ?

De nombreuses entreprises adoptent une structure d'entreprise qui **mélange les principes des structures types** pour plus de flexibilité. On parle alors de **structure hybride**.

On peut ainsi mettre en place par exemple au sein d'une même entreprise deux unités de travail, une avec une logique organisationnelle par produits (regroupés selon la technologie) pour les activités recherche et développement, marketing et une logique fonctionnelle pour les activités de production et de commercialisation.

La structure matricielle est bien souvent une structure hybride.

En analysant ces structures, on retrouve quelque soit l'organisation choisie, cinq éléments mis en avant par **H. Mintzberg** :

- **le sommet hiérarchique** composé des dirigeants qui prennent les décisions stratégiques ;
- **la ligne hiérarchique** composée des managers qui assure la coordination entre le sommet hiérarchique et le centre opérationnel ;
- **le centre opérationnel** qui se charge des opérations de production ;
- **la technostructure** composée de personnes qui déterminent la façon de travailler ;
- **la fonction de support logistique** au sein de laquelle on trouve les unités qui facilitent le travail des autres services tels que l'accueil, paye, restauration...

16 Les configurations structurelles flexibles

- **1** Pourquoi des structures flexibles ?
- **2** Quelles sont les structures flexibles possibles ?

Ces dernières années, les entreprises recherchent des configurations structurelles plus souples.

1 Pourquoi des structures flexibles ?

- **L'environnement** dans lequel évoluent les entreprises est de plus en plus **changeant**. L'économie est mondialisée, les frontières ouvertes et par conséquent la concurrence s'intensifie.
- De plus, **les parties prenantes sont de plus en plus exigeantes**. Les actionnaires sont soucieux de leur retour sur investissement. Les salariés et tout particulièrement les nouvelles générations Y et Z sont ultra-connectés, plus individualistes, veulent de la reconnaissance et s'impliquent si le projet proposé a du sens. Le management doit donc s'adapter. Les clients quant à eux, veulent des produits et services individualisés.
- Enfin, les **nouvelles technologies** (informatique, internet, téléphonie…) **révolutionnent** les procédés de fabrication, l'organisation du travail, les relations avec les parties prenantes…

Ces changements s'effectuent de façon continue ce qui explique le besoin des entreprises de faire évoluer en permanence au jour le jour leur structure.

EXEMPLE

L'outil industriel de Sanofi-Pasteur se faisait vieillissant au point d'entraîner des ruptures d'approvisionnement. En parallèle, la concurrence internationale s'intensifie. Sanofi-Pasteur a donc annoncé un plan d'investissement et un repositionnement de ses trois sites français en fonction des types de vaccins.

2 Quelles sont les structures flexibles possibles ?

a. Qu'est-ce que l'adhocratie de H. Mintzberg ?

Définition

L'**adhocratie** est une structure peu hiérarchisée et souple qui permet d'adapter l'organisation des services et de confier des tâches aux salariés en fonction des besoins.

Ce type de structure est donc parfaitement adapté aux environnements changeants, aux entreprises innovantes.

Les services de support ont un rôle essentiel car ce sont les services stables de l'entreprise.

EXEMPLE

Le festival de jazz de Montréal s'est étoffé au fil du temps d'activités annexes telles qu'une école de jazz, une galerie d'art, un centre de documentation… Il y a donc une structure permanente qui fonctionne toute l'année. Mais chaque année au moment du festival, l'organisation grossit puis se réduit une fois l'événement terminé. Lors du festival proprement dit, on distingue les fonctions support (sécurité, logistique…) qui assurent l'encadrement de la manifestation, du centre opérationnel constitué des artistes venus pour l'occasion. Dans une telle organisation les décisions se prennent par ajustement mutuel au cours du travail.

b. Qu'est-ce que la firme d'Aoki ?

M. Aoki a étudié deux types de firmes :

- La firme américaine appelée firme A, utilise un mode de coordination verticale avec de nombreux niveaux hiérarchiques. Ce type de firme est adapté à un environnement stable.
- La firme japonaise appelée firme J, utilise un mode de coordination horizontale qui permet de résoudre les problèmes rencontrés au sein des équipes ou entre équipes de même niveau et apporte de la flexibilité et une meilleure réactivité. Ce type de firme est adapté à un environnement changeant.

c. Qu'est-ce qu'une structure par projets ?

Définition

Une structure par projets permet de constituer et de dissoudre au fil des besoins, des équipes de salariés compétents et autonomes pour travailler sur un projet défini.

L'organisation n'est plus verticale mais horizontale. On parle aussi d'**organisation transversale**.

- les salariés deviennent polyvalents c'est-à-dire qu'ils sont capables d'effectuer différentes tâches voire d'acquérir les compétences voulues via une formation ou en collaboration avec le reste de l'équipe pour les besoins du projet ;
- le travail d'équipe est essentiel et les salariés dépendant les uns des autres pour l'accomplissement de leur mission ;
- les rattachements hiérarchiques sont alors multiples car ils s'établissent le temps du projet.

d. Qu'est-ce qu'une structure en réseau ?

Définition

Il existe deux conceptions de la structure en réseau :

La structure en réseau peut-être une organisation interne c'est-à-dire que les services sont plus ou moins autonomes et collaborent pour les besoins de l'organisation sans passer par la ligne hiérarchique.

La structure en réseau correspond également à une structure favorisant les partenariats ou l'externalisation. L'entreprise confie à d'autres ce qu'elle faisait auparavant en interne.

EXEMPLE

Valve corporation est une société de création de jeux vidéo qui est organisée de façon horizontale sans hiérarchie. C'est à la fois une structure en réseau et par projets. Il existe des fonctions supports (finance, comptabilité, logistique...) et des groupes de travail. Les salariés n'ont pas d'intitulé de poste ni de responsabilités définies. Ils font partie d'un groupe de travail, peuvent le quitter pour en rejoindre un autre ou en créer un. On parle « d'ordre spontané ».

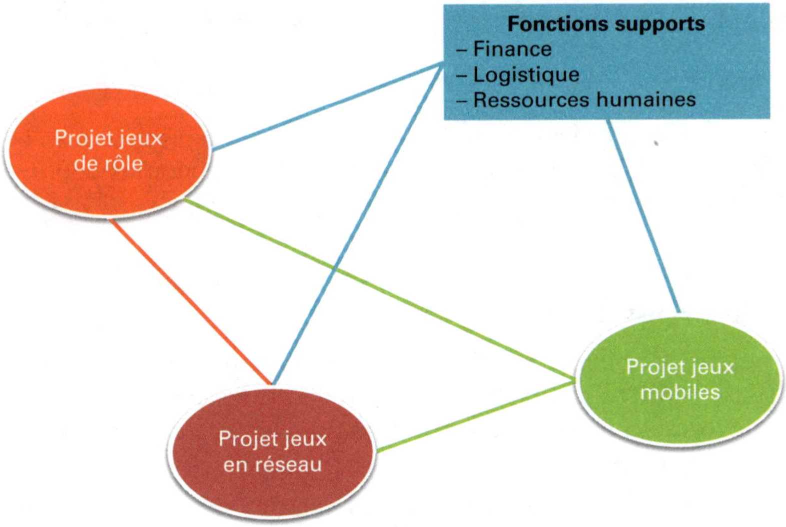

Compte tenu d'un environnement économique instable et de l'imbrication des économies, d'une concurrence de plus en plus intense, du développement de l'informatique, d'Internet, etc. la structure en réseau paraît être la plus à même d'apporter aux entreprises la flexibilité nécessaire.

17 La dynamique structurelle

- **1** Le changement de structure est-il planifié ou spontané ?
- **2** Qu'est-ce que la résistance au changement ?
- **3** Pourquoi une crise peut être salutaire ?

En fonction des facteurs de contingence (taille, âge...), de l'environnement... l'entreprise doit faire évoluer sa structure. Ce changement est selon l'entreprise plus ou moins planifié.

1 Le changement de structure est-il planifié ou spontané ?

On parle de changement structurel **planifié lorsque l'entreprise anticipe** et programme la modification de la structure avant qu'elle ne soit réellement nécessaire ou pour adapter sa structure à la future stratégie. Cette situation n'est pas la plus courante. Souvent, le changement de stratégie est **spontané c'est-à-dire qu'il s'impose à l'entreprise.** Une crise ou une modification d'environnement nécessite une restructuration sous peine de perdre en compétitivité.

EXEMPLE

En 2009, Michelin a restructuré ses usines en France afin de les spécialiser et de les rendre plus compétitives. L'objectif affiché était de conserver une base forte en France. Assurer la pérennité de ses usines passait nécessairement par une réorganisation et des suppressions de postes. Ce changement de structure est planifié.

À l'inverse, le fabricant de tubes Vallourec a annoncé début 2016 une restructuration de ses usines en Europe du fait de la surproduction mondiale et de la chute des cours du pétrole. Ces transformations sont spontanées.

2 Qu'est-ce que la résistance au changement ?

Les restructurations, réorganisations, nouvelles répartitions des tâches et donc des pouvoirs engendrent une résistance au changement. Selon **Michel Crozier**, sociologue français le changement de structure vient heurter les procédures mises en place, les habitudes créant ainsi un sentiment d'anxiété et des résistances. Les salariés qui ont des stratégies et des intérêts qui leur sont propres se cramponnent à leurs avantages acquis.

Ainsi plusieurs facteurs expliquent cette résistance au changement :

- la peur de perdre les avantages acquis ;
- les habitudes acquises avec le temps ;
- la peur de l'avenir.

Un changement de structure est toujours délicat à mettre en œuvre en raison de la résistance au changement. Elle nécessite donc un projet programmé et réfléchi, l'association de l'ensemble des acteurs et une politique de communication interne.

EXEMPLE

En 2012, Air France a lancé le plan « Perform 2015 » afin de rétablir la compétitivité de l'entreprise à l'horizon 2015. En avril 2015, le plan « Perform 2020 » est venu prolonger le dispositif dans le but de renouer avec la croissance. Ces plans ont été accompagnés de nombreux mouvements sociaux notamment de la part des pilotes. La crainte était notamment de voir les contrats et salaires alignés sur ceux des compagnies *low-cost*.

3 Pourquoi une crise peut être salutaire ?

Pour **Alfred Chandler**, chaque changement de stratégie engendre une modification de structure. Ces modifications ne sont souvent que des ajustements qui au bout d'un certain temps s'avèrent insuffisants. Les dirigeants se trouvent alors face à une crise de croissance qui ne leur laisse plus le choix : ils doivent revoir la structure globale de l'entreprise.

A. Chandler dit de ce fait que « ***toute crise est inévitable et salutaire*** ». C'est le déclencheur qui permet à l'entreprise de prendre les mesures qui s'imposent à sa survie.

Larry E. Greiner a mis lui aussi en évidence le rôle important des crises lors de la croissance des entreprises. Lors de son développement, l'entreprise passe par plusieurs phases. **Le passage d'une phase à l'autre s'accompagne nécessairement d'une crise.** Ainsi par exemple, la première phase est la phase créative. Dans l'entreprise nouvellement créée, les responsabilités ne sont pas définies mais avec le développement de l'activité se produit une crise du *leadership* (influence d'un individu sur un groupe). Les dirigeants ne possèdent plus toutes les compétences nécessaires (production, comptabilité, gestion des ressources humaines…) et doivent recruter des managers. L'organisation et les responsabilités doivent donc être repensées. L'entreprise adopte une structure fonctionnelle et formalise la hiérarchie. Selon Greiner, cette deuxième phase est la phase de direction.

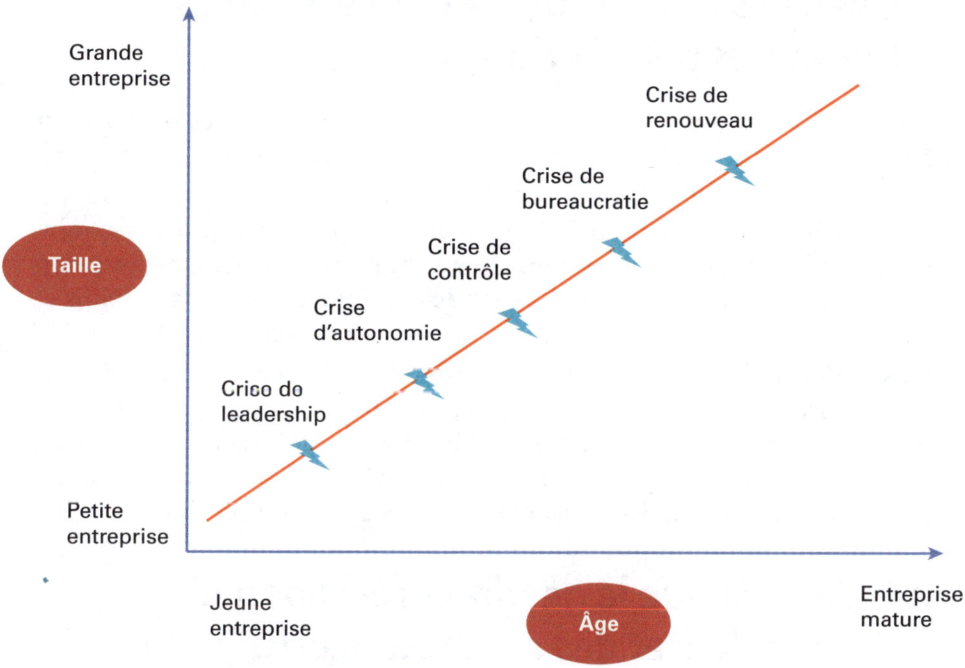

18 L'adaptation des ressources humaines aux objectifs stratégiques

- **1** Quelle est l'importance des ressources humaines pour l'entreprise ?
- **2** Qu'est-ce que la gestion prévisionnelle des emplois et des compétences(GPEC) ?
- **3** En quoi les ressources humaines sont impactées par la flexibilité ?

1 Quelle est l'importance des ressources humaines pour l'entreprise ?

L'entreprise a défini des stratégies. Pour mettre en place ces stratégies et atteindre les objectifs visés, l'entreprise doit s'appuyer sur ses collaborateurs. C'est grâce à eux qu'elle crée de la valeur.

Les salariés sont détenteurs d'un savoir (connaissances), **d'un savoir-faire** (la pratique) et **d'un savoir-être** (attitude) indispensables au bon fonctionnement de la structure. C'est de la bonne gestion des emplois et des compétences que l'entreprise tire un **avantage concurrentiel**.

En sureffectif, l'entreprise risque d'alourdir ses coûts. En sous-effectif, l'entreprise risque de ne pas tenir les délais de livraison ou de ne pas assurer un service propre à satisfaire la clientèle. Une perte de **qualité** peut-être liée à des salariés insuffisamment qualifiés ou formés. On le voit, nombre de problèmes que peuvent rencontrer les entreprises sont liés aux ressources humaines.

2 Qu'est-ce que la gestion prévisionnelle des emplois et des compétences(GPEC) ?

Définition

La GPEC consiste à adapter les ressources humaines aux besoins anticipés de l'entreprise tant sur le plan des effectifs que sur celui des compétences. Depuis la loi du 18 janvier 2005 dite « loi Borloo » la GPEC est obligatoire dans les entreprises de plus de 300 salariés.

a. Quelles sont les différentes dimensions de la GPEC ?

La **GPEC** comprend donc deux dimensions et implique tout un questionnement de la part des managers et directeurs des ressources humaines.

- **Une dimension quantitative**
  - Quels sont nos effectifs ? Combien avons-nous de collaborateurs permanents, extérieurs à l'entreprise…
  - Quelle est la pyramide des âges au sein de l'entreprise ?
  - Combien avons-nous de salariés entrants et sortants ?
  - Quels effectifs nous faut-il dans un, deux ou cinq ans en fonction de notre stratégie ?...
- **Une dimension qualitative**
  - Quelles sont les compétences individuelles et collectives de nos collaborateurs ?
  - Comment évoluent les métiers ?
  - Quels sont nos besoins futurs en matière de compétence ?
  - Nos collaborateurs peuvent-ils acquérir ces compétences ou faut-il envisager le recrutement de nouveaux salariés ayant les compétences recherchées ?...

EXEMPLE

Le groupe Hervé spécialisé dans l'énergie est une entreprise de 2 800 salariés qui a mis en place une GPEC avec des principes innovants. Pour accélérer la diffusion des compétences, des salariés volontaires, appelés « animateurs fonctionnels » sont chargés de former d'autres salariés qui travaillent à leurs côtés. Les animateurs fonctionnels échangent sur leurs pratiques et veillent à améliorer la performance de l'entreprise.

b. Quelle est la démarche de la GPEC ?

- **La démarche stratégique de la GPEC :** l'entreprise doit ajuster ses ressources quantitatives et qualitatives à ses besoins. Pour cela, elle doit anticiper les départs à la retraite, les besoins de formations…
- **La démarche administrative de la GPEC :** en fonction de ses besoins, l'entreprise va définir des profils de postes, assurer le recrutement interne (promotion de salariés de l'entreprise) ou externe (embauche de candidats externes à l'entreprise dont on aura défini le profil), fixer une rémunération en adéquation avec le poste, choisir le type de contrat…

- **La démarche de suivi de la GPEC :** une GPEC performante passe par l'accompagnement des salariés. L'entreprise a besoin de flexibilité, de salariés motivés et pour cela, il convient de veiller à instaurer et maintenir une bonne ambiance, un dialogue constructif, d'accompagner la mobilité professionnelle des salariés…

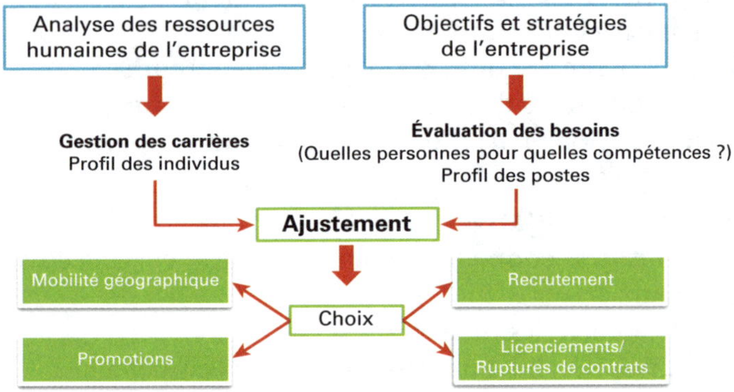

c. Quels sont les outils utilisés en GPEC ?

- **La documentation :** fiches de postes (du pôle emploi, des fédérations ou syndicats professionnels…), tableaux de bord, formulaires d'entretiens annuels d'évaluation…
- **Des indicateurs :** indicateur de *turn-over* (rythme de renouvellement des effectifs dans une entreprise), taux d'absentéisme, pyramide des âges…
- **Des dispositifs de formation :** dont les bilans de compétences, validation des acquis de compétences (VAE)…
- **Des outils informatiques :** logiciels de simulation des effectifs, de gestion du temps de travail…

3 En quoi les ressources humaines sont impactées par la flexibilité ?

Définition

Dans une entreprise, la flexibilité consiste à faire varier les ressources en fonction de l'environnement, de la demande et des concurrents.

Les ressources humaines sont directement impactées par la **flexibilité** car il est aisé de faire varier les effectifs et de jouer sur les compétences à court et moyen terme.

a. Quels sont les enjeux de la flexibilité ?

- **Pour l'entreprise** : il s'agit de s'adapter aux conditions du marché, de diminuer les coûts en adaptant les charges de l'entreprise au volume d'activité, d'innover en se positionnant sur de nouveaux marchés en utilisant les ressources existantes de l'entreprise.
- **Pour les salariés :** il s'agit de conserver leur emploi, de développer leurs compétences et devenir polyvalents, d'ouvrir leurs perspectives de carrière.

b. Quelles sont les formes de flexibilité ?

- **Flexibilité interne**
  - **Quantitatif**
    Modulation du temps de travail (heures supplémentaires, aménagement de la durée du travail, temps partiel...), télétravail...
  - **Qualitatif**
    Polyvalence, autonomie des salariés, décentralisation des décisions et responsabilités...
- **Flexibilité externe**
  - **Gestion des emplois**
    Contrats de travail flexibles (CDD, travail temporaire...), chômage technique, ruptures conventionnelles...
  - **Externalisation de la production**
    Sous-traitance, partenariats...

EXEMPLE

Chez Google, le temps de travail est flexible et les salariés peuvent consacrer jusqu'à 20 % de leur temps pour des projets personnels. C'est ainsi que Gmail aurait vu le jour. En effet l'entreprise bénéficie des innovations de ses salariés.

c. Quelles sont les limites à la flexibilité ?

Si la flexibilité permet à l'entreprise de s'adapter à la demande, elle n'en est pas moins risquée. En effet, les salariés peuvent vivre la flexibilité demandée non comme une source d'enrichissement personnel mais comme une contrainte source de stress.

Lorsque la flexibilité choisie représente un nombre important de contrats précaires ainsi que l'externalisation de la production, cela peut se traduire par des mouvements sociaux, une dégradation de la qualité du travail et une perte de savoir-faire.

19 La motivation et l'implication des salariés

- **1** Comment motiver les salariés ?
- **2** Qu'est-ce que la culture d'entreprise ?

1 Comment motiver les salariés ?

a. Quelles sont les théories sur la motivation ?

La motivation des salariés qui repose sur la capacité de l'entreprise à satisfaire les besoins des salariés est un facteur de performance. Trois auteurs ont recherché des explications à la motivation des salariés.

- **La pyramide des besoins d'A. Maslow :** selon **A. Maslow**, les besoins sont hiérarchisés (besoins physiologiques tels que manger, puis besoin de sécurité, besoins sociaux, besoin d'estime et besoin de réalisation). Un besoin non satisfait serait source de motivation. Il en irait de même en entreprise. Identifier les besoins non satisfaits et donner la possibilité de la satisfaire serait donc essentiel.
- **La théorie bi-factorielle de F. Herzberg :** selon Herzberg, il y aurait deux types de facteurs :

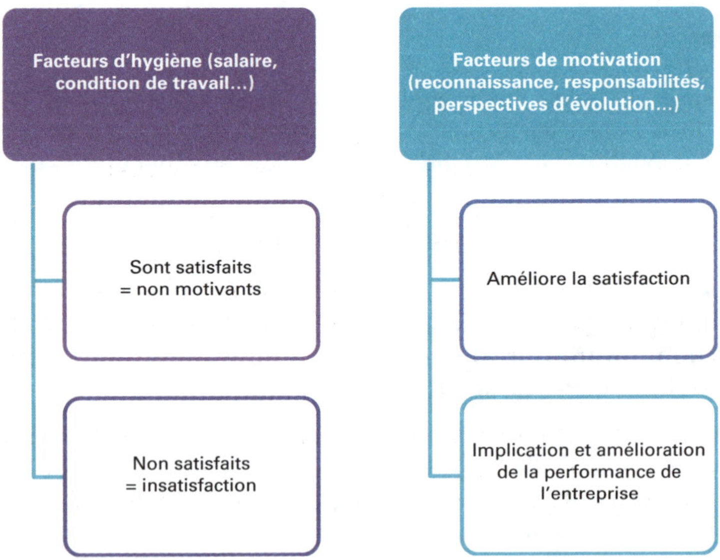

EXEMPLE

Michelin teste une délégation de responsabilité dans certaines de ses usines. Chaque service (production de gomme, confection de pneus…) est responsable de sa performance. À cette fin, des agents volontaires se voient confier des responsabilités en toute autonomie.

- **La théorie des attentes de V. Vroom** : selon **V. Vroom**, la motivation dépend de trois facteurs que les managers doivent combiner.

b. Quels sont les leviers de motivation ?

Les **leviers de motivation** sont multiples et chaque salarié réagit différemment à chacun d'eux. De façon générale, les principaux facteurs de motivation sont l'autonomie et les responsabilités. Le salaire n'arrive qu'ensuite.

	Éléments individuels	Éléments collectifs
Leviers financiers	▷ Salaire ▷ Primes ▷ Avantages en nature (voiture de fonction, tickets restaurant...)	▷ Participation ▷ Intéressement ▷ Primes collectives
Leviers non financiers	▷ Diversité des tâches à accomplir ▷ Amélioration des conditions de travail ▷ Reconnaissance ▷ Évolution de carrière	▷ Séminaires en équipe ▷ Participation à des projets

EXEMPLE

Thierry Gaillard, PDG de Mars chocolat convie toutes les six semaines ses collaborateurs à une réunion intitulée « ça se discute » afin d'instaurer un dialogue constructif et régulier et de montrer l'attention qu'il leur porte.

2 Qu'est-ce que la culture d'entreprise ?

Définition

La culture d'entreprise est un ensemble d'éléments qui permet d'identifier une entreprise comme étant une entité particulière et qui est partagée par tous les membres.

a. Quels sont les éléments constitutifs de la culture d'entreprise ?

- **Les mythes :** ce sont les légendes qui circulent sur l'entreprise ou le créateur (modèle de réussite par exemple).
- **Les valeurs :** ce sont les normes et règles véhiculées au sein de l'entreprise que partagent les membres (idéal de qualité par exemple).
- **Les rites :** ce sont des pratiques habituelles auxquelles sont attachés les salariés (tutoiement par exemple).
- **Les symboles :** ce sont les signes qui expriment les valeurs (tenue vestimentaire par exemple).
- **Les tabous :** ce sont les sujets que l'on évite au sein de l'entreprise (échecs par exemple).

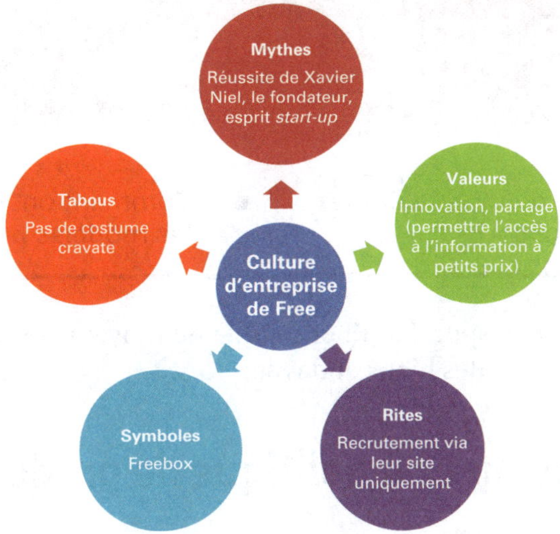

b. Quel est le rôle de la culture d'entreprise ?

- Un **facteur de cohésion :** le partage des valeurs permet d'homogénéiser les comportements, de mieux intégrer les nouveaux membres, de favoriser le sentiment d'appartenance et d'éviter les conflits.
- Un **facteur de motivation :** la culture d'entreprise permet aux salariés de s'impliquer car ils s'identifient à l'entreprise dont ils partagent les valeurs.
- Un **avantage concurrentiel :** la culture d'entreprise apporte une identité et une image à l'entreprise. La motivation et la cohésion induites accompagnent la mise en place de la stratégie et lui permettent d'être performante.

c. Quelles sont les limites à la culture d'entreprise ?

- Si la culture est imposée aux membres du groupe ou paraît superficielle et en décalage avec le vécu des salariés au quotidien, elle devient un facteur de démotivation ;
- Une culture trop forte peut-être une entrave au changement et à la mise en œuvre d'une nouvelle stratégie.

EXEMPLE

IKEA a longtemps été présenté comme le « modèle suédois ». L'entreprise a développé une image populaire avec ses meubles à prix très abordables, a véhiculé une image respectueuse de ses salariés avec de bonnes conditions de travail et des avantages salariaux. Or, les salariés dénoncent aujourd'hui la politique salariale axée sur de faibles revenus et la dégradation des conditions de travail de ces dernières années, cassant ainsi le mythe du modèle suédois.

20 L'organisation de la production

- **1** Qu'est-ce qu'une politique de production ?
- **2** Comment ont évolué les modèles productifs ?

La production correspond à un ensemble de moyens qui vont être combinés pour produire des biens et des services.

1 Qu'est-ce qu'une politique de production ?

Définition

L'entreprise peut décider de produire elle-même les biens ou services qu'elle propose ou d'externaliser une partie de sa production. Ce choix de production est stratégique.

Ce choix effectué, se pose alors la question du **mode de production** :

Il y a un lien direct entre la stratégie de l'entreprise et l'organisation de la production. L'entreprise organise sa production en fonction de sa stratégie et le mode de production peut limiter le choix de la stratégie.

Le système de production est également dépendant de variables telles que la taille de l'entreprise, le type de produit, le volume à produire, les parties-prenantes, les ressources, l'environnement…

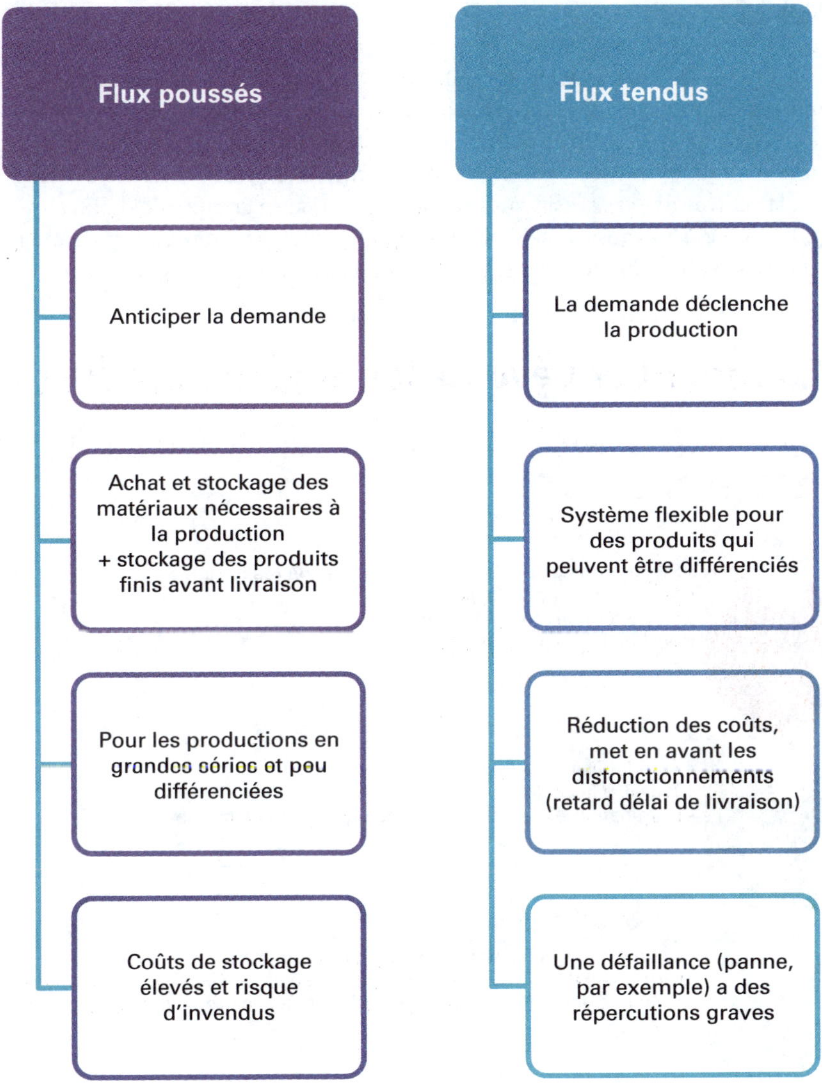

À l'heure actuelle, les entreprises optent souvent pour une production en **flux tendus** (Production déclenchée à partir des commandes des clients et réduction des stocks. On parle également de juste-à-temps) au détriment d'une production en **flux poussés** (Anticipation de la demande par la constitution de stocks aux différents stades de la production).

EXEMPLE

Mac Donald's a investi dans un logiciel de modélisation des ventes très performant relié à ses fournisseurs. Ce logiciel permet au fil des ventes de prévoir les ruptures de stocks et de réapprovisionner automatiquement les restaurants. Il prend également en compte pour chaque restaurant des données liées à son environnement telles que les sorties de films au cinéma se trouvant éventuellement à côté, la rentrée des classes, la saisonnalité…La prise en compte des contraintes de production des fournisseurs, l'instauration d'un dialogue, ont permis d'améliorer l'approvisionnement, de lisser la production et de limiter le gaspillage.

2 Comment ont évolué les modèles productifs ?

a. Comment ont évolué les modèles productifs au 19e et 20e siècles ?

Le taylorisme

- Séparation des tâches de conception et de réalisation
- Morcellement des tâches
- Rémunération au rendement
- Recherche de productivité

Le fordisme

- Standardisation des pièces
- Travail à la chaîne
- Domination par les coûts via une production de masse

Le toyotisme

- Ateliers flexibles et travail en équipes autonomes
- Recherche de qualité totale (0 stock, 0 papier, 0 délai, 0 panne, 0 défaut)
- Adapté à une politique de différenciation et à la production de séries courtes

b. Quelles sont les nouvelles façons de gérer la production ?

Avec le **toyotisme** (forme d'organisation du travail qui vise une amélioration de la qualité via la polyvalence des salariés et une production sans gaspillage), les entreprises ont répondu en partie à une demande d'individualisation du produit des clients. Les entreprises tendent aujourd'hui de concilier la satisfaction client avec les impératifs de production (réactivité, flexibilité par exemple). On constate :

- une production **de plus en plus automatisée et informatisée** y compris pour la production des services ;
- l'apparition du **sur-mesure de masse** (production en grandes séries de produits qui seront personnalisés en bout de chaîne) ;
- une **localisation stratégique des lieux de production** afin de réduire les délais (production proche des sources de matières premières par exemple) ;
- une **recherche de qualité** avec le développement de **certifications** (normes ISO) qui constituent un avantage concurrentiel.

EXEMPLE

Nike propose de personnaliser chaussures et sacs grâce à l'outil NIKEiD.

AXA Assistance s'est engagé depuis plusieurs années dans une démarche qualité via la certification et une démarche volontaire baptisée AXA WAY.

21 La politique d'innovation

- **1** Qu'est-ce qu'une innovation ?
- **2** Comment accéder à l'innovation ?
- **3** En quoi consiste un processus d'innovation ?
- **4** Quels sont les enjeux d'une politique d'innovation ?
- **5** Quels sont les risques d'une politique d'innovation ?

1 Qu'est-ce qu'une innovation ?

a. Comment définir le terme « innovation » ?

Définition

L'innovation est la mise en application d'une invention qui porte soit sur un produit ou un service soit sur un process.

L'innovation procure à l'entreprise un avantage concurrentiel et vient **enrichir son patrimoine technologique** c'est-à-dire l'ensemble des technologies qu'elle maîtrise. Ce patrimoine technologique comprend :

- les **technologies de base**, répandues dans le secteur et qui ne procurent pas d'avantage concurrentiel ;
- les **technologies-clés** dont la maîtrise est essentielle ;
- les **technologies émergentes** qui promettent un bel avenir à l'entreprise.

b. Comment classer les innovations ?

Il est possible de classer les innovations de deux façons :

- **Les innovations selon leur nature** :

Innovation de produit	• Produit amélioré ou produit nouveau • Textiles « respirants » par exemple
Innovation de service	• Amélioration des prestations proposées ou nouvelles prestations • La smartbox par exemple
Innovation de process	• Nouveau processus de production, nouvelle organisation • Le juste-à-temps ou les cercles qualité par exemple

- **Les innovations selon leur impact** :
  - **innovations de rupture :** ce sont des innovations qui modifient profondément un marché tel que l'invention du téléphone mobile ;
  - **innovations incrémentales :** amélioration de produits, services ou process existants tel que le moteur diesel à injection.

2 Comment accéder à l'innovation ?

L'entreprise peut enrichir son patrimoine technologique de différentes façons :

- **la recherche et développement**. L'entreprise possédant un tel service doit y consacrer du temps et des ressources conséquentes. Le dépôt de brevets à l'INPI (Institut National de la Propriété Industrielle) confère à l'entreprise un monopole d'exploitation pendant vingt ans maximum ;

EXEMPLE

Post-it est une marque déposée par la société 3M et est entrée dans le domaine public en l'an 2000.

- **le rachat de licences ou brevets**. Il permet à l'entreprise de s'approprier rapidement des technologies qu'elle ne maîtrise pas ;

- **le rachat d'une entreprise possédant la technologie convoitée**. Le rachat peut-être coûteux mais il permet à l'entreprise de disposer rapidement d'une unité de production opérationnelle ;

EXEMPLE

Depuis 2001, Google a racheté 158 sociétés et brevets tels que Bebop technologie, Fly labs, Digisfera.

- **le partenariat technologique**. Il s'agit pour l'entreprise de mettre en commun avec une autre entreprise des ressources via un groupement d'intérêt économique par exemple, afin d'effectuer de la recherche et développement. Ces partenariats peuvent être soutenus par les pouvoirs publics (entreprises publiques, ministère de la défense, union européenne…). Ils constituent souvent une opportunité pour les PME (petites et moyennes entreprises) de réaliser de la recherche et développement.

EXEMPLE

Bpifrance est une banque publique d'investissement qui propose aux entreprises une aide au partenariat technologique sous forme de subventions.

3 En quoi consiste un processus d'innovation ?

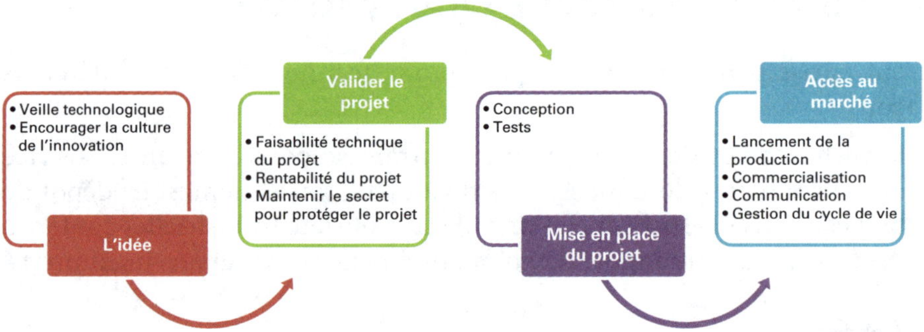

Une fois mise en œuvre, une innovation a une durée de vie plus ou moins longue qui comprend une phase de lancement, une phase de croissance puis de maturité et de déclin. C'est lors de cette phase que l'entreprise décide si elle lance une nouvelle innovation et abandonne celle-ci ou innove en améliorant ce produit ou service.

4 Quels sont les enjeux d'une politique d'innovation ?

- **se procurer un avantage concurrentiel** : l'innovation permet de se différencier, de valoriser son image et de diminuer les coûts ;
- **accéder à de nouveaux marchés** : l'innovation peut non seulement relancer un secteur mais également offrir de nouvelles opportunités de développement ;
- **réaliser une stratégie** : l'innovation peut-être un élément essentiel d'une **stratégie de domination par les coûts**, de différenciation ou de focalisation (<voir fiches 12 et 13) ;
- **s'adapter à son environnement** : la veille technologique permet d'anticiper les évolutions des marchés et métiers.

EXEMPLE

La politique d'innovation permanente de Nespresso est basée sur le dépôt de brevets. En concevant un produit très technique et constamment amélioré (machine à café) et des consommables de qualité (capsules de café) adaptés au produit, difficilement substituables, Nespresso maintient son avantage concurrentiel et tient à distance les concurrents qui adoptent une politique de suiveur.

5 Quels sont les risques d'une politique d'innovation ?

- **Un investissement pas toujours rentable :** innover représente un investissement important. Les projets de recherche longs et coûteux ne rencontrent pas tous un succès commercial. C'est la raison pour laquelle si certaines entreprises sont leaders en matière d'innovation profitant pleinement de l'avantage concurrentiel procuré, d'autres sont suiveurs ou imitateurs limitant ainsi l'échec commercial.
- **Une organisation structurelle pas toujours adaptée :** une entreprise innovante doit adopter une structure flexible et mettre en place une culture d'entreprise axée sur la création, la diffusion des idées…

EXEMPLE

Microsoft, Intel sont des leaders en matière d'innovation alors qu'IBM, Dell ont une stratégie de suiveur.

22 Le management des connaissances

- **1** Qu'est-ce que le management des connaissances ?
- **2** En quoi consiste concrètement manager les connaissances ?
- **3** Quels sont les enjeux du management des connaissances ?
- **4** Quelles sont les difficultés rencontrées dans la mise en œuvre ?

1 Qu'est-ce que le management des connaissances ?

Définition

Le **management des connaissances** ou *Knowledge management* correspond aux méthodes et process qui permettent de gérer les savoirs et savoir-faire au sein de l'entreprise.

Ces compétences sont attachées à une personne mais également à un ensemble de personnes.

Il importe donc pour une entreprise de gérer ces connaissances et compétences voire de se transformer en **entreprise apprenante**. L'entreprise apprenante développe une culture de la connaissance. Elle instaure l'apprentissage permanent en valeur.

EXEMPLE

Vallourec, groupe mondialisé, fabriquant des tuyaux a mis en place un intranet (réseau informatique utilisant les protocoles internet mis en place à l'intérieur d'une entreprise).

L'objectif était de relier les professionnels de l'entreprise (ingénieurs, chercheurs, techniciens…) basés sur les différents sites (Brésil, États-Unis, France…), les fournisseurs les plus fiables afin d'échanger sur les pratiques, de transmettre des informations, de proposer des nouveautés afin qu'elles soient améliorées par d'autres équipes…

Ainsi par exemple, lorsqu'un accident du travail a lieu dans une usine, l'information est transmise aux autres sites afin qu'ils prennent des mesures préventives.

2 En quoi consiste concrètement manager les connaissances ?

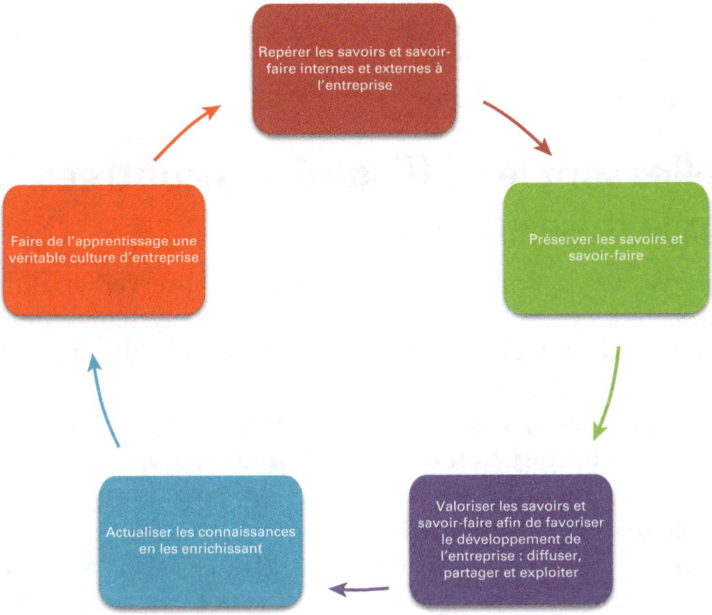

3 Quels sont les enjeux du management des connaissances ?

a. Quels intérêts pour une entreprise ?

Avantage concurrentiel	• En préservant et développant les savoirs et savoir-faire • En améliorant la performance et la capacité d'innovation
Pérenniser l'entreprise	• Les savoirs et savoir-faire constituent la mémoire des entreprises qu'il faut transmettre • Maîtriser le métier et le faire évoluer en fonction de l'environnement
Meilleure organisation opérationnelle	• Plus de réactivité et de flexibilité • Diffusion des bonnes pratiques

b. Quels intérêts pour les collaborateurs ?

- **développer leurs compétences** (connaissances actualisées, facilité à résoudre les problèmes…) ;
- **travailler en équipe** de façon plus efficace ;
- une **meilleure motivation** ;
- des **possibilités d'évolution**.

4 Quelles sont les difficultés rencontrées dans la mise en œuvre ?

- **la maîtrise de la technologie** : collecter, conserver et diffuser les connaissances nécessitent la mise en place d'un système informatique souvent complexe et long à mettre en place. Par ailleurs, il est indispensable de former l'ensemble des salariés ;
- **le retour sur investissement** : la mise en place d'un management des connaissances nécessite un investissement onéreux. Or, il est très difficile voire impossible d'évaluer un retour sur investissement ;
- **les problèmes organisationnels** : il convient de définir qui va contrôler l'information ? Comment va-t-elle être organisée ? Qui va y avoir accès ? Qui va alimenter le réseau ? Cette activité sera-t-elle obligatoire sachant qu'elle prend beaucoup de temps et que par conséquent cela se fera au détriment des autres tâches…
- **La résistance au changement** : il est crucial pour les entreprises de conserver le savoir au sein de la structure. Or, ce savoir est associé à un collaborateur libre de quitter l'entreprise. La crainte des collaborateurs, lors de la mise en place de tels systèmes, est donc de voir l'entreprise capter leur savoir pour ensuite se passer de leur service. Cela engendre donc une résistance au changement qui doit être dépassée grâce à des mesures d'accompagnement (formations par exemple).

EXEMPLE

La SNCF a mis en place un réseau social au sein de sa division innovation et recherche. La première version fut un échec : outils trop complexes, ouverture à un large public dont des partenaires sans avoir suffisamment verrouillé la confidentialité, défaut de communication. L'entreprise a donc fait appel à un cabinet d'audit pour cerner les erreurs et mettre en place une deuxième version performante.

23 Financer les activités

- **1** Quels sont les besoins de financement de l'entreprise ?
- **2** Quels sont les modes de financement de l'entreprise ?

1 Quels sont les besoins de financement de l'entreprise ?

a. Quels sont les besoins de financement pour la création de l'entreprise et le financement de sa stratégie ?

Dès la création, une entreprise a besoin de financement pour fonctionner. Ce financement plus ou moins important est consigné dans un *business plan*. Le ***business plan*** comprend des prévisions financières à trois ou cinq ans qui visent à démontrer la rentabilité financière de l'entreprise et permettent de convaincre des investisseurs.

Par la suite, l'entreprise aura besoin de financer ses décisions stratégiques. De la stratégie choisie dépendront le mode de financement (interne ou externe) et son montant. Ainsi une stratégie de croissance externe (rachat d'une autre entreprise) nécessitera des fonds importants alors qu'une stratégie d'externalisation (sous-traitance) permettra de limiter les besoins. Il est important pour l'entreprise de correctement effectuer un diagnostic interne afin de déterminer si stratégie et moyens financiers sont en adéquation.

EXEMPLE

Poursuivant sa stratégie de sophistication pour éviter la banalisation de ses produits, le groupe Vuitton s'est diversifié dans la papeterie haut de gamme (stylos, encriers...). L'entreprise a confié la fabrication des stylos à la société Saint Dupont. Une première pour le groupe qui jusqu'alors possédait ses propres ateliers.

b. Quels sont les besoins de financement pour les investissements ?

Pour pouvoir fonctionner, l'entreprise a besoin de différents biens (locaux, meubles, ordinateurs...). Elle a également besoin d'effectuer différents investissements pour se développer.

On distingue trois types d'investissements à financer :

- **les investissements matériels**. Ce sont des biens physiques (machines par exemple) qui visent à développer les capacités de production de l'entreprise (investissement de capacité) ou à remplacer l'équipement usé ou dépassé (investissement de remplacement) ou à améliorer la productivité (investissement de productivité). Il convient de noter que l'achat d'une machine plus récente, dans le cadre d'un investissement de remplacement, est aussi un investissement de productivité car la machine d'aujourd'hui est forcément plus performante que celle d'hier ;
- **les investissements immatériels**. L'entreprise doit financer la recherche et développement, les logiciels, les brevets, la communication...
- **les investissements financiers**. De plus en plus d'entreprises investissent dans d'autres structures (prise de participation, **fusion**...).

EXEMPLE

Le Creuset, leader mondial d'articles culinaires en fonte émaillée, a entièrement rénové son usine de Fresnoy-le-grand en Picardie en 2011 pour la somme de 80 millions d'euros étalée sur quatre ans.

c. Quels sont les besoins de financement liés au cycle d'exploitation ?

Le cycle d'exploitation est composé d'opérations courantes régulières (achat de matières premières, paiement de salaires, ventes...).

Dans certaines entreprises comme celle de la grande distribution, l'encaissement des ventes se fait avant le paiement des fournisseurs payés à 90 ou 120 jours.

Toutefois, la plupart du temps, l'entreprise effectue des dépenses avant d'encaisser le fruit de ses ventes. Le cycle d'exploitation correspond donc au décalage entre décaissement et encaissement. Ce cycle d'exploitation lorsqu'il correspond à un besoin en fonds de roulement, doit être financé.

Une entreprise peut minimiser son besoin en fond de roulement de plusieurs façons :

- négocier avec les fournisseurs un délai de paiement plus long ;
- réduire le délai de paiement des clients ;
- diminuer les stocks ;
- facturer au plus tôt.

EXEMPLE

Témoignage : Marc D. gérant d'une SARL du bâtiment

« *Jeune ingénieur, j'ai créé cette entreprise de bâtiment après avoir eu plusieurs expériences de conducteur de travaux. Mon activité a bien progressé jusqu'au jour où j'ai subi un impayé tellement important que la pérennité de mon affaire était en jeu !* »

2 Quels sont les modes de financement de l'entreprise ?

a. Quels sont les modes de financement interne ?

Modes de financement	Définition	Avantages	Inconvénients
Autofinancement	L'entreprise se finance grâce à ses capitaux propres, sa rentabilité, son épargne…	▷ Pas de remboursement ▷ Pas d'intérêt ▷ Pas dépendant d'un organisme financeur	▷ Montant limité dépendant de la santé financière de l'entreprise ▷ N'est pas distribué aux actionnaires
Désinvestissement	Produit issu de la vente des actifs de l'entreprise (un bien immobilier par exemple)	Fonds disponibles assez rapidement	Diminution du capital de l'entreprise
Augmentation de capital	Il s'agit de créer de nouvelles actions achetées soit par les actionnaires actuels de l'entreprise soit par de nouveaux actionnaires	Pas de remboursement ni d'intérêt	▷ Risques liés à l'arrivée de nouveaux actionnaires et perte de pouvoir des anciens ▷ Les actionnaires font pression pour obtenir un retour sur investissement

b. Quels sont les modes de financement externe ?

Modes de financement	Définition	Avantages	Inconvénients
Emprunt	Un ou plusieurs prêteurs mettent à la disposition d'un emprunteur une somme d'argent	▷ Les intérêts sont des charges financières déductibles ▷ Montant, délais de remboursement... négociables	▷ Augmentation de l'endettement de l'entreprise ▷ Intérêts parfois importants
Crédit-bail	Location d'un bien avec à l'échéance la possibilité de devenir propriétaire du bien.	▷ Utiliser un équipement sans mise de fonds ▷ Loyers = charges déductibles ▷ Possibilité de renouveler régulièrement le bien	Coût important
Crowfunding ou financement participatif	Financer des projets d'entreprise en mettant en relation l'entreprise et des personnes (particuliers ou entreprises) désirant investir dans ces projets	▷ Solution alternative au financement classique ▷ S'affranchir de la dépendance aux banques ▷ Rapidité ▷ Garder le contrôle du projet	▷ Commission assez importante due à la plateforme ▷ Coût de communication pour faire connaître le projet
Crédit fournisseurs	Délai de paiement accordé par les fournisseurs à l'entreprise	▷ Peu coûteux ▷ Négociable	Dépend du secteur d'activité et des forces en présence
Découvert bancaire	Crédit de trésorerie accordé par une banque	▷ Souple ▷ Négociable	Coûteux

c. Quels financements pour quels besoins ?

Chaque mode de financement est adapté à des besoins.

- La stratégie de l'entreprise peut être financée par augmentation de capital, emprunt, ***crowfunding***…
- Les investissements de l'entreprise peuvent être financés par emprunt, **crédit-bail**…
- Le besoin en fonds de roulement peut être financé via le crédit fournisseur ou le découvert bancaire…

Lorsque l'entreprise choisit un mode de financement, elle doit être attentive au coût, au risque, à la rentabilité, au sérieux de l'apporteur de capitaux…

EXEMPLE

Le financement participatif permet de financer bon nombre de projets. Des menuisiers, restaurateurs, entreprises de transports… ont réussi leur emprunt auprès de la communauté de prêteurs de la plateforme Unilend. Sur cette même plateforme, la société Seaways, fabriquant de drones aquatiques, a pu faire financer des projets qui n'intéressaient pas les banques. En effet, ces dernières préfèrent prêter pour des achats de biens matériels qu'elles peuvent faire saisir en cas de non-remboursement plutôt que pour des projets de développement commercial ou de marketing.

Une structure financière fragile entraîne surtout pour une PME (Petite ou Moyenne Entreprise) des difficultés d'accès aux financements notamment bancaires et donc une capacité moindre à innover. L'absence d'investissement est la cause d'une perte de compétitivité et donc d'un manque de rentabilité aggravant un peu plus la fragilité financière.

QCM

1. Qu'est-ce qu'un entrepreneur au sens de Schumpeter ?

☐ **a.** Agent qui exécute de nouvelles combinaisons de production.
☐ **b.** Agent qui met en œuvre la stratégie de l'entreprise.
☐ **c.** Un gestionnaire.
☐ **d.** Un innovateur.

2. Qu'est-ce que la logique entrepreneuriale ?

☐ **a.** Avoir l'esprit d'initiative.
☐ **b.** Prendre des risques.
☐ **c.** Exploiter les opportunités.
☐ **d.** Gérer des ressources de façon efficiente.

3. Quelles sont les étapes ci-dessous qui font partie du projet entrepreneurial ?

☐ **a.** Faire valider son projet par la chambre de commerce.
☐ **b.** Faire une étude de marché.
☐ **c.** Établir un business plan.
☐ **d.** Déposer les statuts chez un notaire.

4. Qu'est-ce que la logique managériale ?

☐ **a.** Réduire les coûts.
☐ **b.** Optimiser l'utilisation des ressources.
☐ **c.** Prendre des risques.
☐ **d.** Adapter la stratégie aux opportunités.

5. Quelles sont les qualités d'un manager ?

☐ **a.** Être réfléchi.
☐ **b.** Être organisé.
☐ **c.** Être visionnaire.
☐ **d.** Avoir le goût du risque.

6. Qu'est-ce qui distingue l'entrepreneur du manager ?

☐ **a.** Contrairement au manager, l'entrepreneur vise la création de valeur.
☐ **b.** L'entrepreneur investit en général son propre argent alors que le manager gère le budget de l'entreprise.
☐ **c.** L'entrepreneur saisit les opportunités, le manager les transforme.
☐ **d.** L'entrepreneur recherche la performance et le manager l'efficacité.

7. Qu'est-ce que la finalité de l'entreprise selon Peter Drucker ?

- ☐ **a.** La finalité de l'entreprise est de faire du profit.
- ☒ **b.** La finalité est la satisfaction client.
- ☐ **c.** La finalité est de satisfaire les parties prenantes.
- ☐ **d.** La finalité est d'être responsable socialement.

8. Quelle est l'affirmation qui ne correspond pas à la RSE (responsabilité sociétale des entreprises) ?

- ☐ **a.** Respect de l'environnement.
- ☐ **b.** Se préoccuper des parties prenantes.
- ☐ **c.** Se soucier des impacts sociaux.
- ☒ **d.** Limiter les audits à l'aspect financier.

9. Quels sont les enjeux de la RSE ?

- ☒ **a.** Anticiper la législation.
- ☐ **b.** Accroître le profit.
- ☒ **c.** Améliorer l'image.
- ☐ **d.** Diminuer les coûts.

10. Qu'est-ce que le management stratégique ?

- ☒ **a.** Fixer les grandes orientations à moyen et long terme.
- ☐ **b.** Fixer les grandes orientations à court terme.
- ☐ **c.** Répartir les tâches.
- ☐ **d.** Fixer des objectifs aux collaborateurs.

11. Qu'est-ce que la performance ?

- ☒ **a.** Efficacité et efficience.
- ☐ **b.** Efficacité et performance.
- ☐ **c.** Atteindre les objectifs.
- ☐ **d.** Minimiser les ressources.

12. Quel axe ne fait pas partie du tableau de bord de Kaplan et Norton ?

- ☐ **a.** Axe financier.
- ☐ **b.** Axe clients.
- ☐ **c.** Axe processus internes.
- ☒ **d.** Axe actionnaires.

13. Qu'est ce qui caractérise le style de direction « autoritaire paternaliste » ?

- ☐ **a.** Management par la crainte.
- ☒ **b.** Sanction possible.
- ☐ **c.** Peu d'implication.
- ☒ **d.** Autorité mais écoute.

14. Quel style de direction ne fait pas partie des styles de direction de Likert ?

- ☐ **a.** Leader social.
- ☒ **b.** Leader laisser-faire.
- ☐ **c.** Leader intégrateur.
- ☐ **d.** Leader consultatif.

15. La rationalité d'une décision est limitée car :

- ☐ **a.** Les informations possédées sont partielles.
- ☐ **b.** Les solutions déjà expérimentées sont privilégiées.
- ☐ **c.** Toutes les conséquences ne sont pas évaluables.
- ☐ **d.** Le décideur ne peut se fier qu'à lui-même.

16. Qu'est-ce qu'une décision opérationnelle ?

- ☐ **a.** Émane du manager.
- ☐ **b.** Émane des exécutants.
- ☐ **c.** Concerne l'avenir de l'entreprise.
- ☐ **d.** Concerne la gestion des ressources.

17. Parmi les parties prenantes suivantes, lesquelles sont de second rang ?

- ☐ **a.** Les salariés.
- ☐ **b.** Les ONG.
- ☐ **c.** Les actionnaires.
- ☐ **d.** Les organisations professionnelles.

18. Qu'est ce qui caractérise le mode de gouvernance *shareholder* ?

- ☐ **a.** La gouvernance actionnariale.
- ☐ **b.** La gouvernance partenariale.
- ☐ **c.** La maximisation de la valeur actionnariale.
- ☐ **d.** La prise en compte des parties prenantes et de la RSE.

19. Quelles sont les questions fondamentales liées à la stratégie ?

- ☐ **a.** Pourquoi : quelles sont les missions et la vocation de l'entreprise ?
- ☐ **b.** Qui : qui est responsable de la stratégie ?
- ☐ **c.** Quoi : quels sont les buts et objectifs de l'entreprise ?
- ☐ **d.** Comment : comment organiser la production ?

20. Qu'est-ce qu'une stratégie émergente ?

- ☐ **a.** Une stratégie proposée par un salarié.
- ☐ **b.** Une stratégie réfléchie.
- ☐ **c.** Une stratégie non prévue.
- ☐ **d.** Une stratégie réalisée.

21. Qu'est ce qui caractérise un objectif stratégique ?

☐ **a.** Objectif futur et désiré par l'entreprise.
☐ **b.** Performance imposée aux salariés.
☐ **c.** Doit être clairement défini.
☐ **d.** Doit être ambitieux.

22. Quelles étapes font partie du modèle LCAG ?

☐ **a.** Diagnostic de l'entreprise.
☐ **b.** Intégration de la RSE.
☐ **c.** Consultation des délégués syndicaux.
☐ **d.** Choix stratégiques.

23. Qu'est-ce que la segmentation stratégique ?

☐ **a.** Prévoir une stratégie alternative.
☐ **b.** Diviser la stratégie envisagée en sous stratégie.
☐ **c.** Diviser l'entreprise en domaines stratégiques.
☐ **d.** Répartir les tâches au sein de chaque équipe.

24. Quels critères permettent d'effectuer une segmentation ?

☐ **a.** La technologie.
☐ **b.** Les clients.
☐ **c.** Les salariés.
☐ **d.** Les produits.

25. Qu'est-ce que la méthode PESTEL ?

☐ **a.** Une méthode développée par un économiste français.
☐ **b.** Une méthode permettant d'analyser le marché international.
☐ **c.** Une méthode qui permet de rassembler, classifier des informations sur l'environnement de l'entreprise.
☐ **d.** Une méthode utilisée dans les services.

26. Que sont les forces concurrentielles de Porter ?

☐ **a.** Les nouveaux entrants.
☐ **b.** Le pouvoir de négociation des clients.
☐ **c.** Le pouvoir de négociation des banquiers.
☐ **d.** Les menaces de l'État.

27. Qu'est ce qu'un diagnostic externe ?

☐ **a.** Analyser les forces et les faiblesses.
☐ **b.** Analyser les opportunités et les menaces.
☐ **c.** Utiliser des méthodes telles que PESTEL.
☐ **d.** Analyser les ressources.

28. Que comprennent les ressources tangibles ?

- ☐ **a.** Les ressources financières.
- ☐ **b.** Les bases de données.
- ☐ **c.** Les stocks.
- ☐ **d.** Les ressources technologiques.

29. Qu'est ce qui caractérise les compétences ?

- ☐ **a.** Mobiliser les ressources.
- ☐ **b.** Sont individuelles.
- ☐ **c.** Coordonner les ressources.
- ☐ **d.** Correspondent au savoir-faire uniquement.

30. Qu'est-ce que la chaîne de valeur ?

- ☐ **a.** Une théorie de Porter.
- ☐ **b.** Une théorie de Likert.
- ☐ **c.** Concerne le travail à la chaîne.
- ☐ **d.** Permet de repérer la création de valeur.

31. Parmi les stratégies suivantes lesquelles font partie des stratégies mises en avant par Porter ?

- ☐ **a.** Externalisation.
- ☐ **b.** Focalisation.
- ☐ **c.** Diversification.
- ☐ **d.** Différenciation.

32. Qu'est ce qui caractérise la stratégie de diversification ?

- ☐ **a.** Répartition des risques.
- ☐ **b.** Gestion plus simple.
- ☐ **c.** Maîtrise de plusieurs métiers.
- ☐ **d.** Image de spécialiste.

33. Quelles sont les propositions qui correspondent à la stratégie de différenciation ?

- ☐ **a.** Améliorer un produit.
- ☐ **b.** Packaging innovant.
- ☐ **c.** Permet d'augmenter le prix.
- ☐ **d.** Sous-traiter.

34. Quelles sont les stratégies de croissance ?

- ☐ **a.** Croissance organique.
- ☐ **b.** Croissance partenariale.
- ☐ **c.** Croissance externe.
- ☐ **d.** Croissance internationale.

35. À quoi la croissance interne correspond-elle ?

- ☐ **a.** À une augmentation du chiffre d'affaires.
- ☐ **b.** À la croissance organique.
- ☐ **c.** À l'autofinancement.
- ☐ **d.** À l'acquisition d'actifs au moyen de ressources propres.

36. Quelles sont les propositions qui correspondent à la stratégie d'internationalisation ?

- ☐ **a.** La délocalisation.
- ☐ **b.** L'exportation.
- ☐ **c.** La sous-traitance.
- ☐ **d.** La franchise internationale.

37. Quels motifs poussent les entreprises à s'internationaliser ?

- ☐ **a.** Les coûts de main d'œuvre.
- ☐ **b.** De nouveaux marchés.
- ☐ **c.** Échapper à la fiscalité du pays d'origine.
- ☐ **d.** Se rapprocher des sources de matières premières.

38. Selon Mintzberg quels sont les mécanismes de coordination ?

- ☐ **a.** L'ajustement mutuel.
- ☐ **b.** La supervision indirecte.
- ☐ **c.** La standardisation du travail.
- ☐ **d.** La division des tâches.

39. Quels sont les facteurs de contingence ?

- ☐ **a.** L'âge de l'entreprise.
- ☐ **b.** La stratégie.
- ☐ **c.** La culture de l'entrepreneur.
- ☐ **d.** La culture d'entreprise.

40. Quelle est l'affirmation exacte selon Chandler ?

- ☐ **a.** La structure de l'entreprise suit la stratégie.
- ☐ **b.** Stratégie et structure n'ont pas de lien.
- ☐ **c.** La structure doit être obligatoirement modifiée lorsqu'on change de stratégie.
- ☐ **d.** La structure n'a qu'une influence limitée sur la stratégie.

41. Qu'est ce qui caractérise une structure divisionnelle ?

- ☐ **a.** Activité scindée selon les tâches effectuées.
- ☐ **b.** Activités scindées selon les marchés, produits ou zones géographiques.
- ☐ **c.** Autonomie des divisions.
- ☐ **d.** Coordination entre les divisions.

42. Quels sont les inconvénients de la structure matricielle ?

- ☐ **a.** Structure complexe.
- ☐ **b.** Double tutelle hiérarchique.
- ☐ **c.** Pas de délégation de pouvoir.
- ☐ **d.** Tâches mal définies.

43. Selon Mintzberg, une organisation est composée :

- ☐ **a.** D'un conseil d'administration.
- ☐ **b.** D'une fonction de support logistique.
- ☐ **c.** D'un centre opérationnel.
- ☐ **d.** D'un service ressource humaine.

44. Les structures suivantes sont-elles des structures flexibles ?

- ☐ **a.** La structure fonctionnelle.
- ☐ **b.** La structure par projet.
- ☐ **c.** La structure par réseau.
- ☐ **d.** La structure bureaucratique.

45. Pourquoi mettre en place une structure flexible ?

- ☐ **a.** Rejet de la hiérarchie par les salariés.
- ☐ **b.** Environnement changeant.
- ☐ **c.** La technologie.
- ☐ **d.** Sur demande des actionnaires.

46. Quels sont les facteurs explicatifs de la résistance aux changements ?

- ☐ **a.** La peur de ne pas être compétent.
- ☐ **b.** La volonté de ne pas changer de partenaire de travail.
- ☐ **c.** La peur de l'avenir.
- ☐ **d.** Les habitudes acquises.

47. Crise et changement de structure sont-ils liés ?

- ☐ **a.** Oui. Selon Chandler une crise est salutaire car elle permet à l'entreprise de faire évoluer sa structure.
- ☐ **b.** Non, selon Greiner, les crises ne sont pas automatiques.
- ☐ **c.** Oui, Selon Chandler, c'est le changement de structure qui peut engendrer une crise.
- ☐ **d.** Non, selon Chandler une structure doit rester stable.

48. Quels sont les intérêts d'une structure flexible ?

- ☐ **a.** Décentralisation des pouvoirs.
- ☐ **b.** Flexibilité.
- ☐ **c.** Motivation des salariés.
- ☐ **d.** Meilleure rentabilité.

49. Quels sont les risques d'une structure flexible ?

- ☐ **a.** Retard possible des projets.
- ☐ **b.** Problème de qualité.
- ☐ **c.** Coûts supplémentaires.
- ☐ **d.** Pas de coordination.

50. En quoi consiste l'analyse des ressources humaines ?

- ☐ **a.** Étudier l'effectif de l'entreprise.
- ☐ **b.** Étudier les compétences des salariés.
- ☐ **c.** Faire une étude quantitative et qualitative.
- ☐ **d.** Étudier la politique de recrutement.

51. Que signifie le signe GPEC ?

- ☐ **a.** Gestion prévisionnelle des employés et des collaborateurs.
- ☐ **b.** Gestion prévisionnelle des emplois et compétences.
- ☐ **c.** Groupement du personnel, des emplois et des compétences.
- ☐ **d.** Groupement professionnel de l'ensemble des collaborateurs.

52. Parmi les éléments suivants, quels sont ceux qui relèvent de la flexibilité quantitative ?

- ☐ **a.** Heures supplémentaires.
- ☐ **b.** CDI.
- ☐ **c.** Temps partiel.
- ☐ **d.** Formation.

53. Selon Vroom, quels sont les facteurs qui expliquent le comportement de l'individu au travail ?

- ☐ **a.** Réussite, valeur et récompense.
- ☐ **b.** Expectation, instrumentalité et valence.
- ☐ **c.** Réalisation, performance, récompense.
- ☐ **d.** Expectation, performance et récompense.

54. Quels sont les facteurs d'hygiène selon Herzberg ?

- ☐ **a.** Rémunération.
- ☐ **b.** Autonomie.
- ☐ **c.** Responsabilité.
- ☐ **d.** Conditions de travail.

55. Quels sont les éléments constitutifs de la culture d'entreprise ?

- ☐ **a.** Les valeurs.
- ☐ **b.** Les rites.
- ☐ **c.** Les habitudes.
- ☐ **d.** Le règlement.

56. Quelles caractéristiques correspondent à une production en flux tendus ?

- ☐ **a.** Anticipation de la demande.
- ☐ **b.** Différenciation possible des produits.
- ☐ **c.** Production déclenchée par les commandes clients.
- ☐ **d.** Stocks de produits finis.

57. Dans quel ordre sont apparus ces modèles productifs ?

- ☐ **a.** Taylor, Toyota, Ford.
- ☐ **b.** Ford, Taylor, Toyota.
- ☐ **c.** Taylor, Ford, Toyota.
- ☐ **d.** Toyota, Ford, Taylor.

58. Qu'est-ce qu'une innovation ?

- ☐ **a.** Invention d'un produit nouveau.
- ☐ **b.** Découverte d'un produit existant mais ignoré.
- ☐ **c.** Mise en application d'une invention.
- ☐ **d.** Mise en application d'une découverte.

59. Quelle affirmation est fausse ?

- ☐ **a.** Seule la recherche et développement permettent d'accéder à l'innovation.
- ☐ **b.** L'innovation procure un avantage concurrentiel.
- ☐ **c.** L'innovation a un coût important.
- ☐ **d.** L'innovation ne porte pas seulement sur les produits.

60. Qu'est-ce qu'une entreprise apprenante ?

- ☐ **a.** Entreprise ayant développé une culture de la connaissance.
- ☐ **b.** Entreprise qui emploie un fort taux de diplômés.
- ☐ **c.** Entreprise qui impose des formations à ses salariés.
- ☐ **d.** Entreprise qui possède une base de données de connaissances.

61. Quelles sont les composantes de la compétence ?

- ☐ **a.** Savoir et savoir-faire.
- ☐ **b.** Savoir, savoir-faire et savoir être.
- ☐ **c.** Savoir-faire et savoir être.
- ☐ **d.** Diplômes et expérience.

62. Que doit financer une entreprise ?

- ☐ **a.** Sa stratégie.
- ☐ **b.** Ses investissements.
- ☐ **c.** Les dividendes.
- ☐ **d.** Son cycle d'exploitation.

63. Parmi ces éléments, quels sont ceux qui constituent un investissement immatériel ?

- ☐ **a.** Logiciel.
- ☐ **b.** Machine-outil.
- ☐ **c.** Brevet.
- ☐ **d.** Prise de participation.

64. Parmi ces modes de financement, lesquels sont des modes de financement externe ?

- ☐ **a.** Augmentation de capital.
- ☐ **b.** Crédit-bail.
- ☐ **c.** *Crowfunding.*
- ☐ **d.** Auto-financement.

65. Quelles sont les affirmations exactes ?

- ☐ **a.** Le *crowfunding* est gratuit.
- ☐ **b.** L'auto-financement dépend de l'accord du banquier.
- ☐ **c.** Le crédit-bail est un mode de financement coûteux.
- ☐ **d.** Le crédit fournisseur est négociable.

66. Pourquoi les entreprises tentent-elles de trouver une alternative à l'emprunt bancaire ?

- ☐ **a.** Les banquiers ne financent pas les projets jugés risqués.
- ☐ **b.** Les entreprises ne veulent plus être aussi dépendantes des banques.
- ☐ **c.** Les taux d'intérêts sont trop bas.
- ☐ **d.** Les crédits accordés sont uniquement des crédits de longue durée.

67. Quelles sont les affirmations fausses ?

- ☐ **a.** Le découvert bancaire peut-être financé par augmentation de capital.
- ☐ **b.** Le crédit fournisseur est un crédit accordé par la banque pour payer les fournisseurs.
- ☐ **c.** Le matériel informatique peut-être financé par crédit-bail.
- ☐ **d.** La stratégie de l'entreprise peut être financée par emprunt.

Solutions

1. a et d – 2. a, b et c – 3. b et c – 4. a et b – 5. a et b – 6. b – 7. b – 8. d – 9. a et c – 10. a – 11. a – 12. d – 13. b et d – 14. d – 15. a, b et c – 16. b – 17. b et d – 18. a et c – 19. a et c – 20. c – 21. a et c – 22. a, b et d – 23. c – 24. a, b et d – 25. c – 26. a, b et c – 27. b et c – 28. a et c – 29. a et b – 30. a et d – 31. b et d – 32. a et c – 33. a, b et c – 34. a et c – 35. b et d – 36. a, b et d – 37. a, b et d – 38. a et c – 39. a, b et d – 40. a – 41. b – 42. a et b – 43. b et c – 44. b et c – 45. b et c – 46. c et d – 47. a – 48. a, b et c – 49. a et d – 50. c – 51. b – 52. a et c – 53. b – 54. a et d – 55. a et b – 56. b et c – 57. c – 58. c – 59. a – 60. a – 61. b – 62. a, b et d – 63. a et c – 64. b et c – 65. c et d – 66. a et b – 67. a et b

Lexique

Adhocratie

Structure décrite par Mintzberg comme étant peu hiérarchisée, souple, qui permet d'adapter l'organisation des services et de confier des tâches aux salariés en fonction des besoins.

Autofinancement

Financement de projets grâce aux capitaux propres, épargne, plus-values…

Avantage concurrentiel

Élément que ne possède pas la concurrence et qui permet à l'entreprise d'être compétitive.

Chaîne de valeur

Outil permettant de visualiser les services qui créent de la valeur dans l'entreprise et qui procurent un avantage concurrentiel.

Cœur de compétences

Compétences distinctes de l'entreprise que ne possèdent pas les concurrents.

Compétence

Capacité d'une entreprise à mobiliser et coordonner ses ressources afin d'atteindre l'objectif défini.

Compétences fondamentales

Compétences reconnues par les clients de façon incontestée et que l'entreprise peut appliquer à d'autres produits ou services.

Crédit-bail

Financement d'un bien par le paiement d'une redevance mensuelle et la possibilité de faire valoir une option d'achat à la fin du contrat de crédit-bail.

Croissance conglomérale

Modalité de développement par rachat de firmes aux activités diverses.

Croissance conjointe

Fait pour deux entreprises indépendantes de coopérer et de partager des ressources.

Croissance externe

Consiste pour une entreprise à acquérir d'autres entreprises ou des parts d'entreprises par fusion, acquisition, prise de participation…

Croissance organique

Consiste pour l'entreprise à acquérir des actifs (nouvelles machines, nouvelles technologies…) grâce à ses propres ressources. Ce type de croissance porte également le nom de croissance interne.

Crowfunding

Financement des projets d'entreprise consistant à mettre en relation l'entreprise et des personnes (particuliers ou entreprises) désirant investir dans ces projets. On parle également de financement participatif.

Culture d'entreprise
Ensemble d'éléments qui permet d'identifier une entreprise comme étant une entité particulière et qui est partagée par l'ensemble des membres.

Décentralisation du pouvoir
Transfert de compétences du sommet de la hiérarchie vers des échelons inférieurs.

Décision
Effectuer un choix entre plusieurs actions possibles en tenant compte de contraintes.

Décision opérationnelle
Décision qui émane des exécutants et qui concerne la gestion courante de l'entreprise.

Décision stratégique
Décision qui émane de l'équipe dirigeante et qui engage le devenir de l'entreprise.

Décision tactique
Décision qui émane de l'équipe d'encadrement et qui concerne la gestion des ressources.

Démarche stratégique
Enchaînement d'étapes qui permet de choisir une stratégie.

Développement durable
Développement qui répond aux besoins du présent sans compromettre la capacité des générations futures à répondre aux leurs.

Diagnostic d'entreprise
Analyse du fonctionnement d'une entreprise.

Diagnostic externe
Analyse de l'environnement et des forces concurrentielles afin d'en dégager des opportunités et des menaces pour l'entreprise.

Diagnostic interne
Analyse des ressources et compétences afin d'en dégager des forces et des faiblesses pour l'entreprise.

Dividende
Part de bénéfice reversée aux actionnaires.

Domaine d'activité stratégique
Sous-ensemble d'une entreprise pour lequel il est possible de mettre en œuvre une stratégie indépendante.

Économie d'échelle
Diminution du coût unitaire d'un produit induite par l'augmentation des quantités produites. Les coûts fixes sont alors répartis sur l'ensemble de la production.

Effet d'expérience
Gains de productivité liés à la répétition de tâches identiques.

Efficacité
Capacité à atteindre un objectif.

Efficience
Capacité à atteindre un objectif en optimisant les ressources utilisées.

Entrepreneur

Agent économique dont la fonction est de repérer des opportunités puis d'exécuter de nouvelles combinaisons de production afin d'en tirer de la valeur.

Étude de marché

Récolte d'informations permettant de s'assurer de la faisabilité commerciale d'un projet.

Facteurs de contingence

Éléments internes ou externes qui agissent sur le choix de la structure d'entreprise.

Filiale

Entreprise dont plus de 50 % du capital est contrôlé par une société mère.

Finalité

Selon Peter Drucker, la finalité de l'entreprise est la satisfaction client.

Flexibilité du travail

Adaptation aux fluctuations de la demande et à l'environnement.

Flux poussés

Anticipation de la demande par la constitution de stocks aux différents stades de la production.

Flux tendus

Production déclenchée à partir des commandes des clients et réduction des stocks. On parle également de juste-à-temps.

Forces concurrentielles

Outil développé par Porter permettant d'analyser un secteur.

Franchise

Mode de développement commercial basé sur un contrat par lequel un franchiseur concède à un franchisé un droit d'usage d'une marque et d'un savoir-faire.

Fusion

Création d'une société nouvelle à partir de deux sociétés existantes.

Fusion-absorption

Transfert de la totalité de l'actif et du passif de la société absorbée vers la société absorbante qui seule demeure.

Gestion prévisionnelle des emplois et compétences

Adaptation des ressources humaines aux besoins anticipés de l'entreprise tant sur le plan des effectifs que sur celui des compétences.

Gouvernance d'entreprise

Ensemble des règles et des processus qui régissent la manière dont les entreprises sont contrôlées et dirigées. On distingue le mode de gouvernance actionnariale et le mode de gouvernance partenariale.

Innovation

Mise en application d'une invention qui porte soit sur un produit ou un service soit sur un process.

Logique entrepreneuriale

Logique caractérisée par un état d'esprit et une démarche.

Logique managériale

Logique caractérisée par la réalisation d'objectifs et l'optimisation des ressources.

Management des connaissances
Le management des connaissances ou *Knowledge management* correspond aux méthodes et process qui permettent de gérer les savoirs et savoir-faire au sein de l'entreprise.

Management opérationnel
Mise en œuvre d'objectifs définis par le management stratégique en optimisant les ressources disponibles (financières, humaines…).

Management stratégique
Définition des grandes orientations de l'entreprise à moyen et long terme en tenant compte de son environnement et de ses ressources.

Marché
Lieu de rencontre de l'offre et de la demande.

Mythe
Légendes qui circulent sur l'entreprise ou le créateur.

Objectif
Situation future imaginée et souhaitée par l'entreprise.

Ces objectifs peuvent être économiques ou sociétaux, à plus ou moins long terme et pris à différents niveaux hiérarchiques.

Organigramme
Représentation schématique de l'organisation et des liens hiérarchiques définis au sein de l'entité.

Organisation scientifique du travail (OST)
Modèle d'organisation du travail développé par Taylor, reposant sur la division du travail en tâches.

Parties-prenantes
Individu ou groupe d'individus qui peut affecter ou être affecté par la réalisation des objectifs de l'entreprise.

Performance
Le concept de performance est double. Il s'agit d'une part d'être efficace c'est-à-dire d'atteindre l'objectif fixé et d'autre part d'être efficient c'est-à-dire atteindre ce résultat en utilisant le moins de ressources possibles.

PESTEL
Méthode qui permet de rassembler un ensemble d'informations afin d'identifier et de hiérarchiser les éléments de l'environnement qui peuvent constituer dans le futur une opportunité ou une menace pour l'entreprise et de les classer dans des catégories.

Prise de participation
Consiste à devenir actionnaire d'une entreprise en souscrivant des titres que cette dernière émet ou a émis.

Production à la commande
Production déclenchée à réception de la commande client.

Production continue
Production ne pouvant être interrompu en raison de contraintes techniques.

Productivité
Rapport entre la quantité de travail réalisée et les ressources (humaines, financières) utilisées.

Profit
Taux de rentabilité économique.

Qualité
Caractéristiques d'un produit ou service correspondant à une norme.

Responsabilité sociétale des entreprises (RSE)
Il s'agit pour l'entreprise non seulement de se soucier de sa rentabilité financière et de son développement mais également de se soucier des impacts environnementaux et sociaux de son activité. Elle doit, de plus, se préoccuper de ses parties-prenantes (salariés, actionnaires, clients, instances représentatives du personnel…).

Ressources intangibles
Actifs qui ont un caractère immatériel.

Ressources requises
Ressources que tout concurrent possède ou peut acquérir à tout moment et qui donc ne constituent pas pour l'entreprise un avantage concurrentiel.

Ressources tangibles
Actifs qui ont un caractère matériel.

Ressources uniques
Ressources que seule l'entreprise possède ou ce qu'elle fait de mieux que les concurrents et qui lui procurent un avantage concurrentiel.

Segmentation marketing
Action consistant à regrouper la clientèle en différentes catégories au sein d'un domaine d'activité stratégique selon un critère défini (âge par exemple).

Segmentation stratégique
Division de l'activité de l'entreprise en domaine d'activité stratégique selon un critère défini (client, zone géographique…).

Solvabilité
Capacité à faire face à ses dettes ou échéances.

Sous-traitance
Contrat par lequel une entreprise (donneur d'ordre) confie à une autre (sous-traitant) une partie de sa production.

Stratégie
Orientation des moyens de l'entreprise afin d'atteindre un objectif donné.

Stratégie d'externalisation
Consiste à confier à des partenaires extérieurs la réalisation d'activités sous différentes formes : sous-traitance, franchise…

Stratégie d'intégration
Consiste, pour une entreprise, à prendre en charge des opérations en amont et en aval de son activité principale ou de racheter une entreprise qui exerce la même activité.

Stratégie d'internationalisation
Stratégie d'extension de l'entreprise au-delà de son marché national.

Stratégie de différenciation
Consiste à faire apparaître, aux yeux du consommateur, le produit comme unique. La différenciation peut porter sur le produit, le service, la marque…

Stratégie de diversification
Consiste pour une entreprise à investir de nouveaux métiers. Elle peut-être horizontale, verticale ou conglomérale.

Stratégie de domination par les coûts
L'entreprise cherche à produire au moindre coût (par des effets de volume) ce qui lui permet de vendre moins cher que ses concurrents et ainsi devenir leader sur le marché.

Stratégie de focalisation
Consiste à se limiter à un segment de marché très spécifique. On parle parfois de marché de niche.

Stratégie délibérée
Stratégie voulue et mise en place de façon volontaire suivant une démarche très formelle.

Stratégie de spécialisation
Consiste pour une entreprise à se maintenir sur un seul domaine d'activité en privilégiant le métier de base.

Stratégie émergente
Stratégie qui découle d'opportunités.

Structure
La structure de l'entreprise est, d'une part, la façon dont elle répartit ses ressources, ses tâches et les coordonne et, d'autre part, la façon dont elle contrôle les activités effectuées au sein de l'entreprise.

Style de direction
Façon dont un dirigeant exerce le pouvoir au sein de l'entreprise.

Symboles
Signes qui expriment les valeurs (tenue vestimentaire par exemple).

Synergie
Le résultat obtenu en regroupant deux entités est supérieur à la somme des résultats des deux entités fonctionnant séparément.

Tableau de bord
Outil synthétique qui présente en un seul document l'ensemble des éléments d'évaluation tel que le tableau de bord prospectif de Kaplan et Norton.

Valeurs
Normes et règles véhiculées au sein de l'entreprise que partagent les membres d'une entreprise.

Biographie des auteurs

Igor Ansoff

Économiste russo-américain, spécialiste des stratégies d'entreprise (1918-2002).

- L'entreprise a le choix entre deux directions en matière de stratégie : la stratégie de spécialisation ou la stratégie de diversification. *(Fiche 12)*
- Ansoff a conçu une matrice produit/marché qui explique les différentes stratégies de croissance.
- L'auteur a également développé la notion de « planification stratégique » qu'il fera évoluer vers le management stratégique, conscient que l'environnement de l'entreprise est changeant.
- Les décisions en entreprise peuvent être classées en trois catégories : décisions stratégiques, décisions tactiques et décisions opérationnelles. *(Fiche 7)*

Masahiko Aoki

Économiste japonais, spécialiste de l'organisation des entreprises (1938-2015).

- Selon lui, il existe deux types de firmes, le modèle américain et le modèle japonais.
- La firme américaine appelée firme A, utilise un mode de coordination verticale avec de nombreux niveaux hiérarchiques.
- La firme japonaise appelée firme J, utilise un mode de coordination horizontale qui permet de résoudre les problèmes rencontrés au sein des équipes ou entre équipes de même niveau et apporte de la flexibilité et une meilleure réactivité. *(Fiche 16)*

Alfred Chandler

Historien de l'économie américaine, ayant étudié la gestion des grandes entreprises (1918-2007).

- stratégie et structure sont étroitement liées. La structure de l'entreprise suit la stratégie mise en œuvre. *(Fiche 14)*
- Une crise en entreprise est salutaire car elle permet le changement. *(Fiche 17)*
- La stratégie de diversification des entreprises impose le recrutement de managers professionnels pour épauler les propriétaires de l'entreprise.

Michel Crozier

Sociologue français (1922-2013).

- Certaines organisations (administrations, entreprises publiques) fonctionnent de manière bureaucratique : compilation de règles, standardisation des process…
- Dans ces organisations, les individus développent une stratégie personnelle qui n'est pas toujours en adéquation avec les objectifs de l'organisation.
- Seule une crise importante permet à ces organisations de se réformer.
- Les réorganisations créent de la résistance au changement. *(Fiche 17)*

Richard Cyert et James March

Richard Cyert, économiste américain et statisticien (1921-1998) et James March, professeur américain (1928-)

- Les deux auteurs ont collaboré avec Herbert Simon à la théorie de la firme.
- Les firmes sont composées de groupes d'individus aux intérêts divergents. Des relations de pouvoir, source d'instabilité pour l'organisation, s'instaure alors.

Peter Drucker

Économiste et professeur de management américain d'origine autrichienne (1909-2005).

- La finalité de l'entreprise est la satisfaction client. Le marketing et l'innovation ont donc énormément d'importance.
- Le profit découle de la satisfaction client et n'est pas une finalité en soi. *(Fiche 3)*
- Le manager a un rôle essentiel car c'est lui qui fixe les objectifs, organise le travail en veillant à la motivation des collaborateurs.

Larry Greiner

Professeur de management américain (1933-).

- Lors de son développement, l'entreprise traverse plusieurs phases (de créativité, de direction, de délégation, de coordination et de collaboration).
- Chaque phase se termine par une crise qui permet à l'entreprise de passer à la phase suivante (crise de leadership, d'autonomie, de contrôle, de bureaucratie et de renouveau) en modifiant sa structure, son style de management et ses modes de coordination. *(Fiche 17)*

Gary Hamel et Coimbatore Prahalad

Gary Hamel, américain fondateur-dirigeant d'un cabinet international de stratégie d'entreprise (1954-) et Coimbatore Prahalad, physicien indien spécialisé dans le management (1941-2010).

- L'entreprise doit développer des compétences clés ou compétences fondamentales qui procurent un avantage concurrentiel. *(Fiche 11)*

Frederiick Hertzberg

Psychologue américain, spécialisé en psychologie des organisations (1923-2000).

- En matière de motivation au travail, il convient de distinguer les facteurs d'hygiène (rémunération, conditions de travail) et les facteurs de motivation (reconnaissance, évolution de carrière).
- Les facteurs d'hygiène ne sont pas motivants mais démotivants s'ils sont absents.
- Les facteurs de motivation doivent être favorisés. *(Fiche 19)*

Robert S. Kaplan et David Norton

Robert S. Kaplan, professeur de comptabilité à Harvard (1952-) et David Norton, consultant (1945-).

- Les auteurs ont élaboré un tableau de bord prospectif permettant de mesurer la performance globale de l'entreprise.
- Le tableau de bord prospectif comporte quatre axes : un axe financier, un axe client, un axe processus interne, un axe organisationnel. *(Fiche 5)*

Modèle LCAG

Learned, Christensen, Andrews, Guth, professeurs à Harward.

- Le modèle LCAG est un outil d'aide à la décision stratégique.
- Un diagnostic externe et interne permet de recenser les possibilités d'action puis d'effectuer un choix en tenant compte des valeurs du dirigeant et de la notion de responsabilité sociale de l'entreprise. *(Fiche 9)*

Rensis Likert

Psychologue américain (1903-1981).

- L'auteur a mis en évidence quatre styles de direction : autoritaire exploiteur, autoritaire paternaliste, consultatif, participatif. *(Fiche 6)*
- Le style participatif est selon lui le plus efficace. *(fiche 6)*

Abraham Maslow

Psychologue américain d'origine Russe (1908-1970).

- Maslow a hiérarchisé les besoins de l'individu : besoins physiologiques puis besoins de sécurité, besoins d'appartenance, besoins d'estime, besoins d'accomplissement.
- Lorsqu'un besoin est satisfait, l'individu désire satisfaire le suivant selon la hiérarchie établie. *(Fiche 19)*

Henry Mintzberg

Professeur canadien de management (1939-).

- Un manager organise le travail, planifie les tâches, coordonne les équipes, contrôle le travail réalisé. *(Fiche 2)*
- Il existe deux types de stratégie : la stratégie délibérée qui découle d'une démarche stratégique intentionnelle et la stratégie émergente qui est le fruit des routines et activités quotidiennes. *(Fiche 9)*
- Il existe différents modes de coordination au sein de l'entreprise : la supervision directe, la standardisation du travail, l'ajustement mutuel. *(Fiche 14)*
- Une structure est composée de cinq éléments : le sommet hiérarchique, la ligne hiérarchique, le centre opérationnel, la technostructure et la fonction de support logistique. *(Fiche 15)*
- L'adhocratie est une structure peu hiérarchisée et souple qui permet d'adapter l'organisation des services et de confier des tâches aux salariés en fonction des besoins. *(Fiche 16)*

Edith Penrose

Économiste anglaise (1914-1996).

- L'entreprise est un ensemble de ressources tangibles et intangibles.
- Les ressources de l'entreprise et tout particulièrement les ressources internes influent sur sa performance et orientent sa stratégie. *(Fiche 11)*

Michael Porter

Professeur américain de stratégie à Harward (1947-).

- Porter a mis en évidence cinq forces concurrentielles : l'intensité de la concurrence, la menace de nouveaux entrants, le pouvoir de négociation des clients, le pouvoir de négociation des fournisseurs, les produits de substitution. *(Fiche 10)*
- La chaîne de valeur permet de mettre en évidence les activités de base et les activités de soutien de l'entreprise dans le but de repérer celles qui créent de la valeur. *(Fiche 11)*
- Il existe trois stratégies génériques : La stratégie de domination par les coûts, la stratégie de différenciation et la stratégie de focalisation. *(Fiche 12)*

Joseph Schumpeter

Économiste autrichien (1883-1950).

- L'entrepreneur est un agent économique dont la fonction est de repérer des opportunités puis d'exécuter de nouvelles combinaisons de production afin d'en tirer de la valeur. Pour cela l'entrepreneur doit innover. *(Fiche 1)*
- Il distingue cinq nouvelles combinaisons de production : nouveaux produits ou services, nouvelle méthode de production, nouveaux marchés, nouvelles sources de matières premières, nouvelles organisation industrielle. *(Fiche 1)*

Herbert Simon

Économiste et sociologue américain (1916-2001).

- Une décision n'est jamais rationnelle car elle découle d'informations imparfaites.
- L'individu adopte une décision satisfaisante mais pas optimale. (*Fiche 7)*

Alfred P. Sloan

Homme d'affaires américain et théoricien du management (1875-1966).

- L'entreprise doit être réorganisée en divisions décentralisées.
- Pour analyser la rentabilité d'une division de l'entreprise, l'auteur a distingué le ROI (*return on investment*) et le ROE (*return on equity*). *(Fiche 5)*

Frederick Winslow Taylor

Ingénieur américain (1856-1915).

- L'organisation scientifique du travail (OST) consiste à distinguer les tâches de conception, confiées aux ingénieurs et techniciens, et les tâches de réalisation attribuées aux ouvriers.
- Le travail doit être décomposé en différentes tâches. Un contremaître doit veiller à ce que le temps fixé pour chaque tâche soit respecté. Le salaire est alors fixé en fonction du rendement. *(Fiche 20)*

Victor Vroom

Chercheur canadien (1964-).

- Théorie VIE : La motivation de l'individu au travail est fonction de trois éléments, l'expectation (chance de réussir), l'instrumentalité (récompense), la valence (valeur de la récompense). *(Fiche 19)*

Partie 2

Économie

1 Le prix et les décisions des agents économiques

1 La coordination des actions économiques

a. À quoi servent les prix ?

Dans nos sociétés, les décisions de produire, d'échanger et de consommer sont prises indépendamment et simultanément par des individus autonomes les uns par rapport aux autres. Comment se fait-il qu'une telle organisation ne génère pas un gigantesque chaos social ? Comment est-il possible qu'une telle société puisse exister ? Quel mécanisme permet aux individus de prendre des décisions compatibles les unes avec les autres ?

Pour répondre à ces questions, nous devons comprendre comment se déroulent les échanges.

Prenons l'exemple d'une voiture : d'un côté, il y a les producteurs de cette voiture : leur objectif est d'en tirer le plus grand bénéfice possible en la vendant au meilleur prix. Ils constituent l'offre de voiture. De l'autre, il y a les acheteurs potentiels. Leur but est de l'acquérir au moindre coût. Ils constituent la demande de voiture et ont donc des intérêts opposés à ceux des producteurs.

Les offreurs comme les demandeurs recherchent chacun leur intérêt personnel sans se soucier de celui des autres. Par conséquent, l'offre et la demande n'ont aucune raison d'être égales. Deux situations sont alors possibles :

- soit l'**offre** est supérieure à la demande ;
- soit la **demande** est supérieure à l'offre.

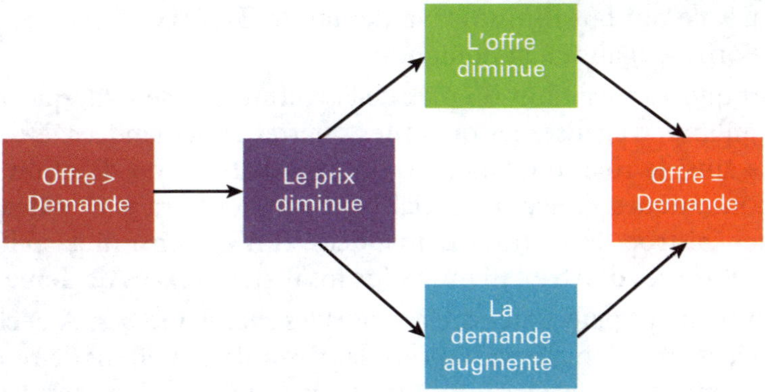

Lorsque l'offre est supérieure à la demande, certains producteurs de voitures sont prêts à abaisser leur prix pour écouler leurs stocks invendus. Cette diminution fait chuter les bénéfices qu'ils peuvent espérer réaliser, ce qui conduit à une baisse de la production de voitures c'est-à-dire de son offre.

Inversement, la baisse du prix de la voiture incite de nouveaux consommateurs à l'acheter car elle est désormais moins coûteuse : sa demande augmente. Ces deux processus se poursuivent jusqu'à ce que l'offre s'égalise à la demande : le prix de la voiture cesse alors de diminuer.

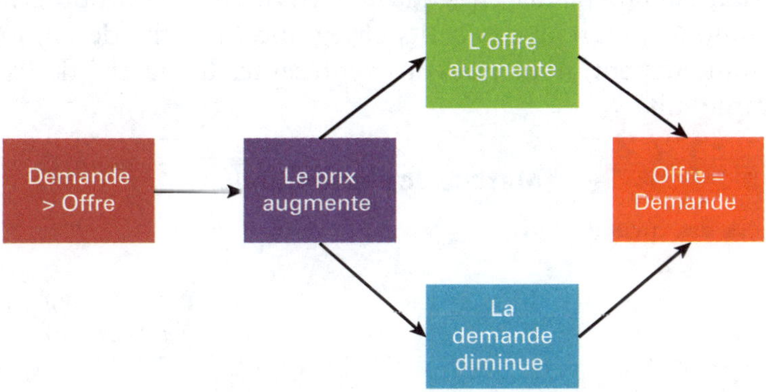

Lorsque la demande est supérieure à l'offre, certains consommateurs ne parviennent pas à acquérir la voiture. Ils sont insatisfaits et sont donc prêts à payer plus cher afin d'être sûr de l'obtenir. Cela fait augmenter le prix de la voiture, ce qui incite certains producteurs à accroître leur offre afin d'obtenir des bénéfices plus importants. Inversement, certains consommateurs ne sont pas prêts à payer plus cher pour obtenir la voiture, ce qui fait diminuer la demande. Le prix augmente jusqu'à ce que l'offre s'égalise à la demande.

Il ressort que les variations du prix de la voiture permettent, quel que soit le déséquilibre, d'égaliser les quantités offertes et demandées. Nous comprenons ainsi le rôle fondamental des prix dans la coordination des actions économiques. Grâce aux variations de prix, il n'y a ni trop de voitures produites, ni trop de voitures demandées. Il n'y a ainsi ni gaspillage des ressources (**excès d'offre**), ni individus insatisfaits (**excès de demande**).

Ce raisonnement peut s'étendre à toutes les marchandises. À l'échelle de la société, ce sont donc les variations de prix qui permettent de rendre cohérentes entre elles les décisions de produire et de consommer des agents économiques.

b. À quelles conditions les marchés fonctionnent-ils ?

Dans notre exemple de la voiture, nous avons vu que **les prix résultaient de la confrontation entre l'offre et la demande**. En économie, on appelle « **marché** » le lieu où se rencontrent **l'offre** (les producteurs) et **la demande** (les consommateurs). Ce lieu peut être réel (marché du samedi matin…) comme fictif (marchés financiers…).

Il existe ainsi autant de marchés que de biens et services produits : marché de l'automobile, marché des fruits et légumes, marché de l'immobilier, etc. Graphiquement, nous pouvons représenter le marché de l'automobile comme suit :

Marché de l'automobile

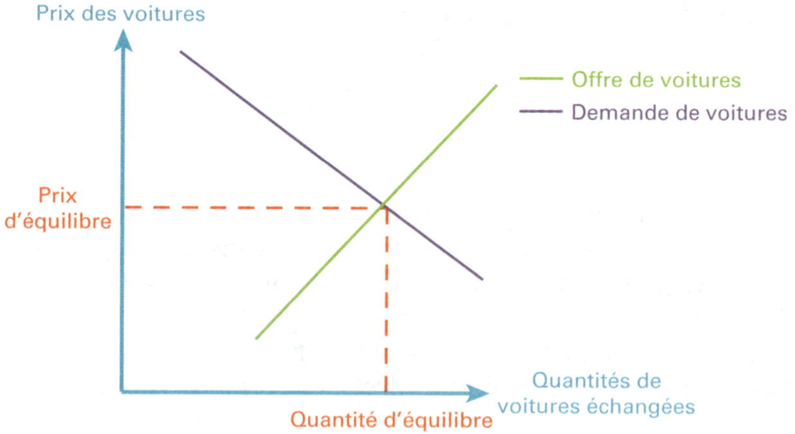

Plus le prix s'accroît, plus l'offre augmente et la demande chute. Inversement, plus le prix baisse, plus la demande augmente et l'offre diminue. Il s'agit du principe de base de fonctionnement des marchés : c'est **la loi de l'offre et de la demande**. Le marché est à l'équilibre lorsque le niveau des prix permet d'égaliser la demande de voiture à son offre. On appelle **prix d'équilibre** le niveau de prix qui permet d'obtenir une égalité entre offre et demande.

Pour que les marchés fonctionnent correctement et permettent aux prix de jouer pleinement leur rôle de coordinateurs des décisions économiques, il faut qu'un ensemble de règles soient respectées :

Règles	Moyens	Objectifs
Flexibilité des prix	Supprimer les obstacles aux variations de prix	Permettre aux prix d'atteindre les quantités d'équilibre sur les marchés
Transparence de l'information	Informer sur l'origine des produits, leur composition…	Lutter contre la publicité mensongère, les délits d'initiés…
Bonne exécution des contrats	Existence de règles juridiques	Garantir la confiance mutuelle des intervenants sur le marché

Ce cadre institutionnel est nécessaire à la **libre concurrence** sur les marchés, c'est-à-dire la compétition sans entrave entre des agents économiques ayant les mêmes objectifs.

2 Les décisions économiques dépendent-elles seulement des prix ?

a. Le calcul coût/avantage

Nous avons vu que **les prix influencent les choix des agents de produire ou d'acheter**. Cependant, une décision économique se comprend également comme une **analyse coût/avantage**.

EXEMPLE D'UN FABRICANT DE CHAUSSURES

Pour développer son entreprise, il a le choix entre deux projets :

- Le projet A consiste à acheter un nouveau local, ce qui lui permettrait d'augmenter de 50 % ses ventes (et donc ses bénéfices).
- Le projet B est d'importer une partie des matières premières dont il a besoin à moindre coût, ce qui offrirait à notre fabriquant la possibilité de baisser ses prix et donc d'augmenter ses ventes de 30 %.

À première vue, on pourrait se dire que la première stratégie est plus efficace que la seconde. Ce serait une erreur : en effet, le fabricant doit aussi prendre en compte le coût de chaque projet ! Or, il a fort probable que le coût du projet A soit nettement supérieur à celui du projet B. La seconde stratégie a ainsi de grandes chances d'être la plus rentable pour le fabricant de chaussures.

Cet exemple illustre le principe de l'analyse coût/avantage : cette méthode permet d'évaluer les bénéfices associés à une décision ainsi que ses conséquences (notamment son coût). Les agents économiques intègrent donc à leur prise de décisions leurs anticipations de recettes et de dépenses futures.

Ainsi, le prix n'est pas la seule variable à partir de laquelle les individus décident d'agir ou non sur le marché. Le prix est donc un élément important dans la décision de produire, mais il n'est pas le seul.

b. La prise en compte du risque dans les décisions

Une autre donnée centrale dans la prise de décisions économiques est le risque associé à celles-ci. En effet, si les agents intègrent bien leurs anticipations dans leurs choix, leurs prévisions futures peuvent toutefois se révéler fausses. Ainsi, chaque décision comporte une part de risque.

EXEMPLES

Imaginons un salarié dont les revenus s'élèvent à 2 000 euros par mois. Deux choix s'offrent à lui, résumés dans le tableau suivant :

	Consommation	Épargne
Avantage	Satisfaction	Protection
Coût	Le salaire	Baisse de la satisfaction présente
Risque	Accident, perte d'emploi, maladie	Mauvaise utilisation de l'épargne

Dans la première colonne, l'individu décide de consommer l'intégralité de son revenu c'est-à-dire de dépenser tout son salaire en achetant des biens et des services. Dans ce cas, il profite pleinement de ses ressources présentes pour améliorer son bien-être. Ce choix est celui qui lui permet d'avoir la plus grande satisfaction présente. Mais, en cas d'accidents, il ne disposera d'aucune ressource dans le futur pour continuer à consommer.

L'alternative (seconde colonne) consiste à épargner, c'est-à-dire à ne pas consommer une partie de son revenu. Ainsi, l'individu se protège des risques éventuels en transférant dans le futur une partie de ses ressources. Cependant cette décision réduit sa satisfaction présente puisqu'il consomme moins de biens et services. De plus, son épargne le protège des aléas futurs uniquement si elle conserve sa valeur dans le temps. Il n'est donc pas à l'abri d'une utilisation de son épargne qui lui ferait perdre de sa valeur (un prêt non remboursé, de mauvais placements, etc.). Cette décision est la plus prudente mais elle contient néanmoins une part de risque.

Chaque décision économique est risquée pour les agents. Leurs calculs coût/avantage intègrent donc le **degré de risque** associé à une décision de produire, de consommer ou d'épargner.

2 La monnaie dans l'échange

- 1 À quoi sert la monnaie ?
- 2 Quel est le rôle de la masse monétaire dans l'économie ?

1 À quoi sert la monnaie ?

a. Les fonctions de la monnaie

Pour comprendre l'intérêt de la monnaie, plongeons-nous un instant un monde dans lequel elle n'existerait pas ! Imaginons deux individus souhaitant échanger dans une telle société. L'un produit du riz, l'autre pêche des poissons. Sans monnaie, les deux protagonistes vont être confrontés à une série de problèmes :

- La transaction n'est possible que si le producteur de riz souhaite avoir du poisson et que simultanément le pêcheur désire acquérir du riz. C'est ce que l'on appelle la double coïncidence des besoins.
- En supposant que l'échange soit possible, comment savoir combien de poissons vaut un kilo de riz par exemple ?
- En supposant que l'échange ait eu lieu, il n'existe aucune possibilité pour les deux individus de conserver dans le temps un éventuel bénéfice généré par une vente (le poisson comme le riz ne se conserve pas).

C'est pour faire face à tous ces inconvénients que les hommes utilisent depuis des millénaires un instrument pour effectuer leurs échanges : **la monnaie**. Celle-ci a donc 3 fonctions essentielles :

- elle sert d'**intermédiaire des échanges** : la monnaie permet à son détenteur d'acquérir n'importe quelle marchandise en échange de celle-ci. Autrement dit, la monnaie supprime la double coïncidence des besoins. Avec de la monnaie, notre producteur de riz pourrait se procurer du poisson sans être contraint de trouver un pêcheur qui serait disposé à lui acheter du riz. La monnaie rend ainsi possible un grand nombre d'échanges qui ne pourraient avoir lieu autrement.

- elle sert d'**unité de compte** : la monnaie sert à exprimer la valeur de l'ensemble des marchandises. S'il n'existait pas d'unité de compte, il serait impossible de comparer la valeur des marchandises les unes avec les autres. Toute transaction serait alors impraticable car elle n'aurait alors aucune base commune pour savoir quelles quantités échanger.
- enfin, elle sert de **réserve de valeur** : la monnaie permet de conserver sa richesse dans le temps et de transférer son pouvoir d'achat dans le futur. Le produit d'une vente n'a ainsi pas à être consommé immédiatement.

Pour assurer l'ensemble de ces fonctions, la monnaie a pris la forme d'un **objet stockable** (réserve de valeur), facile à transporter (intermédiaire des échanges) et à **diviser** (unité de compte). C'est pourquoi les métaux précieux (or, argent…) ont longtemps servi d'instrument monétaire dans l'histoire.

De nos jours, la monnaie s'est largement dématérialisée. D'abord à partir du 19e siècle avec le développement des banques et l'émission de billets (**monnaie fiduciaire**). Puis, dans un second temps, avec la **monnaie scripturale** qui correspond à la somme des dépôts des agents économiques dans les banques. Celle-ci circule uniquement grâce à un simple jeu d'écriture comptable (virements bancaires, émissions de chèques, monnaie électronique avec l'expansion des cartes de paiement). Ainsi, aujourd'hui, les échanges ne nécessitent plus forcément la circulation d'un objet physique. La monnaie scripturale est d'ailleurs devenue majoritaire au 20e siècle et représente environ 90 % de la masse monétaire.

b. À quoi correspond la monnaie aujourd'hui ?

On désigne par **masse monétaire** la quantité de monnaie en circulation dans une économie, c'est-à-dire la quantité de monnaie détenue par les agents économiques non bancaires (les ménages, les entreprises et l'État). Pour autant, il faut ici comprendre le mot monnaie dans un sens plus large que celui qu'on entend habituellement. La masse monétaire inclut en effet la monnaie au sens courant (pièces, billets, comptes en banque), mais également d'autres éléments tels les placements à vue (placements dont les fonds peuvent être retirés à tout moment) ou les placements à terme (placements dont les fonds sont bloqués sur une période donnée). La masse monétaire n'est donc pas homogène.

Trois agrégats monétaires, nommés **M1**, **M2** et **M3** regroupent par degré de liquidité les différents éléments qui composent la masse monétaire et permettent ainsi sa mesure dans une économie (donnée centrale pour la politique monétaire). La **liquidité** est un concept très important. Elle désigne la durée et le coût de conversion d'un actif (dépôts bancaires, titres financiers, etc.) en moyen de paiement directement utilisable.

EXEMPLE

Si vous détenez une épargne sur un livret A, vous perdez les intérêts sur la quinzaine au cours de laquelle vous effectuez un retrait : cela représente un coût de conversion d'un actif en moyen de paiement.

Plus ce coût de conversion, ou bien son délai, est faible, plus un actif est liquide. Inversement, si le coût et le délai de conversion d'un actif en moyen de paiement est important, moins cet actif est liquide (c'est le cas d'un bien immobilier par exemple : sa vente prend du temps et génère des coûts importants).

Ainsi **les agrégats M1, M2 et M3 classent les éléments de la masse monétaire des plus liquides (M1) au moins liquides (M3)** :

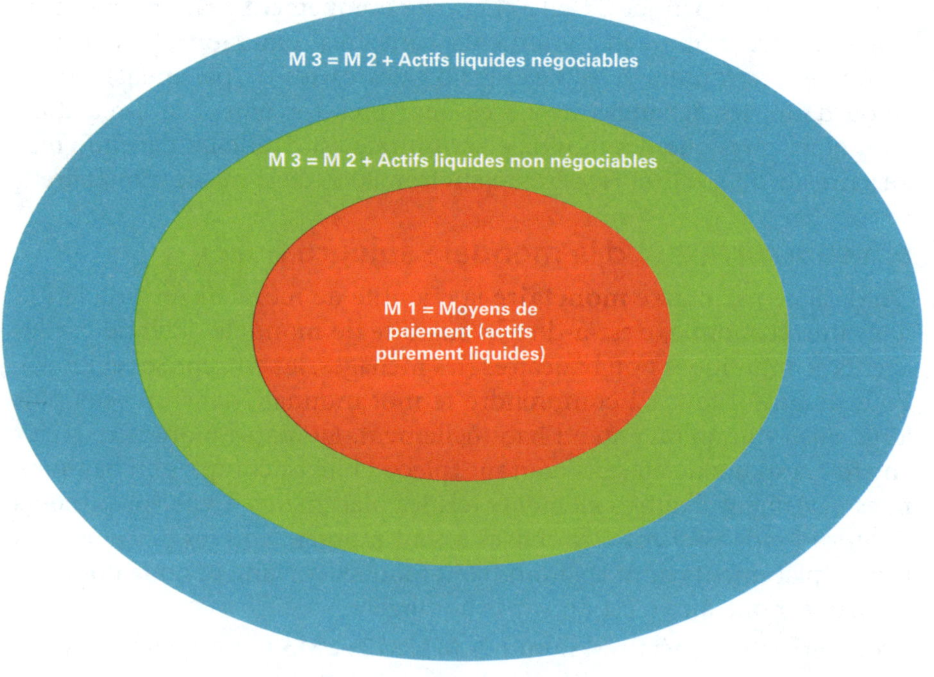

2 Quel est le rôle de la masse monétaire dans l'économie ?

a. L'influence de la masse monétaire sur les prix et l'activité

Les variations de la masse monétaire exercent des effets importants sur les prix et l'activité économique. Deux types de risques symétriques sont à éviter : l'**inflation** non maîtrisée et la **déflation**.

On parle d'inflation pour qualifier une hausse durable et générale des prix. Une augmentation de la masse monétaire aura pour conséquence d'augmenter les salaires et les prix. L'inflation n'est pas maîtrisée dès lors que les gouvernements ne sont plus en mesure de contrôler la hausse des prix.

Inversement, une baisse de la quantité de monnaie en circulation provoque de la déflation, c'est-à-dire une baisse durable et généralisée des prix.

EXEMPLE

L'exemple le plus célèbre de déflation concerne la crise de 1929 qui découle du krach boursier de Wall Street. Aux États-Unis, le krach s'est traduit par une chute très brutale de la valeur des titres financiers. Cette baisse s'est répercutée sur l'ensemble des prix des marchandises, ce qui a fait diminuer les revenus (profits et salaires). En raison de la baisse de la valeur de leurs actifs, les banques ont considérablement réduit les crédits accordés aux producteurs et aux consommateurs, ce qui a contribué à faire baisser la masse monétaire et ainsi alimenter la déflation. À l'arrivée, la crise s'est conclue par une baisse de la production, des échanges et des revenus, ainsi qu'un chômage massif. Ce fut la plus grande récession économique du 20e siècle à l'échelle mondiale.

L'inflation est positive pour la croissance économique. Cependant, elle constitue également un risque pour l'économie. En effet, l'inflation peut échapper à la maîtrise des gouvernements si la masse monétaire augmente trop fortement. La hausse des prix devient alors incontrôlable. Elle témoigne d'une crise très profonde : les prix ne faisant qu'augmenter, cela signifie que la valeur de la monnaie ne fait que diminuer (une même quantité de monnaie permet d'acquérir de moins en moins de marchandises). Ainsi, les agents économiques perdent confiance dans la capacité de la monnaie à acheter des biens et services. Ils vont donc chercher à détenir leur richesse sous une autre forme. Le système économique s'effondre car la monnaie n'est alors plus capable de remplir ses fonctions.

b. Les objectifs de la création monétaire : la stabilité interne et externe

À travers ces deux risques (inflation non maîtrisée et déflation), on comprend que pour qu'une économie se développe et soit stable, il est nécessaire que les agents aient confiance en la monnaie. **La valeur de la monnaie repose sur la confiance que les agents lui accordent pour remplir ses fonctions.** Cela vient du fait qu'elle est acceptée par tous pour réaliser des transactions.

À partir du moment où cela n'est plus le cas, c'est la stabilité globale du système économique qui est remise en cause. La confiance en la monnaie est donc un élément central pour la stabilité de nos sociétés.

On comprend également qu'il est important de contrôler la masse monétaire en circulation afin d'éviter qu'il n'y ait ni trop de monnaie en circulation (inflation non maîtrisée), ni pas assez (déflation). Ainsi, le contrôle de la création monétaire est assuré par la **Banque Centrale**.

Elle cherche à assurer la **stabilité interne** et **externe** de la monnaie :

- **la stabilité interne consiste à garantir à la monnaie une valeur constante** à l'intérieur d'une économie (éviter une inflation trop importante et la déflation) ;
- **la stabilité externe désigne, elle, la constance de la valeur de la monnaie au niveau international** (éviter des variations trop importantes et incontrôlées de **taux de change**). Ce double objectif de la Banque Centrale s'exprime à travers quatre dimensions :
  - le **monopole de l'émission des billets** (évite le faux-monnayage) ;
  - la **stabilité du système bancaire** (garanti le système des moyens des paiements afin de permettre les échanges) ;
  - la **conduite de la politique monétaire** (à travers le contrôle de la masse monétaire et des taux d'intérêt, la Banque Centrale peut ajuster la quantité de monnaie en circulation aux besoins de l'économie) ;
  - la **stabilité de la valeur de la monnaie sur le marché des changes** (assure le bon fonctionnement du commerce international).

3 L'État et le fonctionnement du marché

1 Pourquoi l'État intervient-il dans l'économie ?

Le fonctionnement du marché n'est pas parfait. Il entraîne une série de dysfonctionnements qui justifient l'intervention de l'État dans l'économie.

a. Le problème des externalités

Une **externalité** désigne une action d'un agent économique qui affecte la situation d'un autre agent sans contrepartie monétaire. Elle peut être **positive** ou **négative** :

- une externalité est positive si elle procure un avantage à d'autres agents ;
- elle est négative si elle nuit à l'environnement économique.

EXEMPLE

L'activité d'une entreprise industrielle génère de la pollution. Cette nuisance représente un coût pour la communauté vivant et travaillant à proximité de la firme industrielle. De manière générale, ce coût se traduit par une baisse du bien-être des individus victimes de l'externalité : il peut être visuel (l'usine enlaidit le paysage), sonore, écologique (la pollution affecte la biodiversité), social, économique (le rendement de terres agricoles à proximité de l'usine baisse)…

Une externalité n'est pas associée à une transaction : elle **ne résulte d'aucun échange**. Par conséquent, aucune modification de prix ne peut les faire augmenter (externalités positives) ou baisser (externalités négatives) : la régulation par les prix est inefficace. Le marché est donc incapable de lutter contre les externalités. Ainsi, c'est à l'État de prendre le relais afin de réduire leurs effets indésirés.

L'État dispose de plusieurs instruments pour intervenir. Contre la pollution, il peut :

- **définir des normes à respecter** en fixant des seuils de pollution et des sanctions en cas de non-respect de ces plafonds ;
- **utiliser la fiscalité** en taxant les activités polluantes et subventionnant celles qui ont un impact positif sur l'environnement ;
- **créer et encadrer un marché des droits à polluer**. (Ce fut la solution retenue lors de la conférence sur le climat de Kyoto en 1992.)

Ces mesures peuvent être prises séparément ou bien de manière complémentaire. **L'État dispose ainsi de trois moyens pour lutter contre les externalités :**

- la loi ;
- l'impôt ;
- la régulation du marché.

b. Les particularités des biens publics

Les **biens publics** possèdent deux caractéristiques qui les rendent indivisibles : ils sont à la fois **non-rivaux** et **non-exclusifs**.

POUR LE COMPRENDRE, PRENONS UN EXEMPLE DE BIEN PUBLIC : L'AIR

Sa consommation par un individu n'a aucun effet sur celle d'autres agents économiques : elle ne fait donc pas l'objet d'une concurrence entre consommateurs. Dans ce cas, on dit que l'air est un bien non-rival. De plus, il n'est pas possible de fixer un prix pour empêcher la consommation d'air. On parle alors de bien non-exclusif.

L'air possède ainsi les deux critères d'un bien public (non-rivalité et non-exclusion). Par conséquent, l'air est indivisible.

Le problème posé par les biens publics est le suivant : personne n'a intérêt à les financer car une fois produits, tous les autres agents économiques peuvent en bénéficier sans aucun coût. Ainsi, chaque individu compte sur le financement des autres pour en bénéficier. C'est le problème du **passager clandestin**.

EXEMPLE

Dans le cas d'un phare, aucun propriétaire de bateau n'a intérêt à participer à sa construction car il pourra en bénéficier gratuitement si un autre prend les frais à sa charge. Si chaque propriétaire suit ce raisonnement, il est probable que le phare ne soit jamais construit. C'est pourquoi le marché est incapable de prendre en charge la production de biens publics.

De nouveau, c'est l'État qui se substitue au marché. En effet, l'État possède un avantage sur le marché : avec l'impôt, il est en mesure de contraindre tous les bénéficiaires d'un bien public de le financer. Il est ainsi en mesure de résoudre le problème du **passager clandestin**.

Cependant, une autre difficulté subsiste : comment savoir quels biens publics produire et en quelles quantités ?

En effet, seuls les consommateurs sont en mesure d'évaluer les besoins en biens publics.

EXEMPLE

Seuls les propriétaires de bateau sont capables d'estimer la nécessité d'un phare ou non. Or, ceux-ci ont intérêt à ne pas dévoiler d'éventuels besoins pour ne pas voir leurs impôts s'alourdir.

Dès lors, comment inciter les consommateurs à révéler honnêtement leurs besoins et sur cette base organiser la production de biens publics et déterminer l'impôt ?

Cette difficulté est surmontée de manière très différente d'un gouvernement à l'autre selon des règles bien souvent arbitraires. Il est donc important d'avoir en tête que l'intervention de l'État dans l'économie ne résout pas tous les dysfonctionnements auxquels se heurte le marché.

2 Quelles sont les fonctions de l'État ?

a. Les trois fonctions de l'État

L'État cherche à corriger les défaillances du marché. Afin de remplir ce rôle, il doit combiner trois grandes fonctions mises en évidence par Richard Musgrave :

- **l'allocation des ressources :** l'État prend directement en charge la production de biens et services lorsque le marché est inefficace (biens publics). Il peut aussi subventionner des activités qu'il estime d'utilité publique (production d'énergie, transports, etc.) ;
- **la redistribution :** l'État est responsable de la cohésion sociale dans le pays. Ainsi, dans un souci de justice sociale, il peut agir sur le niveau des inégalités entre individus produits par le marché en redistribuant une partie des revenus ;
- **la stabilisation économique :** l'État intervient pour lutter contre les chocs qui viennent perturber la stabilité économique. En particulier, dans une période de crise, il peut mener une politique destinée à relancer l'activité. Il permet ainsi au marché de mieux fonctionner.

Ces trois fonctions sont synthétisées dans le tableau suivant :

Fonctions de l'État	Allocation des ressources	Redistribution des ressources	Stabilisation des fluctuations économiques
Objectifs	Fournir les biens d'utilité publique à tous les citoyens	Réduire les inégalités	Amortir les perturbations économiques
Moyens	Entreprises publiques, subventions...	Fiscalité, prestations sociales...	Agir sur l'offre et la demande
Exemples	Défense nationale	Impôt progressif sur le revenu	Embauche de fonctionnaires

b. La régulation du marché par l'État

L'État cherche à garantir les conditions de fonctionnement des marchés en fournissant un cadre institutionnel dans lequel les règles de la concurrence peuvent pleinement jouer.

Ce rôle de régulateur s'exprime par exemple sur le marché des assurances. Sur ce marché se pose un problème particulier : il y a des asymétries d'informations, c'est-à-dire que certains agents économiques sont mieux informés que d'autres. Cette situation parasite la détermination du prix sur ce marché ce qui pousse l'État à intervenir. La situation est résumée dans le schéma suivant :

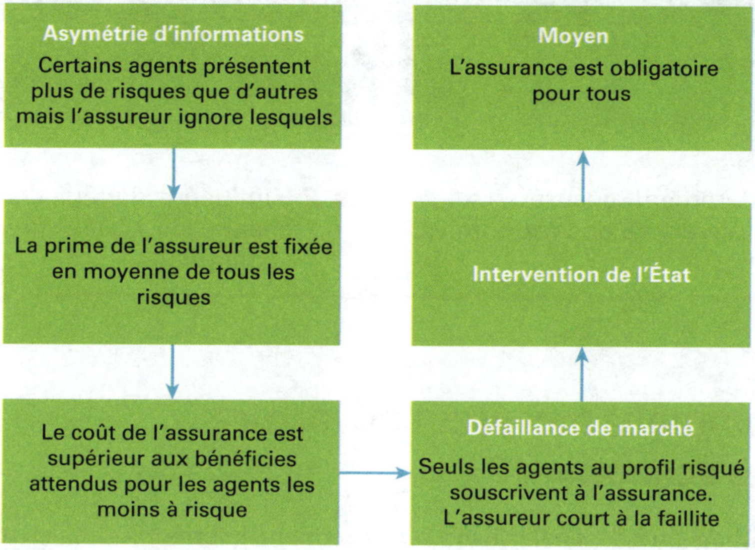

À travers cet exemple, nous voyons que l'État institue une loi qui permet au marché de fonctionner correctement. **L'État est ainsi le garant du cadre institutionnel dans lequel les règles du jeu du marché peuvent s'appliquer.** Sans ce cadre c'est-à-dire en l'absence de l'État, le marché ne pourrait pas exister.

4 L'ouverture des économies

- **1** Comment mesurer l'ouverture des économies ?
- **2** L'influence du taux de change sur l'ouverture des économies

1 Comment mesurer l'ouverture des économies ?

Du milieu du 19e siècle jusqu'à la première guerre mondiale, puis de manière encore plus prononcée à partir des années 1970, les échanges internationaux se sont multipliés et accélérés à travers le monde. Ce phénomène s'appelle la **mondialisation économique**.

a. La mesure des échanges internationaux

Différents indicateurs ont été élaborés afin d'évaluer le développement du commerce international dans le monde :

Indicateurs	Calculs des indicateurs	Signification des indicateurs
Solde du commerce extérieur	Valeur des exportations - valeur des importations	Si solde positif : économie en excédent commercial. Si négatif : économie en déficit commercial
Taux d'ouverture de l'économie	[(Valeur des importations + valeur des exportations) / 2] / PIB	Mesure la part du commerce international dans une économie
Taux d'exportation	Valeur des exportations / **PIB**	Indique la compétitivité d'un pays au niveau international
Taux de pénétration	Valeur des importations / PIB	Souligne le degré de dépendance d'une économie vis-à-vis de l'étranger
Taux de couverture du commerce extérieur	Valeur des exportations / valeur des importations	Mesure l'indépendance économique d'un pays

Les échanges internationaux sont également enregistrés de manière comptable dans la **balance des paiements**. La balance des paiements est un document statistique qui rassemble et ordonne l'ensemble des transactions économiques et financières d'une économie avec le reste du monde, au cours d'une période donnée. En son sein, le **compte des transactions courantes** (ou BTC) enregistre les échanges entre l'économie nationale et le reste du monde :

Structure de la BTC	Explications
Balance commerciale	Enregistre les flux internationaux de marchandises.
Balance des services	Enregistre les flux internationaux de services.
Revenus	Enregistre les flux internationaux de revenus : rémunérations de salariés saisonniers, revenus perçus ou versés sur des titres financiers
Transferts courants	Transferts de fonds des travailleurs dans leur pays d'origine et participations aux organismes internationaux
Solde de la BTC	Capacité ou besoin de financement de la nation

Si la balance des transactions courantes est en déficit, cela signifie que l'économie est en besoin de financement. Inversement, en cas de solde positif, le pays dégage un excédent et est donc en capacité de financement de la nation.

b. Des pays inégalement ouverts

La comparaison des taux d'ouverture met en lumière que d'une économie à l'autre, les pays sont très inégalement ouverts sur l'extérieur :

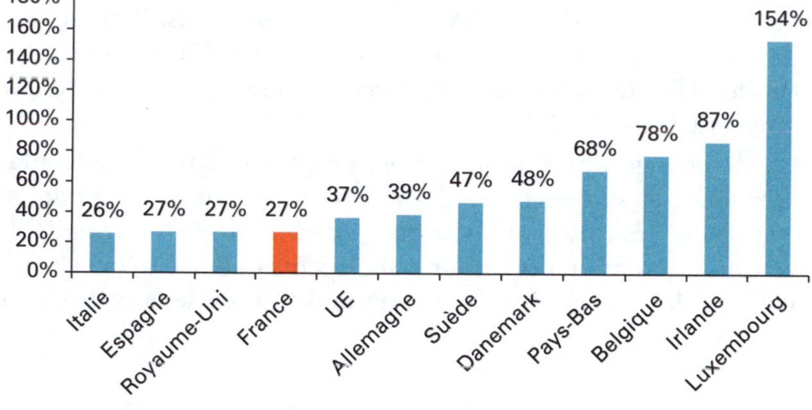

Ces différences résultent :

- **des différentes spécialisations :** certains pays se spécialisent dans des secteurs qui leurs permettent d'avoir un pouvoir de marché international (comme l'Allemagne dans la production de voitures haut de gamme) ;
- **de la taille très variable de leur marché intérieur :** plus un pays possède une petite superficie et une faible population, plus il aura besoin de s'ouvrir sur l'extérieur pour subvenir à ses besoins.

2 L'influence du taux de change sur l'ouverture des économies

Les échanges internationaux supposent des opérations de change entre les devises. On appelle **taux de change** le prix d'une monnaie exprimée dans une autre monnaie.

EXEMPLE

Début 2016, 1 euro vaut environ 1,1 dollar.

a. Le marché des changes

Les taux de change entre monnaies se déterminent sur le marché des changes. L'existence d'un marché des changes au niveau international permet d'assurer la convertibilité des monnaies entre elles.

Le marché des changes n'a pas de localisation précise : il est constitué d'un gigantesque réseau de banques et d'intermédiaires financiers qui échangent 24h/24 des devises les unes contre les autres. Il possède ainsi une dimension planétaire et fonctionne en continu. Chaque jour, plus de 5 000 milliards de dollars y sont échangés, soit pratiquement le double du PIB annuel de la France !

Le taux de change d'une monnaie est déterminé par la confrontation entre son offre et sa demande. Ces offres et ces demandes émanent de ménages (pour des raisons touristiques), d'entreprises (pour payer leurs transactions internationales) et surtout d'agents financiers (qui cherchent à faire des profits en anticipant les variations futures de taux de change).

EXEMPLE

Le taux de change euros/dollars dépend du rapport entre l'offre d'euros (contre dollars) et la demande d'euros (contre dollars). Si l'on suppose l'offre d'euros constante, et que soudainement la demande est en hausse, alors le taux de change augmente car l'euro est relativement plus demandé par rapport à la situation précédente.

b. Les conséquences des variations de change

Les variations de taux de change influencent les décisions de tous les agents économiques. Supposons que la France soit confrontée à une diminution de son taux de change. Cette baisse exerce un double effet :

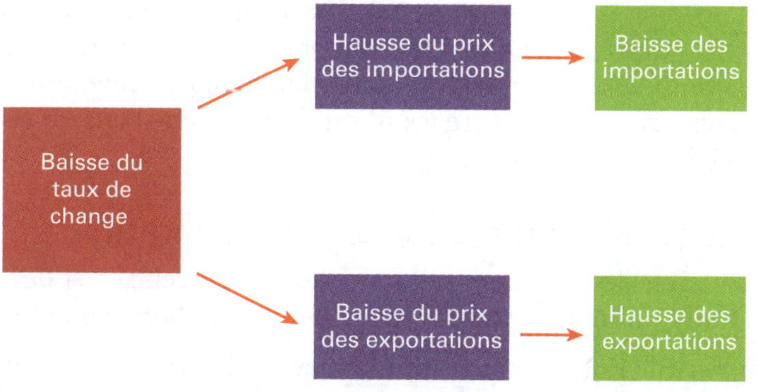

Il faut désormais plus d'euros pour acquérir une même quantité de devises étrangères. Par conséquent, le prix des biens importés augmente. Ainsi, la hausse du prix des biens étrangers incite les consommateurs comme les producteurs à substituer des biens importés par des biens produits localement.

De manière symétrique, une plus faible quantité de devises étrangères est nécessaire pour acquérir une même quantité d'euros. Cela améliore la **compétitivité-prix** de la France en réduisant le coût de ses exportations. La compétitivité-prix d'un pays désigne sa capacité à vendre des biens et services sur un marché grâce à des prix plus attractifs que ses concurrents. Cette amélioration de la compétitivité-prix stimule les exportations françaises : dans les pays étrangers, les agents économiques substituent des biens produits localement par des biens importés de France.

5 Les fondements de l'échange international

- 1 Pourquoi échange-t-on entre pays ?
- 2 Comment expliquer le commerce intra-branche ?

1 Pourquoi échange-t-on entre pays ?

À différents degrés, tous les pays ont des échanges économiques au-delà de leurs frontières nationales. Quels intérêts les États trouvent-ils à pratiquer le commerce international alors même qu'ils peuvent disposer de nombreuses ressources naturelles et/ou d'une main-d'œuvre abondante et qualifiée ?

a. Avantages absolus et avantages comparatifs

Dès le 18e siècle, les premiers économistes ont cherché à expliquer pourquoi les individus et les États échangeaient internationalement :

- **Adam Smith** (1723-1790) avance la **théorie des avantages absolus.** Selon lui, un pays, ou un agent économique, a intérêt à importer des biens et services produits à l'étranger si ceux-ci ont un coût de production inférieur à celui qu'ils ont dans l'économie nationale. Par conséquent, une économie a intérêt à se spécialiser dans la production des marchandises pour lesquelles elle possède un avantage absolu, c'est-à-dire dans la fabrication des biens et services pour lesquels elle est la plus compétitive internationalement (coût de production le plus faible).
- **David Ricardo** (1772-1823) développe pour sa part **la théorie des avantages comparatifs**. Son analyse constitue aujourd'hui encore le cœur des théories modernes du commerce international. Selon Ricardo, une économie a intérêt à se spécialiser, non pas en fonction de ses avantages absolus, mais en fonction de ses avantages comparatifs. L'idée est que chaque pays a intérêt à se spécialiser dans la production des biens et services pour lesquels son avantage est le plus fort, ou son désavantage le plus faible. Cette théorie montre qu'un pays a intérêt à pratiquer le commerce international même s'il ne dispose d'aucun avantage absolu.

Ces explications ont donné naissance au **libre-échange**. Le libre-échange est une doctrine économique selon laquelle tout obstacle à la circulation de biens, de services et de capitaux entre pays doit être supprimé.

b. Le modèle HOS

Si Ricardo avait montré que tous les pays, mêmes ceux sans avantages absolus, bénéficiaient des échanges internationaux, il n'en avait pas expliqué la raison profonde.

Au 20e siècle, plusieurs économistes suédois ont cherché à compléter sa théorie des avantages comparatifs en ce point. Ils ont donné naissance au **modèle HOS** (de leurs noms : Hecksher-Ohlin-Samuelson) selon lequel les pays trouvent intérêt à échanger internationalement en raison de dotations différentes en **facteurs de production**.

EXEMPLE

Supposons une situation dans laquelle deux pays, la France et l'Inde, produisent deux biens (des voitures et des chaussures) en utilisant chacun deux facteurs de production : du capital et du travail.

Les voitures sont un bien qui nécessite beaucoup de capital. À l'inverse, les chaussures nécessitent elles beaucoup de main-d'œuvre. Il s'avère que la France est un pays fortement doté en capital tandis que l'Inde possède un très grand nombre de travailleurs.

En l'absence d'échanges internationaux (situation d'autarcie), les deux pays produisent les deux biens en utilisant leurs ressources. Cependant, le faible volume de capital limite le nombre de voitures produites par l'Inde tandis que la main-d'œuvre disponible limite le nombre de chaussures fabriquées en France.

Pour pallier à ces inconvénients, les deux pays décident alors d'échanger entre eux. En effet, l'échange international permet aux deux pays de se spécialiser dans la fabrication du bien pour lequel ils possèdent un facteur de production plus abondant (production dans laquelle ils sont performants). Ainsi, la France va se spécialiser dans la production de voitures et améliorer sa productivité. De même, l'Inde va se spécialiser dans la fabrication de chaussures car elle possède plus de travail que la France relativement au facteur capital.

Chaque pays est gagnant grâce au commerce international car ils détiennent désormais les deux biens en plus grande quantité qu'en autarcie. D'un côté, la France produit plus de voitures depuis qu'elle échange avec l'Inde, et elle peut importer des chaussures en plus grand nombre que ce qu'elle pouvait elle-même produire. Symétriquement, en Inde, la production de chaussures a augmenté grâce à la spécialisation, et l'importation de voitures de France lui permet d'en obtenir une plus grande quantité qu'en les produisant elle-même.

Le modèle HOS explique les échanges internationaux par les différences de dotations ou facteurs de production entre les pays. C'est l'inégale distribution des facteurs de production entre les pays qui rend le commerce international bénéfique.

2 Comment expliquer le commerce intra-branche ?

Une conclusion troublante du modèle HOS est que deux pays semblables n'auraient aucun intérêt à commercer ensemble. De plus, le modèle explique uniquement les échanges de biens entre différents secteurs d'activité. Pourtant, le commerce international actuel se caractérise largement par des échanges de produits similaires entre pays aux technologies très proches : c'est ce que l'on appelle le **commerce intra-branche**. Dès lors, comment expliquer ce phénomène ?

a. La différenciation des produits

Une explication du commerce intra-branche a été apportée par le Prix Nobel d'économie **Paul Krugman**. Contrairement aux précédentes théories du commerce international, Krugman insiste non pas sur le rôle de l'offre comme source des échanges internationaux, mais sur celui de la demande.

Selon lui, le commerce intra-branche repose sur **la différenciation des produits**. On dit que des biens sont différenciés lorsqu'ils sont à la fois similaires et différents : la différenciation consiste à créer une différence entre produits semblables qui soit perçue comme unique par le consommateur.

EXEMPLE

Plusieurs entreprises fabriquent le même type de soda, mais chacune aura de légères caractéristiques qui lui sont propres de sorte à différencier son produit de celui de ses concurrentes.

Le prix n'est ainsi plus l'unique facteur de décision du consommateur. On parle de **compétitivité hors-prix** pour désigner les avantages compétitifs d'une entreprise autre que le prix (qualité et nature du produit, image de marque…). Grâce à la différenciation des produits, une firme peut vendre un même bien plus cher que ses concurrentes si elle possède une meilleure compétitivité hors-prix.

La différenciation nécessite des innovations (dépenses de recherche et développement…) et des stratégies commerciales (communication, publicité...) spécifiques. Elle peut ainsi être verticale lorsqu'un bien est universellement reconnu comme supérieur à un autre (une voiture de luxe par rapport à un modèle standard) ou horizontale lorsque certains consommateurs préfèrent un bien et d'autres un autre bien (facteur subjectif).

Pour Krugman, les pays ont intérêt à commercer entre eux car les échanges internationaux procurent une baisse du prix des marchandises, une amélioration de leur qualité, ainsi qu'une plus grande variété de produits pour les consommateurs.

b. Les économies d'échelle

Selon Krugman, la différenciation des produits qui rend possible le commerce intra-branche repose sur le phénomène des **économies d'échelle**. On parle d'économies d'échelle lorsque le coût unitaire de production d'un bien diminue plus sa quantité produite est importante. plus la production d'une marchandise est grande plus Les économies d'échelle augmentent.

Le marché extérieur prolonge le marché intérieur et renforce les économies d'échelle. Elles permettent ainsi aux entreprises de se spécialiser dans la production de biens différenciés et d'éliminer une concurrence directe. Le raisonnement de Krugman peut se résumer par le schéma suivant :

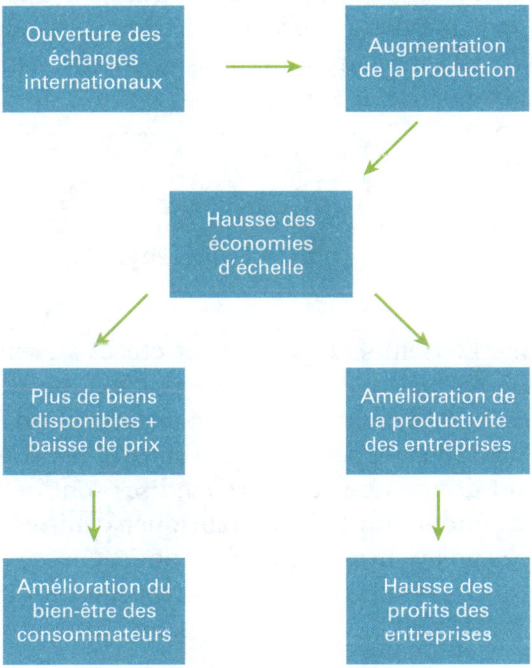

6 Les apports de la croissance économique

- **1** Qu'est-ce que la croissance économique ?
- **2** À quoi sert la croissance ?

1 Qu'est-ce que la croissance économique ?

La croissance constitue aujourd'hui l'un des objectifs majeurs de la politique économique des États. Pourquoi tous les pays recherchent-ils la croissance économique ? À quoi correspond-elle et en quoi est-elle bénéfique ?

a. La mesure de la croissance

La **croissance économique** désigne l'augmentation de la production de biens et services au cours d'une période à l'intérieur d'un espace économique donné. On la mesure grâce à un indicateur très connu : le **Produit Intérieur Brut (PIB)**. Le taux de croissance d'une nation correspond ainsi au taux de croissance de son PIB.

EXEMPLE

Si l'on dit que la croissance de la France s'élève à 1,1 % en 2015, cela signifie que son PIB a augmenté de 1,1 % au cours de l'année 2015.

Le PIB représente l'ensemble des richesses créées au sein d'une économie. Il se calcule en faisant la différence entre la production totale et les **consommations intermédiaires**. Les consommations intermédiaires correspondent aux biens et services qui sont utilisés comme moyen de production. Étant donné que ces marchandises sont détruites au cours du processus de production (afin de fabriquer d'autres produits), elles ne constituent pas une richesse pour l'économie. On appelle ainsi **valeur ajoutée** la différence entre la production et les consommations intermédiaires. Le PIB d'un pays est donc égal à la somme des valeurs ajoutées générées par l'ensemble de ses branches d'activité.

Il existe deux manières de mesurer le PIB : en valeur ou en volume.

- L'évaluation en valeur consiste à utiliser les prix auxquels les marchandises sont vendues au cours de la période étudiée (prix courants) afin d'additionner l'ensemble des biens et services produits. Bien que pratique, une telle mesure du PIB peut toutefois être faussée par d'éventuelles variations de prix. En particulier, en cas d'**inflation**, le taux de croissance du PIB est artificiellement gonflé.
- Pour évaluer l'augmentation réelle des quantités produites, il est ainsi plus pertinent de mesurer le PIB en volume en raisonnant à prix constants. On utilise alors les prix des biens et services constatés au début de la période étudiée pour additionner chaque unité produite (et ainsi calculer les valeurs ajoutées). Cependant, une telle mesure est également imparfaite : en faisant abstraction des variations de prix, le raisonnement à prix constants ne permet pas d'intégrer dans le calcul du PIB les hausses de prix liées à une amélioration de la qualité des produits (effet qualité), ni l'apparition de nouveaux biens au cours d'une période.

Le PIB en valeur et le PIB en volume sont donc complémentaires l'un avec l'autre en insistant sur des dimensions différentes de la croissance économique :

Les 2 mesures du PIB	PIB en valeur	PIB en volume
Évaluation	Prix courants	Prix constants
Intérêt	Intègre l'évolution des marchandises produites	Mesure la croissance réelle de la production
Limite	Ne tient pas compte de l'inflation	Ne tient pas compte de l'effet qualité

b. Les déterminants du PIB

Nous venons de voir que le PIB visait à mesurer la richesse créée dans un pays au cours d'une période donnée. Cette création de richesse peut être considérée à partir des différentes manières dont sont utilisés les biens et services produits.

De ce point de vue, la croissance du PIB est déterminée par trois principaux éléments :

- Les dépenses de consommation : la demande de biens et services des ménages en vue de satisfaire leurs besoins influence le niveau de production. Il est à noter que cette production peut être marchande ou non marchande. La **production non marchande** correspond aux biens et services vendus à un prix inférieur ou égal à 50 % de leurs coûts de production.

EXEMPLE

L'éducation, la vaccination, la défense sont des productions non marchandes comptabilisées dans le PIB qui répondent directement à des besoins des ménages.

- L'investissement : il correspond aux acquisitions de biens d'équipements durables (machines, bâtiments...) et aux investissements immatériels (dépenses de recherche et développement, frais de brevet...) utilisés pendant au moins un an dans le processus de production. Le taux de croissance du PIB est fortement corrélé au progrès technique qui dépend des investissements réalisés (en particulier dans le champ des innovations).

Remarque

La croissance du PIB dépend également des investissements publics de l'État.

- Les exportations : la croissance du PIB dépend également de la demande extérieure, c'est-à-dire des biens fournis par des producteurs nationaux à des agents économiques non-résidents sur le territoire considéré. Le PIB mesure ainsi la richesse créée sur le territoire national, sans tenir compte de la nationalité des producteurs.

EXEMPLE

La production d'un Mc Donald's dans Paris est comptabilisée dans le PIB de la France. À l'inverse, la production d'une usine Renault au Maroc ne rentre pas dans le PIB de la France. Cela explique le qualificatif « intérieur » dans PIB : la nationalité des producteurs n'est pas prise en compte dans sa mesure.

Enfin, un autre élément participe à l'augmentation de la production de biens et services : la croissance démographique. En effet, la croissance démographique permet d'employer plus de travailleurs, et donc de produire davantage. On parle de **croissance extensive** pour désigner ce type d'accroissement du PIB.

2 À quoi sert la croissance ?

a. L'amélioration du niveau de vie

La croissance économique permet de distribuer davantage de revenus dans l'économie (salaires, profits…). La hausse des revenus permet à son tour d'augmenter la consommation de biens et services des ménages, ainsi que l'épargne ce qui favorise l'investissement et le progrès technique :

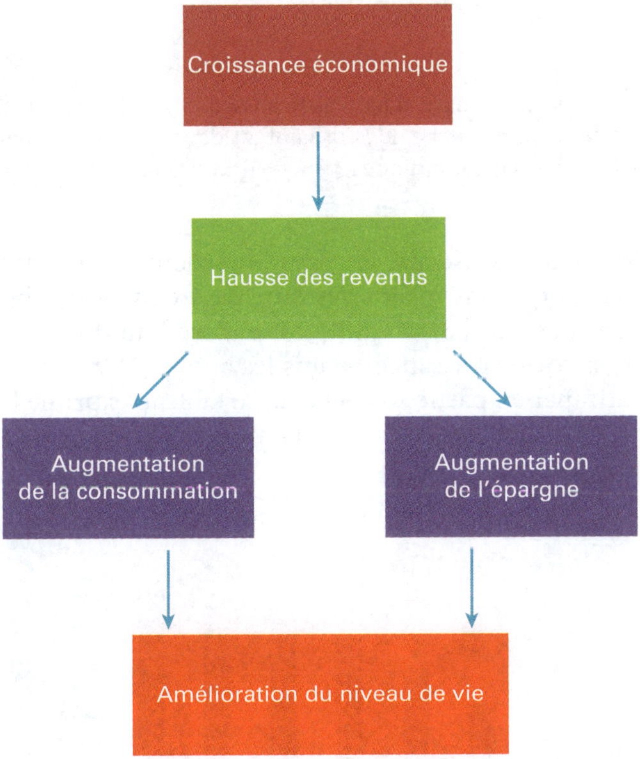

EXEMPLE

Ruiné après la seconde guerre mondiale, le Japon devint dès la fin des années 1960 la seconde économie mondiale derrière les États-Unis. Entre 1945 et 1968, son PIB a augmenté à un rythme supérieur à 10 % par an ! Le revenu moyen de ses habitants a ainsi été multiplié par plus de 15 sur cette période.

b. Une comparaison internationale

Une autre manière de percevoir l'accroissement de richesses que génère la croissance économique est d'effectuer une comparaison internationale.

Pour mener une telle comparaison, il faut recourir à la notion de **PIB/habitant**. Le PIB/habitant est égal au PIB divisé par le nombre d'habitants d'un pays. Il permet d'éliminer le poids de la démographie dans le PIB, et de mesurer la richesse apportée par la croissance.

EXEMPLE

La Chine, avec ses 1,3 milliard d'habitants possède un PIB bien plus grand que celui de la France. En revanche, le PIB/habitant de la France est bien plus élevé que celui de la Chine, ce qui indique un meilleur niveau de vie en France.

En dehors des paradis fiscaux, les pays possédant les plus forts PIB/habitants sont ceux qui ont connu des taux de croissance stables et élevés sur de longues périodes. Si la Chine est encore loin du niveau des pays occidentaux, sa forte croissance depuis les années 1990 lui a néanmoins permis de rattraper en partie son retard. Ce tableau exprime le PIB/habitant en dollars de quelques pays pour l'année 2015 :

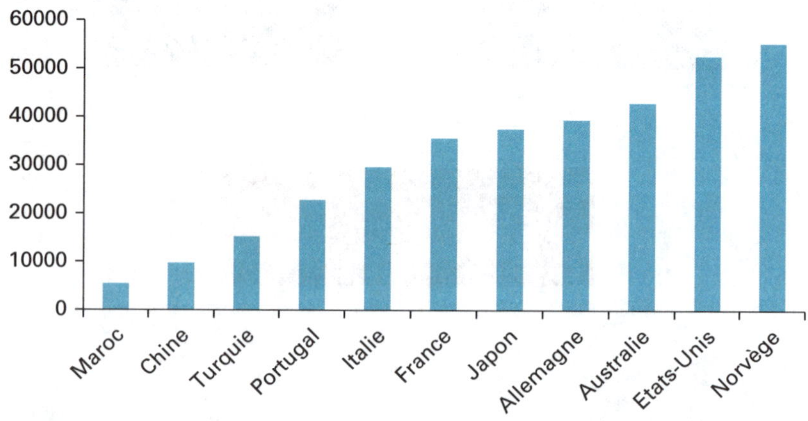

7 De la croissance au développement

- **1** Quels liens entre croissance et développement ?
- **2** Qu'est-ce que le développement durable ?

1 Quels liens entre croissance et développement ?

Le **développement** désigne l'ensemble des évolutions positives d'un territoire. La croissance économique est une composante importante du développement d'un pays. Toutefois, le PIB ne mesure la production de nouvelles richesses que du point de vue économique. Dans ces conditions, est-il un bon indicateur pour évaluer le bien-être d'une population ?

a. Les limites du PIB

Le PIB est un indicateur monétaire : il enregistre toutes les transactions faisant appel à un échange monétaire. Cela le conduit à comptabiliser des activités négatives pour le bien-être de la collectivité.

EXEMPLE

Un accident de la route entraîne une production de biens et services : frais d'hôpitaux, intervention des pompiers, remplacement du véhicule endommagé… Ainsi, ils font augmenter le PIB d'un pays alors même qu'ils sont négatifs pour le bien-être de ses habitants.

Plus généralement, le PIB ne tient pas compte des **externalités** négatives générées par la production, qu'elles soient sociales (accidents, catastrophes naturelles…) ou environnementales (pollution).

Inversement, le PIB n'enregistre pas les opérations non-monétaires bénéfiques à la population. Le PIB ignore ainsi les services que se rendent mutuellement les agents économiques (bénévolat, services domestiques, etc.)

EXEMPLE

Le suivi scolaire de ses enfants par un parent n'est pas comptabilisé comme une création de richesses par le PIB, tandis que le même service rendu par un professeur dans le cadre de l'étude participerait à la croissance économique du pays.

Enfin, qu'il s'agisse du PIB ou du PIB/habitant, ces indicateurs ne constituent que des moyennes. Ils ne permettent donc pas de mesurer ni les inégalités sociales, ni leurs évolutions.

EXEMPLE

Le PIB/habitant d'un pays peut beaucoup augmenter alors même que la majorité de sa population voit ses revenus baisser si, dans le même temps, les hauts revenus augmentent plus rapidement. Il peut ainsi constituer un mauvais indicateur de la santé de l'économie.

b. La mesure du bien-être

Pour contourner les difficultés posées par le PIB, le développement est mesuré par un autre indicateur : l'**Indice de Développement Humain (IDH)**. L'IDH d'un pays est compris entre 0 et 1 : plus le résultat est proche de 1, plus le niveau de développement est élevé.

EXEMPLE

En 2015, le pays possédant le plus fort IDH est la Norvège avec 0,944. La France est 22e de ce classement avec un IDH de 0,888. À l'autre extrême, le Niger et l'Erythrée ont des IDH inférieurs à 0,4.

L'IDH repose sur 4 composantes :

- l'espérance de vie ;
- le PIB/habitant ;
- le taux d'alphabétisation ;
- le nombre moyen d'années d'études ;

On constate que le PIB est une composante de l'IDH : ces deux indicateurs se complètent mutuellement. Le PIB insiste sur la dimension quantitative du développement, tandis que l'IDH intègre des éléments plus qualitatifs (éducation et santé). Il n'y a ainsi pas d'opposition entre croissance et développement : la croissance est une condition préalable au développement économique d'un État tandis qu'un certain niveau de développement est également nécessaire pour permettre un véritable décollage économique.

Un autre indicateur est utilisé afin de mesurer le développement d'un pays : il s'agit de l'**Indicateur de Pauvreté Humain (IPH)**. L'objectif de l'IPH est d'évaluer le niveau de pauvreté d'un Etat. Son résultat varie de 0 à 100 (plus il est grand, plus le pays est pauvre) en s'appuyant sur différents critères : part de la population sous le seuil de pauvreté, espérance de vie, pourcentage d'illettrisme…

EXEMPLE

Le Mali est le pays est l'IPH le plus élevé au monde en 2015. Les pays scandinaves (Norvège, Suède, Finlande et Danemark) sont parmi les 5 pays avec le niveau de pauvreté le plus faible au monde, en compagnie de Pays-Bas.

2 Qu'est-ce que le développement durable ?

Le concept de **développement durable** est né dans les années 1990 à la suite de prise de conscience de certaines conséquences négatives de la croissance économique sur la société et l'environnement. Il désigne une forme de développement qui répond aux besoins du présent sans compromettre la capacité des générations futures à répondre aux leurs. Le développement durable pose la question des finalités de la croissance dans des termes nouveaux : il ne s'agit plus seulement de produire beaucoup, il s'agit aussi de pouvoir produire longtemps.

a. Les objectifs du développement durable

La croissance économique pose deux types principaux de problèmes :

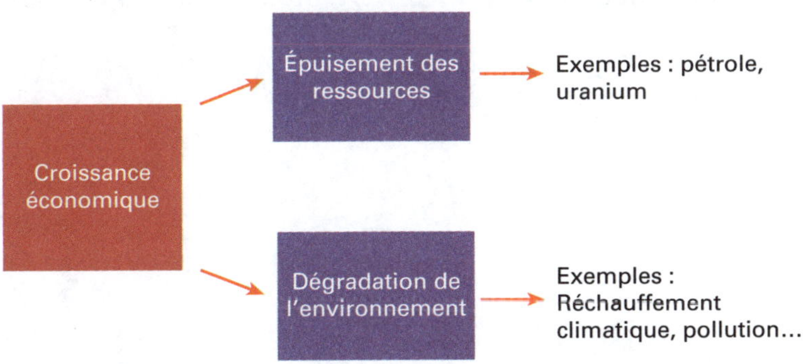

Face à ces phénomènes, le développement durable met l'accent sur la préservation des possibilités de développement dans le futur. Il repose sur 3 piliers :

	Pilier environnemental	Pilier économique	Pilier social
Objectifs	Préserver l'environnement	Permettre le développement économique	Réduire les inégalités
Exemples	Développer les énergies renouvelables	Encourager les activités économes en ressources naturelles	Favoriser le commerce équitable

Aujourd'hui, les moyens mis en œuvre pour garantir un développement durable à l'échelle mondiale reposent sur la coordination des États dans le cadre de l'ONU. Fin 2015, 193 pays se sont engagés sur un ensemble d'objectifs à atteindre d'ici 2030.

b. Le PIB vert

Le **PIB vert** est un indicateur destiné à mesurer le niveau de développement durable d'un pays. Il complète le PIB en distinguant 3 catégories de capitaux correspondant aux 3 piliers du développement durable : le capital naturel (pilier environnemental), le capital manufacturé (pilier économique) et le capital humain (pilier social). Ainsi, on a l'égalité suivante :

PIB vert = Capital naturel + Capital manufacturé + Capital humain

Le PIB vert permet ainsi d'évaluer la préservation des ressources : si le développement n'est pas durable, la croissance du capital manufacturé s'accompagne d'une baisse du capital naturel et humain. Ainsi, plus le décalage est important entre PIB et PIB vert, moins le développement est soutenable.

8 Les facteurs de la croissance

- **1** Par quoi s'explique la croissance économique ?
- **2** Quels sont les facteurs du progrès technique ?

1 Par quoi s'explique la croissance économique ?

Entre 1945 et 1973, le taux de croissance était en moyenne supérieur à 5 % par an en France. Depuis les années 2000, il n'a jamais excédé les 2,5 % par an. Comment expliquer de telles différences ? De quoi dépend la croissance économique ?

a. La croissance extensive : le rôle des facteurs de production

La production de biens et services résulte de la combinaison de deux **facteurs de production** : le capital et le travail. Ainsi, plus une économie dispose de facteurs de production, plus elle est capable de produire davantage : c'est ce que l'on appelle la **croissance extensive**. Le taux de croissance d'une économie dépend donc des quantités de facteurs de production dont elle dispose.

L'influence du facteur travail sur la croissance dépend de deux éléments :

- de l'évolution de la **population active**, c'est-à-dire du nombre de personnes en âge de travailler et disponible pour exercer un emploi. Un pays avec une forte croissance démographique bénéficie de plus de travailleurs et donc d'une croissance plus soutenue, à l'inverse d'un pays dont la population vieillit ;
- du **capital humain** dont dispose la main-d'œuvre d'un pays, c'est-à-dire de l'ensemble des compétences, qualifications et connaissances qu'elle possède.

L'accumulation du capital quant à elle repose sur la part de la richesse nationale affectée à l'**épargne**. L'épargne désigne la part du revenu qui n'est pas consommée et sert à financer l'investissement :

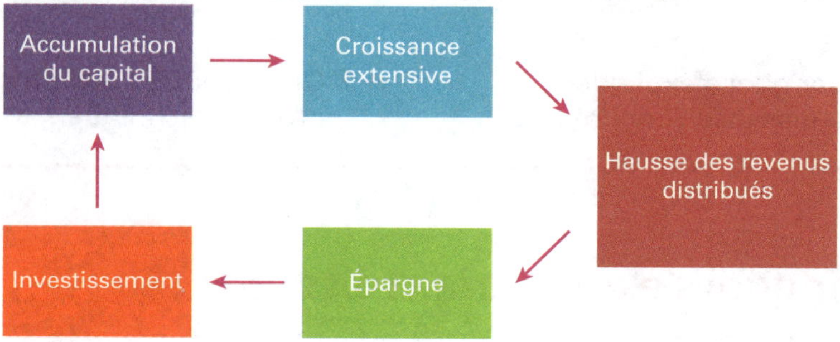

b. La croissance intensive : l'apport du progrès technique

À long terme, la croissance économique est principalement due au **progrès technique**, c'est-à-dire à l'amélioration des techniques et des matériaux utilisés pour produire. Les innovations apportées permettent en effet d'améliorer l'efficacité de processus de production. Ainsi, le progrès technique s'accompagne de **gains de productivité** qui consistent en la hausse de la production pour une même quantité de facteurs de production utilisés.

On parle de **croissance intensive** lorsque l'augmentation de la production est plus que proportionnelle à celle des facteurs utilisés. La croissance intensive est liée au progrès technique.

EXEMPLE

En 1960, le PIB/habitant de la Corée du Sud était comparable à celui du Cameroun. Aujourd'hui, il est presque équivalent à celui de la France, et 10 fois supérieur à celui de son voisin, la Corée du Nord.

La croissance spectaculaire observée en Corée du Sud s'explique par 3 phases :

1. Un développement axé sur l'essor des exportations et l'ouverture du pays aux investissements internationaux (années 1960).
2. Les afflux massifs de capitaux étrangers ont ensuite permis de financer la mise en place d'industries lourdes basées sur une technologie de pointe (métallurgie, automobile, électronique) dans les années 1970-80.

3. Au niveau international, les innovations apportées dans des secteurs clés de l'économie ont permis à la Corée du Sud d'obtenir une compétitivité-prix et hors-prix meilleure que ses concurrents. Cela a alimenté les flux d'investissements étrangers à l'origine de ses progrès technologiques et rendu possible d'autres avancées (années 1990).

La Corée du Sud a ainsi pu accroître considérablement son niveau de production, mais également transmettre des compétences et des qualifications nouvelles à sa main-d'œuvre : la croissance sud-coréenne se caractérise à la fois par une accumulation de capital physique et humain.

Le développement de la Corée du Sud a donc reposé sur un cercle vertueux entre investissements étrangers, progrès technique et accumulation de capital humain.

2 Quels sont les facteurs du progrès technique ?

Le progrès technique est un élément indispensable à la croissance : non seulement il améliore l'efficacité du processus de production, mais il permet également d'accroître les quantités de facteurs de production par la transmission de nouvelles compétences (hausse du capital humain) ou techniques (hausse du capital physique).

Il est donc important de comprendre quelles sont les conditions nécessaires à l'innovation et à la diffusion du progrès technique. Dans certains domaines, les défaillances du marché conduisent les pouvoirs publics à intervenir sous différentes formes.

a. Les « grappes d'innovations »

Afin de comprendre pourquoi le progrès technique est plus rapide à certaines périodes qu'à d'autres, **Joseph Schumpeter** (1883-1950), a développé une théorie dans laquelle les cycles économiques s'expliquent par des successions de « grappes d'innovations ». Selon lui, le développement est impulsé par une innovation majeure (révolution technologique, nouvelle organisation du travail…) qui engendre une série d'innovations mineures venant compléter l'avancée majeure. Ces nouvelles techniques créent de nouveaux secteurs d'activité mais détruisent également d'anciennes professions désormais dépassées. C'est pourquoi Schumpeter parle de « destruction créatrice » pour qualifier les bouleversements entraînés par le progrès technique. Sa théorie l'amène à distinguer plusieurs types d'innovations :

Trois types d'innovations	Exemples d'innovations majeures	Exemples d'innovations mineures
Innovations de produits	L'automobile	L'essuie-glace, l'autoradio, le GPS...
Innovations de procédés	La vente en ligne	Publicités sur internet, apparition de l'e-commerce
Innovations organisationnelles	La sous-traitance	Nouvelles formes de contrat de travail (intérim, temps partiel...)

Deux facteurs déterminent le développement d'une économie de la connaissance et de l'innovation :

- la taille des marchés car le lancement de nouveaux produits implique des coûts fixes importants. Il faut donc des débouchés importants afin de les amortir ;
- le niveau d'éducation est un préalable aux dépenses de recherche et développement. Une main-d'œuvre qualifiée, à même de maîtriser les avancées technologiques, est donc une condition essentielle du progrès technique.

b. Le rôle de l'État

Une des défaillances majeures du marché réside son incapacité à résoudre le problème des **externalités**. Dans les cas des innovations, cela peut conduire les entreprises à ne pas investir pour innover. En effet, une innovation peut avoir des effets bénéfiques pour l'ensemble de la collectivité, alors que son coût est uniquement supporté par la firme innovante. C'est pourquoi l'État doit intervenir pour rendre possible les innovations et ainsi soutenir la croissance.

EXEMPLE

La découverte d'un vaccin contre une maladie contagieuse profite à l'ensemble de la population. Toutefois, les dépenses nécessaires à sa conception sont supportées uniquement par les producteurs. Ainsi, personne n'est incité à les prendre en charge.

De plus, en supposant qu'une firme parvienne à concevoir un vaccin révolutionnaire, cela ouvrirait un marché à toutes les firmes imitatrices qui pourraient ainsi décliner le vaccin sous différentes formes.

Par conséquent, les États participent directement au financement des dépenses de recherche et développement au moyen de subventions, de programmes d'aides ou encore en développement des institutions de recherche et de formation sur le territoire.

EXEMPLE

En France, les administrations publiques prennent en charge directement plus de 40 % des dépenses de recherche et développement pour l'année 2011. À cela s'ajoutent les crédits d'impôts qu'elles octroient à certaines firmes innovantes.

De plus, les États ont progressivement mis en place des lois et dispositifs pour protéger la propriété intellectuelle. Par exemple, les **brevets** garantissent le droit à une entreprise qui a fait une découverte (en général une nouvelle technique) d'exclure quiconque de l'utiliser durant un certain temps. Cela lui assure de capter les profits issus de ses dépenses de recherche et développement.

En effet, les coûts des entreprises liés à leurs dépenses d'innovation sont très élevés et par définition ont des résultats incertains. Les brevets permettent ainsi de minimiser les risques pour une entreprise innovante en lui offrant des retombées certaines en cas de découverte.

Le développement d'un droit de propriété intellectuel par l'État est donc capital pour inciter les firmes à investir. Un cadre institutionnel favorable à l'introduction et la diffusion des innovations sont nécessaires pour soutenir la croissance.

9 Les Firmes Multinationales dans l'économie mondiale

1 Quel rôle jouent les multinationales dans l'économie ?

Les **Firmes Multinationales** (FMN) sont des entreprises dont l'activité s'étend à l'échelle de plusieurs pays. Si les premières FMN sont très anciennes, on assiste à une véritable explosion de leur nombre depuis les années 1980. Quelles sont les conséquences de cette évolution majeure de l'économie sur l'organisation de la production et des échanges ? Les États sont-ils affaiblis par le poids grandissant des FMN ?

a. L'impact des FMN sur la croissance

Les conséquences de l'activité des FMN sont très différentes selon le point de vue d'où l'on se place :

	Dans le pays d'accueil	Dans le pays d'origine
Effets directs de l'activité des FMN	Création d'emplois, transferts de technologie	Destructions d'emplois, désindustrialisation
Effets indirects de l'activité des FMN	Création d'emplois en amont et en aval du secteur d'activité de la FMN	Stagnation des salaires face à la concurrence internationale
Effets globaux de l'activité des FMN	Positifs pour la croissance et l'emploi	Négatifs pour la croissance et l'emploi

Ces conclusions doivent toutefois être nuancées :

- dans le pays d'implantation, la mauvaise qualité des services publics ou bien l'absence d'un réseau suffisamment développé de fournisseurs et partenaires peut pousser une FMN à **relocaliser** son activité, c'est-à-dire à l'exercer de nouveau dans le pays dont elle est originaire ;

EXEMPLE

Les Taxis Bleus ont renoncé à leurs centres d'appels installés au Maroc après avoir constaté une forte baisse de la qualité des appels téléphoniques.

- dans le pays d'origine, les **gains de productivité** réalisés par les FMN en installant leur activité à l'étranger se traduisent par le rapatriement de profits plus importants, et donc des revenus fiscaux également plus conséquents pour les États.

b. L'influence des FMN sur le commerce international

Les FMN fabriquent et développent leurs produits à travers le monde en effectuant des **investissements directs à étranger (IDE)**. Les IDE désignent les mouvements internationaux de capitaux par lesquels des agents économiques résidents créent ou développent des entreprises à l'étranger. Les IDE ne sont pas de simples placements financiers (investissements de portefeuille). Ils impliquent en effet une participation supérieure ou égale à 10 % du capital de la firme rachetée ou créée. Cela suppose l'existence d'une influence de long terme de l'investisseur dans la gestion de l'entreprise acquise.

Entre 1990 et 2014, le taux de croissance moyen des échanges internationaux s'élève à 5,1 % par an. Ce rythme très soutenu s'explique largement par l'explosion du nombre d'IDE réalisés par les FMN. En effet, on observe que les zones économiques où les importations et les exportations augmentent le plus rapidement sont également celles dans lesquels les flux d'IDE sont les plus importants :

EXEMPLE

	Taux de croissance des exportations (2005-2014)	Destinations des IDE (2011)
Asie	13 %	29 %
Union Européenne	12 %	26 %
Amérique du Nord	7 %	21 %
Amérique du Sud	2 %	15 %

2 Quelles sont les stratégies des FMN ?

Par leurs IDE, les FMN jouent un rôle majeur dans le développement des économies. Mais quels sont les critères qui déterminent la localisation de leurs activités ? Pourquoi décident-elles de s'implanter massivement en Asie et délaissent-elles d'autres régions comme l'Afrique ?

a. Le choix de la localisation des activités

On distingue 2 catégories d'IDE :

- les **IDE horizontaux** consistent pour la FMN à répliquer dans d'autres pays son unité de production d'origine (usines, etc.). L'objectif est de faire diminuer le coût de production ;

EXEMPLE

C'est le cas de Renault qui, début 2016, a inauguré à Wuhan sa première usine en Chine. Celle-ci a une capacité de production de 150 000 voitures par an et une main-d'œuvre nettement plus bon marché qu'en France.

- les **IDE verticaux** consistent pour la FMN à décomposer le processus de production entre différents pays afin de bénéficier des avantages de chacun. On parle de **Division Internationale du Processus Productif (DIPP)** pour qualifier la production de marchandises dont les différentes étapes sont réparties sur plusieurs pays. Cette forme d'IDE se traduit par la création de nombreuses filiales par les FMN.

EXEMPLE

La production de l'IPod par l'entreprise Apple (USA) est décomposée entre plusieurs pays afin de maximiser les gains de productivité :

- l'assemblage des pièces ainsi que la production des disques durs se font en Chine. Ces tâches répétitives peuvent être effectuées par une main-d'œuvre non spécialisée, ce qui permet à Apple de s'implanter dans un pays où elle a un faible coût ;
- la production de la mémoire mobile et du module d'affichage se déroule au Japon où une main-d'œuvre qualifiée et une technologie de pointe garantissent la qualité du produit ;

- la fabrication de composantes intermédiaires en termes de qualification de la main-d'œuvre et technologie (contrôleur vidéo, mémoire SDRAM) s'effectue soit en Corée, soit à Taïwan où Apple bénéficie d'une main-d'œuvre formée mais bon marché par rapport aux salaires en cours aux États-Unis ;
- la conception et le marketing du produit se déroulent aux États-Unis où sont prises toutes les décisions stratégies de l'entreprise.

Quelle que soit la nature des IDE, la stratégie des FMN est guidée par la recherche d'avantages compétitifs sur leurs concurrents.

Robert Vernon a avancé une autre raison à l'origine des choix des FMN de délocaliser ou non leurs activités. On parle de **délocalisations** lorsqu'il y a déplacement d'unités de production d'un pays vers un autre. Pour Vernon, lorsque la FMN s'implante à l'étranger, c'est pour prolonger la durée de vie d'un produit en fin de course sur son marché national :

	Lancement du produit	Croissance du produit	Maturité du produit	Déclin du produit
Volume des ventes	Début des ventes	Hausse des ventes	Stagnation des ventes	Baisse des ventes
Type de phases	Développement du produit	Saturation du marché intérieur	Exportation du produit	Délocalisation de la production
Marché visé	Marché intérieur		Marché international	
Nature de la firme	Firme nationale		FMN	

b. Le rôle des États pour attirer les FMN

Compte tenu de l'impact des FMN sur la croissance et le commerce mondial, les États sont incités à développer des politiques destinés à rendre plus attractif leur territoire et attirer les IDE. L'attractivité des États est donc un critère important dans la stratégie des FMN.

Pour une FMN, différents éléments déterminent l'attractivité d'un territoire :

- facteurs économiques principaux : fiscalité, niveau des salaires, formation et productivité de la main-d'œuvre, législation en matière de droit du travail ;
- facteurs relatifs à l'environnement dans lequel la FMN mène son activité : qualité des infrastructures du pays, accessibilité des services publics, sécurité des biens et des personnes…

Afin de favoriser la croissance et l'emploi, les États mettent en place de nombreuses mesures pour attirer les FMN. Cela se traduit par une concurrence exacerbée entre les pays, parfois au détriment des populations.

On parle de ***dumping* social** pour qualifier l'intensification de la concurrence entre travailleurs depuis la mondialisation. Dans les pays occidentaux, le dumping social prend la forme de remises en cause de certains acquis sociaux. Dans les pays émergents, il s'exprime par le fait de chercher à profiter de coûts salariaux très faibles ainsi que d'une réglementation du travail légère pour attirer des FMN.

EXEMPLE

Les réformes Hartz menées entre 2003 et 2005 ont permis à l'Allemagne de restaurer sa compétitivité internationale au prix d'un ensemble de suppressions d'avantages sociaux : flexibilisation des contrats de travail, allongement de la durée de temps de travail…

Le ***dumping* fiscal** désigne l'ensemble des politiques fiscales avantageuses menées par un pays afin de faire venir sur son territoire des capitaux ou des entreprises.

EXEMPLE

De nombreuses sociétés déclarent leurs revenus en Irlande où l'impôt sur les sociétés est seulement de 12,5 % contre 27 % en moyenne dans l'Union Européenne. Cela lui permet de capter des revenus fiscaux conséquents.

10 Les inégalités de revenus et de patrimoine des ménages

- **1** Comment se forment les revenus et le patrimoine ?
- **2** Par quoi s'expliquent les inégalités de revenus ?

1 Comment se forment les revenus et le patrimoine ?

Pour pouvoir consommer, épargner et produire, les agents économiques ont besoin de disposer de ressources. Quelle est l'origine des revenus dont ils disposent ? Par quoi s'expliquent les différentes catégories de revenus ? Et pourquoi certains perçoivent-ils plus que d'autres ?

a. La composition du revenu et du patrimoine

Les **revenus** sont constitués de l'ensemble des rémunérations perçues par un agent économique au cours d'une période donnée. Ils représentent ce qu'un individu peut dépenser sans puiser dans ses réserves durant la période considérée, c'est-à-dire sans s'appauvrir. Les revenus désignent donc un **flux** : ils correspondent à une circulation de richesses entre agents économiques. On distingue :

- les revenus primaires qui rémunèrent l'activité des facteurs de production. Le travail est rémunéré par le salaire et le capital par le profit ;
- les revenus de transferts qui sont issus des mécanismes de redistribution mis en place par l'État : Assedic, RSA, allocations familiales…

À partir de cette distinction, il est possible de définir le **revenu disponible** des ménages, qui est le revenu dont dispose effectivement les agents pour consommer ou épargner :

Revenu disponible = Revenus primaires + Revenus de transferts – Prélèvements obligatoires (impôts…)

EXEMPLE

Supposons un salarié qui perçoit un revenu primaire mensuel de 2000 euros, touche 200 euros d'allocations familiales et paye des impôts à hauteur de 300 euros (par mois). Son revenu disponible est égal à : 2 000 + 200 – 300 = 1 900 euros.

Le revenu disponible est une notion particulièrement importante car il renseigne sur la capacité des ménages à consommer et financer l'investissement (via l'épargne).

Le **patrimoine** désigne quant à lui l'ensemble des biens possédés par un agent économique. À l'inverse des revenus, le patrimoine ne correspond pas à un **flux économique**, mais à un stock. Il comprend des actifs corporels (terrains, bâtiments, équipements), incorporels (logiciels, brevets) ainsi que des actifs financiers (titres).

b. La formation des salaires

Le salaire constitue la rémunération monétaire du facteur travail. D'un point de vue économique, les écarts de salaires s'expliquent principalement par le caractère hétérogène du travail :

- le travail peut être qualifié ou peu qualifié : les qualifications comprennent l'ensemble des compétences, connaissances et savoir-faire du salarié. Le travail est considéré qualifié quand la main-d'œuvre est formée spécifiquement pour exercer les tâches pour lesquelles elle est employée. Le niveau de formation est donc un facteur important pour expliquer les différences salariales ;
- le travail est inégalement productif : la **productivité** du travail désigne le rapport entre le niveau de la production et la quantité de travail mis en œuvre pour l'obtenir. Plus un travailleur est productif, plus son salaire est élevé.

Au niveau international, le progrès technique et la concurrence internationale viennent renforcer les inégalités de salaires. Le progrès technique entraîne des besoins en termes de main-d'œuvre qualifiée ce qui diminue la demande de main-d'œuvre peu qualifiée. Ainsi, plus un pays se développe, plus sa main-d'œuvre peu qualifiée est contrainte d'accepter de faibles rémunérations. La concurrence internationale renforce ce phénomène en exposant les travailleurs à la concurrence des pays à bas salaires. La **délocalisation** de certaines activités freine ainsi la progression des bas salaires.

Enfin, des facteurs sociaux-culturels interviennent également dans la formation des salaires. En particulier, l'âge et le genre jouent un rôle important dans les écarts constatés. Un salarié ayant de l'ancienneté est considéré comme plus productif, et est donc mieux rémunéré tandis que pour un travail équivalent, les femmes sont souvent moins bien payées que les hommes.

De même, l'influence des syndicats dans une entreprise permet de mieux négocier d'éventuelles hausses de salaires. Or, celle-ci varie d'une entreprise à l'autre (ou d'un secteur à l'autre), ce qui peut expliquer des différences pour une même activité.

EXEMPLE

Bien que difficiles à mener, certaines études suggèrent que les différences de salaires entre secteurs fortement syndiqués et secteurs faiblement syndiqués seraient de l'ordre de 10 à 15 % en France. La présence de syndicats forts offre également de nombreux avantages en nature (comité d'entreprise, assurances maladie, intéressement...).

2 Par quoi s'expliquent les inégalités de revenus ?

Les revenus et le patrimoine sont répartis de manière inégale entre les agents économiques. Si les écarts de salaires contribuent à ces différences, les inégalités de revenus découlent surtout du partage de la **valeur ajoutée** entre capital et travail.

a. La mesure des inégalités

Les inégalités de revenus étant de nature très diverses, elles sont mesurées par de nombreux indicateurs :

- les **rapports inter-déciles**. Les déciles sont les valeurs qui partagent la distribution des revenus en 10 parties égales. Elles permettent de calculer des rapports entre les différents déciles : les rapports inter-déciles. Les rapports inter-déciles peuvent être variés et renseignent sur les causes des inégalités. Il est également possible de mesurer des rapports inter-centiles en divisant en 100 parties égales la répartition des revenus ;

EXEMPLE

Le décile le plus faible, D1, indique le niveau de revenu au-dessous duquel se situent 10 % des revenus. Le décile le plus élevé, D9, indique le niveau de revenu au-dessous duquel se situent 90 % des revenus.

Le rapport D9/D1 mesure l'écart entre le haut et le bas de la distribution et renseigne donc sur la taille des inégalités de revenus.

Les rapports D9/D5 ou D5/D1 permettent eux de spécifier ces inégalités en comparant soit les hauts revenus, soit les bas revenus à la médiane de la distribution. Il est ainsi possible de préciser la concentration des revenus par tranches, et donc de mieux cerner l'origine des inégalités (revenus élevés très importants, concentration élevée de faibles revenus, etc.).

- le **coefficient de Gini** est un indicateur des inégalités variant de 0 à 1. Plus l'indice est élevé et s'approche de 1, plus les inégalités sont grandes ;

EXEMPLE

Les pays avec le plus faible indice de Gini sont le Danemark, le Japon et la Suède. Ils possèdent un indice de Gini approximativement égal à 0,25. À l'inverse, les pays d'Amérique du Sud ont des coefficients supérieurs à 0,5 parmi les plus élevés au monde.

- la **courbe de Lorenz** est une représentation de l'écart entre une répartition parfaitement égalitaire des revenus (bissectrice du plan) et la réalité de cette répartition. Le graphique dans lequel elle est représentée indique en abscisses le pourcentage de la population et en ordonnées le pourcentage des revenus détenus.

EXEMPLE

Une répartition parfaitement égalitaire des revenus est représentée par la bissectrice du plan. Dans ce cas, 10 % de la population détient 10 % des revenus, 20 % détient 20 % des revenus, etc. Plus la courbe de Lorenz s'en rapproche, moins les inégalités sont grandes.

b. Les liens entre inégalités et croissance

La **courbe de Kuznets** représente la corrélation entre l'évolution des inégalités et le niveau de développement d'un pays. Elle possède la forme d'une cloche (ou d'un U inversé) : elle affirme que les inégalités augmentent lorsqu'un pays se développe puis tendent à diminuer au cours du temps. Ce phénomène s'explique car, au cours des premières années de développement, l'investissement se concentre dans certains secteurs, en particulier l'industrie, ce qui accentue les inégalités. Puis, dans un second temps, les inégalités diminuent grâce à l'accroissement du capital humain qui permet aux autres secteurs de rattraper les branches à l'origine du développement économique du pays.

Pendant longtemps, la courbe de **Kuznets** a semblé décrire correctement ce qui se passait dans les pays occidentaux : le développement coïncidait avec une diminution relative des inégalités. Mais, elle n'a pas été pleinement confirmée en Asie où certains pays ont connu un développement sans augmentation des inégalités. Et, surtout, elle est aujourd'hui invalidée par la montée des inégalités dans les pays occidentaux.

Cette augmentation des inégalités provoque une hausse du taux de pauvreté. Le **taux de pauvreté** correspond à la proportion d'individus dont le niveau de vie est inférieur pour une année donnée à un seuil, dénommé seuil de pauvreté. Ce seuil de pauvreté peut être calculé de deux manières :

- il peut être fixé relativement au **salaire médian** qui est le niveau de salaire tel que la moitié de la population considérée gagne plus, et l'autre moitié moins (à ne pas confondre avec le salaire moyen qui correspond lui à la moyenne des salaires d'une population). Le seuil de pauvreté est fixé à 60 % du salaire médian en Europe et 50 % en France ;
- il peut être déterminé par une somme d'argent minimale. En dessous de cette somme, l'individu n'est pas capable de subvenir à ses besoins primaires.

EXEMPLE

En France, le nombre de personnes touchant moins de 50 % du salaire médian a augmenté d'un million entre 2004 et 2013. La France compte ainsi 4,9 millions de pauvres. Le taux de pauvreté s'élève ainsi à 7,7 % de la population.

Si l'on se réfère à la définition de l'Union Européenne, ces chiffres sont encore plus importants. Ainsi, 8,5 millions d'individus gagnent moins que 60 % du salaire médian, ce qui correspond à un taux de pauvreté de 13,7 %.

Avec la crise financière de 2008, cette tendance s'observe dans beaucoup de pays occidentaux et vient contredire les conclusions de la courbe de Kuznets.

11 La politique de redistribution

- **1** En quoi consiste la politique de redistribution ?
- **2** La politique de redistribution est-elle efficace ?

1 En quoi consiste la politique de redistribution ?

La répartition des revenus par le marché entraîne de fortes inégalités, ainsi qu'un niveau parfois important de pauvreté. Pour corriger ces phénomènes, l'État redistribue les revenus de différentes manières. En quoi consiste son intervention ? Et surtout, dans quelle mesure est-elle efficace ?

a. La politique budgétaire et fiscale

La **politique budgétaire** désigne l'ensemble des modifications des dépenses publiques de l'État destinées à agir sur l'activité économique. Une augmentation des dépenses publiques correspond à une politique de relance de l'activité, dans le but de réduire le chômage et les inégalités.

À l'inverse, une réduction de celles-ci caractérise une politique d'austérité (généralement destinée à lutter contre les risques d'**inflation**).

EXEMPLE

Les entreprises d'insertion ont pour objectif d'accueillir et d'accompagner des individus en situation d'exclusion en leur offrant du travail. Chaque poste créé donne droit à une subvention de l'État, ce qui représente une dépense publique. Les dépenses publiques peuvent ainsi permettre de réduire les inégalités et l'exclusion sociale.

Les dépenses de l'État contribuent à financer les services publics. Ceux-ci jouent un rôle crucial dans la lutte contre la pauvreté et les inégalités en permettant à l'ensemble de la population d'accéder à des services essentiels, tels l'éducation, la justice, la santé, etc. La redistribution ne s'effectue ainsi, pas uniquement sous forme monétaire, mais également en nature en fournissant à tous un ensemble de services gratuits.

Pour financer la politique budgétaire, l'État collecte des impôts (ou bien emprunte sur les **marchés financiers**). On appelle **politique fiscale** l'ensemble des décisions prises par l'État en matière d'imposition. La politique fiscale constitue un aspect de la politique budgétaire.

En particulier, la progressivité de l'impôt sur le revenu est un instrument de lutte contre les inégalités. La progressivité signifie que plus les revenus augmentent plus le taux d'imposition sur le revenu augmente. Elle permet de redistribuer les richesses en taxant davantage les plus hauts revenus dans le but de fournir des services à l'ensemble de la population.

EXEMPLE

En France, un individu déclarant 20 000 euros par an est taxé de la manière suivante :

- 0 % sur ses 9 700 premiers euros ;
- 14 % sur ses revenus allant de 9 700 à 20 000 euros.

Son taux moyen d'imposition est légèrement supérieur à 7 %.

Un individu déclarant lui 30 000 euros par an subira les prélèvements suivants :

- 0 % sur ses 9 700 premiers euros ;
- 14 % sur ses revenus allant de 9 700 à 26 791 euros ;
- 30 % sur ses revenus allant de 26 791 à 30 000 euros.

Son taux moyen d'imposition est cette fois-ci supérieur à 11 %.

b. Le système de protection sociale

Une autre dimension de la politique de redistribution de l'État concerne la **protection sociale**. La protection sociale recouvre l'ensemble des transferts versés par l'État à des individus afin de les protéger contre six grandes catégories de risques sociaux :

Risques sociaux	Exemples d'actions de l'État
Vieillesse	Versement de pensions de retraite
Santé	Prise en charge totale ou partielle d'une large gamme de frais médicaux
Chômage	Versement d'indemnités à la suite d'une perte d'emploi
Famille	Versement d'allocations familiales

Logement	Existence d'aides au logement (APL)
Pauvreté et exclusion sociale	Existence d'un revenu minimum (RSA)

Le système de protection sociale repose sur une double logique :

- **une logique d'assurance** pour protéger les agents économiques face un ensemble de risques. Il en découle une **redistribution horizontale** des revenus c'est-à-dire qu'une partie de la population paye pour les services dont bénéficie un autre groupe (les biens portants pour les malades, les actifs pour les retraités, etc.). Tous les individus, quel que soit leur niveau de revenus bénéficient de cette protection.
- **une logique de solidarité** entraînant elle une **redistribution verticale** des revenus. La redistribution verticale s'effectue entre catégories de revenus différentes, les plus riches finançant les aides apportées aux plus démunis. Elle a pour objectif de réduire les inégalités économiques.

2 La politique de redistribution est-elle efficace ?

L'efficacité des politiques de redistribution, ainsi que ses effets sur l'activité sont des points très controversés entre économistes. Certains y voient une nécessité, d'autres une nuisance pour l'économie.

a. Les succès de la redistribution

Selon les keynésiens (les héritiers de la pensée de **Keynes**), la politique de redistribution est non seulement nécessaire pour réduire les inégalités et la pauvreté, mais elle est également fondamentale pour soutenir la croissance économique :

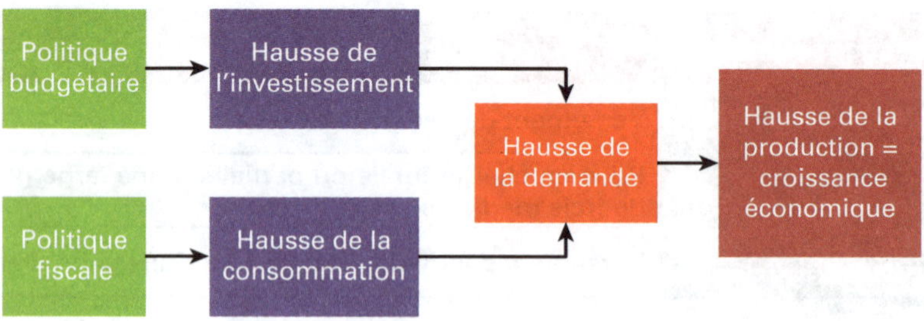

De plus, la politique de redistribution a permis de nombreux progrès en matière d'éducation et de santé grâce aux services publics fournis par l'État.

EXEMPLE

La Finlande est l'un des pays où la redistribution est la plus forte. Elle obtient d'excellents indicateurs de santé (espérance de vie supérieure à 80 ans) et d'éducation (meilleur système éducatif européen).

À l'inverse, aux États-Unis où la redistribution est nettement plus faible, ces mêmes indicateurs sont bien en deçà des pays européens. De plus, les inégalités y sont nettement plus marquées avec un taux de pauvreté 3 fois plus important qu'en Finlande.

Ces progrès se répercutent sur le stock de **capital humain** dont dispose l'économie. En effet, les services publics en matière de santé et d'éducation ont des conséquences positives sur la main-d'œuvre qui est mieux qualifiée et opérationnelle. Les travailleurs sont ainsi plus productifs. L'action de l'État permet donc d'augmenter le volume de capital humain, ce qui est source de progrès technique et de croissance.

b. Des politiques remises en cause

L'efficacité de la redistribution est néanmoins remise en cause aujourd'hui. La politique fiscale est particulièrement visée par les économistes libéraux. Selon eux, une trop forte imposition a un impact négatif sur la croissance économique, ce qu'ils ont résumé par le slogan : « trop d'impôts tue l'impôt ».

La **courbe de Laffer** met en évidence que la relation positive entre taux d'imposition et recettes fiscales de l'État s'inverse lorsque le taux d'imposition devient trop élevé. Ce paradoxe s'explique par le fait que la croissance économique diminue lorsque le taux d'imposition dépasse un certain niveau, ce qui fait diminuer les rentrées fiscales de l'État (via la TVA en particulier). Les conclusions de la courbe de Laffer sont néanmoins très discutées car de nombreuses études statistiques sont venues la contredire.

La redistribution est également attaquée en raison des difficultés relatives au financement de la protection sociale. En France, l'ensemble des organismes de protection sociale (la Sécurité sociale) est confronté depuis de nombreuses années à un grave problème de déficits. Leurs dettes augmentent à un rythme plus rapide que la richesse nationale à partir de laquelle sont prélevées leurs ressources. Les branches les plus affectées sont la maladie et la vieillesse. Ce phénomène est devenu d'autant plus problématique que la France a atteint un niveau d'endettement public très élevé et cherche donc à réduire ses dépenses.

EXEMPLE

En France, la question de la réforme du système de retraite occupe une place centrale dans la vie politique depuis deux décennies. Le vieillissement de la population (avec le départ à la retraite des générations nombreuses du *baby-boom*) ainsi que la diminution de la durée de la vie active ont remis en cause la viabilité de son financement.

Ainsi, de nombreuses mesures ont été entreprises afin de restaurer l'équilibre financier du système de retraite :

- en 1993, une première réforme allonge le nombre d'années prises en compte dans le calcul de la pension de retraire (des 10 aux 25 meilleures) pour les salariés du secteur privé. Ce dispositif permet de réduire le montant des pensions versées, la moyenne des 25 meilleures années de salaires (à partir de laquelle les pensions sont calculées) étant quasiment systématiquement inférieure à celle des 10 meilleures ;
- en 2003, la durée de cotisation pour bénéficier d'une pension à taux plein (soit 50 % du salaire) est rallongée passant de 37,5 ans à 40 ans ;
- en 2010, l'âge minimum légal de départ à la retraite passe de 60 à 62 ans ;
- en 2013, la durée de cotisation pour bénéficier d'une pension à taux plein est de nouveau augmenter d'un trimestre tous les 3 ans pour atteindre 43 ans en 2035. La réforme prévoit également une hausse des cotisations pour les actifs.

12 La répartition des richesses au niveau mondial

- 1 Comment ont évoluées les inégalités entre pays ?
- 2 Les inégalités dans les pays riches

1 Comment ont évoluées les inégalités entre pays ?

La **mondialisation** a-t-elle permis de réduire les inégalités ? L'accroissement de la production et des échanges au niveau mondial a-t-elle fait converger les niveaux de vie entre les différentes régions du monde ?

a. Une montée des inégalités mondiales

Depuis 1990, l'Amérique du Sud est le seul continent où les inégalités se sont réduites. Elles y demeurent néanmoins parmi les plus importantes au monde. Partout ailleurs, leur aggravation est une tendance lourde depuis 3 décennies et les écarts entre pays les plus riches et pays les plus pauvres ne cessent de s'accroître.

Les récents travaux de Thomas Piketty ont montré qu'en 2012, si les revenus étaient répartis de manière parfaitement égalitaire, chaque individu pourrait disposer de 760 euros par mois. La réalité est nettement plus contrastée :

La répartition du PIB mondial en 2012

	PIB (en milliards d'euros)	PIB/habitant (en euros)	Équivalent en revenu mensuel/habitant
Monde	71 200	10 100	760
Union Européenne	14 700	27 300	2 040
Amérique du Nord	14 300	40 700	3 050
Asie	30 000	7 000	520
Afrique	2 800	2 600	200

Le revenu mensuel moyen en Amérique du Nord est ainsi environ 15 fois plus grand qu'en Afrique et 6 fois plus qu'en Asie. Ces inégalités s'expliquent par le fait que les pays les moins avancés sont largement restés exclus de la mondialisation et de la croissance du PIB mondial.

Par ailleurs, les inégalités de **patrimoine** sont encore plus marquées que les différences de revenus. En 2012, la moitié la plus pauvre de la population mondiale ne détenait que 0,5 % de la richesse mondiale ! À l'inverse, les 10 % les plus riches possédaient eux 86 % du patrimoine mondial.

b. Le cas des économies émergentes

Grâce à la mondialisation, un certain nombre de pays a toutefois bénéficié de l'augmentation de la richesse mondiale. C'est particulièrement le cas en Asie, avec l'exemple de la Chine : entre 1994 et 2013, le PIB/habitant de la Chine a été multiplié 15 !

Il s'agit d'une croissance extrêmement rapide qui témoigne de son poids grandissant sur la scène internationale. En effet, l'enrichissement de la Chine, ainsi que des 4 « Dragons Asiatiques » (Taïwan, Corée du Sud, Singapour et Hong Kong) repose principalement sur leur participation aux échanges internationaux. En 1983, ces pays représentaient seulement 7 % des exportations mondiales. En 2010, ce même chiffre avait pratiquement triplé et s'établissait à plus de 20 %.

Ainsi, le taux de croissance du PIB/habitant est aujourd'hui plus rapide dans ces pays que dans les pays riches. Ils rattrapent donc une partie de leur retard, ce qui réduit les inégalités mondiales. Cette tendance s'accompagne également d'une diminution du nombre de pauvres en Asie.

EXEMPLE

Entre 2001 et 2011, les pays d'Asie du Sud ont connu une croissance de 72 % de leur PIB/habitant et ceux d'Asie de l'Est de 65 %.

Sur la même période, le PIB/habitant n'a augmenté que de 11 % dans l'Union Européenne et de 7,5 % en Amérique du Nord.

Néanmoins de très grandes inégalités subsistent à l'intérieur même des pays émergents, et vont même en s'aggravant. Entre 1993 et 2008, le **coefficient de Gini** a par exemple fortement augmenté en Chine (de 0,26 à 0,42), en Inde (de 0,32 à 0,38), ou encore en Afrique du Sud (de 0,67 à 0,70). En 2008, les 20 % les plus riches en Russie détenaient pratiquement 50 % des revenus, contre seulement 30 % en 1993.

Les effets de la mondialisation sur les inégalités dans les pays émergents sont donc ambigus. D'un côté, les écarts entre pays émergents et pays occidentaux se réduisent. De l'autre, les inégalités à l'intérieur même des pays émergents augmentent très fortement.

2 Les inégalités dans les pays riches

Dans les pays riches, c'est ce creusement interne des inégalités qui est le plus préoccupant. En effet, depuis une dizaine d'années, le coefficient de Gini a également connu une augmentation significative dans ces pays :

Niveau d'inégalité de revenu

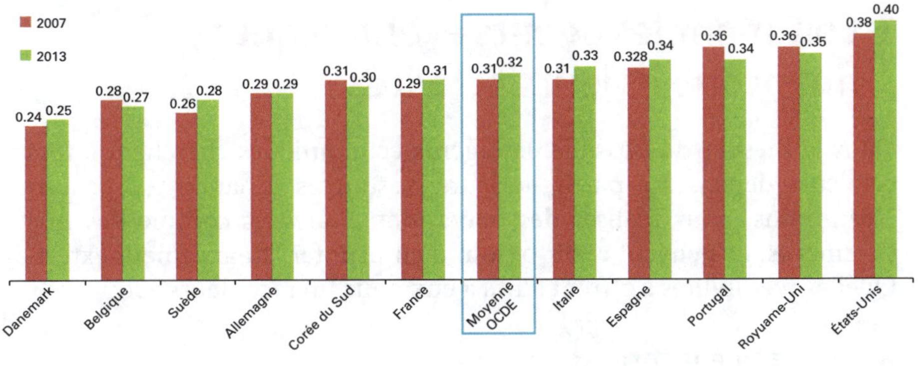

La situation est particulièrement préoccupante aux États-Unis où l'on assiste à une explosion des inégalités de revenus sans précédent depuis 40 ans.

EXEMPLE

Dans les années 70, les 1 % les plus aisés aux États-Unis percevaient 9 % des revenus. En 2010, ils représentent désormais 20 % des revenus. Dans le même temps, les revenus des 50 % les plus pauvres stagnaient, voire ont régressé.

Les inégalités sont également très marquées entre pays. En particulier, l'Union Européenne regroupe des états ayant des indicateurs de développement très hétérogènes :

- le PIB/habitant du Luxembourg est environ 5 fois plus élevé que celui de la Roumanie ;
- l'espérance de vie est proche de 82 ans en France tandis qu'elle est inférieure à 73 ans en Lettonie. ;
- il existe de très fortes inégalités scolaires, avec des durées de scolarisation bien plus faible dans les pays d'Europe de l'Est.

13 L'organisation du financement de l'économie

- 1 Comment les agents économiques financent-ils leurs activités ?
- 2 Comment fonctionnent les marchés financiers ?

1 Comment les agents économiques financent-ils leurs activités ?

Dans la mesure du possible, les agents économiques cherchent à financer leurs dépenses à partir de leurs ressources (financement interne). Néanmoins, pour réaliser des opérations coûteuses comme des investissements, ils peuvent avoir besoin d'emprunter (financement externe). Quelles possibilités s'offrent alors à eux pour financer leurs activités ?

a. La finance indirecte

Du point de vue financier, on distingue 2 catégories d'agents économiques :

- **les agents à capacité de financement** c'est-à-dire ceux dont les revenus sont supérieurs à leurs dépenses. Ils sont donc en mesure d'épargner ;
- **les agents à besoin de financement** c'est-à-dire ceux dont les revenus sont inférieurs à leurs dépenses. Généralement ce déséquilibre s'explique par les investissements réalisés par ces agents.

Il existe 2 manières pour mettre en relation l'épargne avec les besoins de l'investissement.

La première est utilisée par les ménages et les petites et moyennes entreprises (PME) : il s'agit de la **finance indirecte**. La finance indirecte est un circuit de financement dans lequel il existe un intermédiaire entre les agents à capacité de financement et les ceux à besoin de financement. Les banques constituent cet intermédiaire. Le rôle des banques est double. D'un côté, elles collectent l'épargne en rémunérant les dépôts bancaires des agents à capacité de financement (en dehors du compte-courant). De l'autre, elles prêtent aux agents à besoin de financement. Ce service n'est bien sûr pas gratuit : les banques font payer aux emprunteurs un **taux d'intérêt** qui leur permet de rémunérer les épargnants et de dégager un profit. Le taux d'intérêt désigne le pourcentage de la somme empruntée que le débiteur s'engage à rembourser à son créancier en plus du capital prêté.

EXEMPLE

Un couple place 15 000 euros sur un livret A rémunéré à 1 % par an. À la fin de l'année, ils disposent de 15 150 euros. Les 150 euros supplémentaires constituent les intérêts de leur placement.

Les banques jouent un rôle important car en collectant l'épargne, elles sont en mesure de prêter des sommes importantes. Elles rendent ainsi possible des projets qui auraient été très compliqués à financer autrement. Surtout, ce sont elles qui assument le risque d'un **défaut de paiement** du prêteur, c'est-à-dire d'un non-remboursement. Les banques sélectionnent donc les projets qu'elles financent ce qui minimise les projets à risques (et donc à pertes) pour l'économie.

b. La finance directe

La seconde manière de mettre en relation l'épargne avec l'investissement consiste à se passer d'intermédiaires. On parle de **finance directe** pour désigner le circuit de financement qui va directement des agents à capacité de financement vers ceux à besoin de financement.

La **finance indirecte** présente en effet plusieurs inconvénients :

- Elle implique des coûts appelés frais d'intermédiation liés à la rémunération des services fournis par les banques.
- Elle implique une dépendance des prêteurs par rapport aux banques qui peut être pénalisante pour leur activité (obtention d'une rallonge, modalités de renouvellement d'un emprunt, etc.).

Certains agents économiques préfèrent donc se passer d'intermédiaires pour financer leurs activités. La finance directe se déroule sur les **marchés financiers**, c'est-à-dire les marchés sur lesquels se rencontrent l'offre et la demande de capitaux à long terme et sur le **marché monétaire** pour les prêts de capitaux à court terme.

Seuls les plus grandes entreprises, l'État et les banques elles-mêmes ont accès à ces marchés. Ils s'y financent en émettant des titres. Un **titre**

financier est un actif qui donne le droit à son détenteur de percevoir des revenus futurs. Il existe de très nombreuses catégories de titres, les plus connus sont les actions et les obligations.

EXEMPLE

Les actions sont des titres de propriété : chaque action représente une part de l'entreprise. Supposons qu'une entreprise souhaite se financer en émettant des actions. Elle vend 1 000 actions à 50 euros l'unité. Cela lui permet de lever 50 000 euros.

En échange, les actionnaires perçoivent des intérêts sur les résultats de l'entreprise (les dividendes) et ont également un pouvoir de gestion proportionnel à la part du capital de l'entreprise qu'ils détiennent.

À la différence des actions, les obligations ne constituent pas un droit de propriété : elles représentent un emprunt. Il s'agit d'un engagement contractuel par lequel l'émetteur de l'obligation s'engage à payer au détenteur des versements déterminés à des intervalles fixes jusqu'à une certaine date, appelée échéance, à laquelle il rembourse l'intégralité de la somme empruntée.

Par exemple, supposons que l'État émette à 5 ans 10 millions d'euros en obligations au taux d'intérêt de 3 %. Cela signifie que chaque année, l'État verse 3 % de chaque obligation à leurs détenteurs et qu'au bout de 5 ans, il rembourse les 10 millions émis.

2 Comment fonctionnent les marchés financiers ?

Depuis les années 1980, les marchés financiers occupent une place grandissante dans le financement des activités. Comment sont-ils organisés ? Quels avantages procurent-ils ?

a. Le marché primaire

Le **marché primaire** est le lieu où les nouvelles émissions de titres sont effectuées par les agents économiques. Ce marché est très important car il finance directement la création et le développement des entreprises qui y recourent. Il permet ainsi le financement des nouveaux investissements nécessaires à la croissance économique et à l'amélioration de la compétitivité.

EXEMPLE

La firme chinoise de distribution, Alibaba Group, a réussi en 2014 la plus grande introduction en bourse de l'histoire en levant 25 milliards de dollars sur le marché primaire.

Les investisseurs peuvent acheter des titres sur le marché primaire par l'intermédiaire de leurs banques ou bien de sociétés financières (courtiers).

Le marché primaire contribue également à améliorer l'allocation des ressources entre activités et entre pays. En particulier, il permet d'attirer l'épargne étrangère qui n'aurait pas été aussi facilement accessible via un financement bancaire. De plus, il mobilise aisément l'épargne nationale. Le marché primaire facilite donc le financement de l'investissement, ce qui est bénéfique pour l'innovation et le progrès technique.

b. Le marché secondaire

Le **marché secondaire** est le lieu où s'échangent les titres déjà émis. Les transactions qui s'y déroulent ne concernent pas les émetteurs des titres et n'interviennent donc pas dans leur financement.

Il remplit deux fonctions essentielles :

- il **fixe la valeur des titres**. Sur le marché secondaire, certains agents cherchent à vendre les titres qu'ils ont dans leur portefeuille, d'autres souhaitent en acquérir. Le marché secondaire est le lieu de rencontre de l'offre et de la demande de titres. Il résulte de cette confrontation la détermination du prix des titres, que l'on appelle cours. Si un titre est plus demandé qu'offert, son cours va grimper c'est-à-dire son prix augmenter. Inversement, s'il est plus offert que demandé, le titre perd de sa valeur et voit son cours baisser ;

EXEMPLE

En théorie, le cours d'un titre est censé refléter la santé et les résultats futurs de son émetteur. Par exemple, si une entreprise s'apprête à faire des bénéfices records, il y a fort à parier que ses actions vont être très demandées afin de profiter de dividendes élevés.

Dans la réalité, le cours des titres est très volatil, c'est-à-dire qu'il varie beaucoup et de manière irrégulière. Cette forte volatilité des cours s'explique par les modifications permanentes des anticipations des investisseurs sur les événements économiques à venir. Pour minimiser les risques, les investisseurs sont incités à adopter les mêmes comportements : cette attitude mimétique peut les conduire à avoir des anticipations irrationnelles ce qui explique les déconnexions observées entre le cours des titres et les résultats des entreprises.

- le marché secondaire **assure la liquidité des titres**. En effet, il permet aux investisseurs de revendre à tout moment et sans coûts les titres qu'ils détiennent. S'ils n'avaient pas cette possibilité, ils seraient nettement moins incités à souscrire à des titres sur le marché primaire car leurs fonds seraient alors bloqués jusqu'à ce que le titre arrive à échéance.

La possibilité de revendre des titres minimise les risques pour les investisseurs qui peuvent revendre les actifs dont ils anticipent une baisse. De plus, grâce au marché secondaire, les titres représentent une épargne liquide qui leur permet de réaliser les opérations les plus rentables à chaque instant.

14 Le rôle des banques

- **1** Quelles sont les activités des banques ?
- **2** Comment les banques créent-elles de la monnaie ?

1 Quelles sont les activités des banques ?

Les banques constituent un acteur central dans le financement de l'économie. En quoi consistent précisément leurs activités et quels avantages procurent-elles aux agents économiques ?

a. L'intermédiation bancaire

Historiquement, le rôle premier des banques est de mettre en relation les agents à besoin de financement avec ceux à capacité de financement. Les banques remplissent cette fonction en collectant les dépôts et accordant des crédits.

L'intermédiation bancaire permet de diminuer les **coûts de transaction** et les risques pour les clients. Les coûts de transaction désignent les coûts induits par la réalisation d'un échange économique : frais de recherche de l'information, négociations, élaboration et suivi des contrats, etc.

Ainsi, en prenant à leur charge les opérations financières, les banques réduisent le temps et l'argent dépensé par les agents économiques pour réaliser ces transactions.

EXEMPLE

Imaginons qu'un entrepreneur souhaite se lancer dans un projet et connaisse un ami disposé à lui prêter de l'argent. Même dans une telle configuration, il existe des coûts de transaction : les deux amis devront contacter un juriste pour rédiger le contrat de prêt et fixer les conditions de paiement des intérêts.

Il serait plus intéressant pour le prêteur comme l'emprunteur de passer par un intermédiaire financier qui leur proposerait à chacun un contrat standardisé.

On distingue deux catégories de crédit bancaire : les crédits accordés aux ménages (crédit immobilier et automobile principalement) et ceux accordés aux entreprises (trésorerie et équipement).

De même, il existe différents types de dépôts :

- **les dépôts à vue** qui peuvent être retirés à tout moment sans coûts (comptes courants par exemple) ;
- **les dépôts à terme** qui nécessitent de temps ou des coûts pour être retirés (livret A, livret développement durable…) ;
- **les plans d'épargne** qui sont affectés à la réalisation d'un objectif spécifique : plan pour le logement (PEL), en actions (PEA) ou encore pour la retraite (PERP). Ces placements reposent souvent sur des virements périodiques.

b. Les relations avec les marchés financiers

Les banques ne limitent pas leur activité au crédit. Elles effectuent également de nombreuses opérations sur les marchés financiers.

On peut classifier ces activités en deux grandes catégories :

- d'une part, il y a les transactions qu'elles réalisent pour compte propre, c'est-à-dire dans leurs intérêts personnels ;
- d'autre part, il y a des opérations pour lesquelles elles servent d'intermédiaire financier.

Opérations pour compte propre	Opérations en tant qu'intermédiaire
Ventes et achats de titres	Ventes et achats de titres pour des clients (la banque perçoit des commissions)
Prêts et emprunts entre banques (gestion des liquidités)	Conseils en investissements
Gestion des fonds propres	Services en assurance

Depuis les années 1980, le fort développement des marchés financiers a entraîné une baisse importante de l'intermédiation traditionnelle (dépôts et crédits) au profit de ces nouvelles activités. Elles ont offert aux entreprises des moyens de financement plus diversifiées, et également des formes de placement concurrentes des dépôts bancaires (plus rentables ou plus liquides).

EXEMPLE

En France, la part des crédits dans l'actif des banques est passée de 84 % en 1980 à 38 % en 2002. Les crédits représentent désormais moins de la moitié des avoirs des banques.

Pour autant, cette tendance ne signifie pas que les banques sont amenées à disparaître. Elle indique simplement une transformation de leurs activités. Les banques et les marchés financiers sont ainsi complémentaires dans le financement de l'activité économique.

2 Comment les banques créent-elles de la monnaie ?

La **création monétaire** est le processus par lequel la monnaie est créée au sein d'une zone économique (généralement un pays, ou bien un groupe de pays comme dans le cas de l'euro). Les banques créent l'essentiel de la monnaie en accordant des crédits. Elles assurent donc une fonction essentielle au bon fonctionnement de l'économie : elles régulent le volume des moyens de paiement disponibles en fonction des besoins des agents.

a. La création monétaire de la Banque Centrale

La **Banque Centrale** d'une zone économique est une institution chargée d'appliquer la **politique monétaire**. Elle a pour fonction d'émettre de la monnaie et de réguler les systèmes bancaires et financiers. Son objectif est de garantir le bon déroulement des échanges en s'assurant qu'il n'y ait ni trop de monnaie en circulation (risques d'inflation), ni pas assez (pénalise la croissance). La Banque Centrale est également la « banque des banques » : les banques commerciales sont tenues par la loi d'y déposer une partie de leurs réserves monétaires.

La Banque Centrale détient le monopole de l'émission de pièces et de billets. Néanmoins, la majeure partie de la **masse monétaire** est aujourd'hui composée de **monnaie scripturale**. La monnaie scripturale désigne les sommes placées sur les comptes courants des banques. On parle de monnaie « scripturale » car elle est constituée des lignes d'écritures dans des comptes bancaires. Elle représente environ 90 % de la masse monétaire dans les économes modernes.

La Banque Centrale est en mesure de créer de la monnaie scripturale, mais d'un genre très particulier : elle crée de la **monnaie centrale**. La monnaie centrale est constituée des réserves bancaires déposées par les banques commerciales auprès de la Banque Centrale : il s'agit d'une monnaie qui ne circule qu'entre banques.

La Banque Centrale peut créer de la monnaie centrale en échange de titres que lui cèdent les banques commerciales :

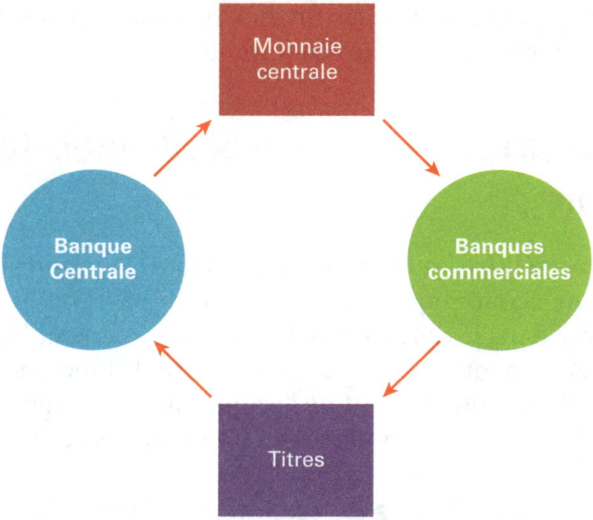

La monnaie centrale sert aux banques commerciales à régler les sommes qu'elles se doivent entre elles. Elles ne peuvent pas régler leurs dettes autrement qu'en utilisant la monnaie centrale.

EXEMPLE

Imaginons qu'un client de la BNP Paribas règle l'intervention de son électricien en lui remettant un chèque de 150 euros. L'électricien possède un compte à la Société Générale, il va y déposer son chèque la semaine suivante.

À l'arrivée, la BNP doit 150 euros à la Société Générale. Elle ne peut régler cette dette qu'en utilisant de la monnaie centrale.

b. La création monétaire par les banques commerciales

Les banques commerciales sont également en mesure de créer de la monnaie scripturale. En revanche, elles ne peuvent pas émettre de billets et de pièces.

La monnaie scripturale émise par les banques est celle qui circule entre les agents économiques. Il s'agit donc d'un second circuit, parallèle à celui de la monnaie centrale. Les banques sont en mesure de créer cette monnaie « à partir de rien », c'est-à-dire qu'elles ne disposent pas forcément des réserves équivalentes dans ses coffres.

EXEMPLE

Supposons qu'un client d'une banque lui demande un crédit de 10 000 euros pour démarrer un projet professionnel. Si la banque accepte de lui accorder le crédit, elle ajoute une ligne de crédit au compte du client de 10 000 euros. Elle vient de créer de la monnaie sans avoir besoin de détenir ces 10 000 euros ses réserves.

Les banques sont donc en mesure d'octroyer des prêts en créant de la monnaie. Cependant, elles ne peuvent pas créer de la monnaie de manière incontrôlée ou illimitée. Plusieurs facteurs viennent restreindre la création monétaire des banques :

- les banques doivent disposer de réserves monétaires auprès de la Banque Centrale, proportionnelles aux crédits qu'elles accordent. L'offre de crédit des banques est donc contrainte par la monnaie centrale dont elles disposent ;
- si une banque accorde trop de crédits, les agents à qui elle prête vont dépenser ces les sommes prêtées en biens et services. Ces achats vont constituer des recettes pour des agents économiques clients d'autres banques. La banque qui émet trop de crédit se retrouve donc endettées vis-à-vis des autres banques, et devra les rembourser en monnaie centrale (ce qui restreint sa possibilité d'accorder des prêts en créant de la monnaie) ;
- la demande de crédit : les banques peuvent créer de la monnaie en prêtant, encore faut-il qu'il y ait une demande ! Dans les périodes de crises en particulier, cette demande peut être faible et restreindre le pouvoir de création monétaire des banques.

15 La globalisation financière

1 Qu'est-ce que la globalisation financière ?

La **globalisation financière** est le processus par lequel les marchés financiers se sont internationalisés durant la seconde moitié du 20e siècle. Si elle a permis une meilleure allocation des ressources au niveau mondial, elle s'est également accompagnée d'une multiplication du nombre de crises financières. Comment expliquer ce phénomène et quels risques fait-il peser sur les économies ?

a. La règle des « 3 D »

La globalisation financière est une dimension de la mondialisation de l'économie. Tous les marchés sont de plus en plus internationaux pour permettre aux entreprises de faire des choix de production à l'échelle mondiale. En particulier, l'internationalisation du marché des capitaux est la plus poussée. Ainsi, la globalisation financière a permis d'accélérer la mobilité du capital financier qui est beaucoup plus forte que celle des biens et services, de la main-d'œuvre et du capital physique.

Cette internationalisation du système financier a conduit à donner au marché financier un rôle majeur dans le financement des entreprises. Elle repose sur l'application de la règle des « 3 D » pour « désintermédiation, déréglementation, décloisonnement » :

Déréglementation

Suppression de réglementations qui limitaient la circulation des capitaux au niveau mondial

Exemple

Mise en place d'un marché unique dans l'Union Européenne en 1986

Décloisonnement

Abolition des frontières séparant les divers types de marchés financiers les uns des autres

Exemple

Création d'indices boursiers internationaux comme le CAC 40 qui regroupe 40 grosses entreprises de la bourse de Paris

Désintermédiation

Financement de l'économie via les marchés financiers au détriment de l'intermédiation bancaire

Exemple

Les grandes entreprises se financent davantage en émettant des titres sur les marchés financiers qu'en contractant des crédits bancaires

b. La répartition de l'épargne mondiale

La globalisation financière s'est accompagnée depuis les années 2000 d'une forte hausse du taux d'épargne mondial. Le **taux d'épargne** indique en pourcentage la part non consommée des revenus. Cette part atteint aujourd'hui dans le monde près de 25 %, contre seulement 21 % en l'an 2000.

Cette croissance est essentiellement tirée par les pays asiatiques, à commencer par la Chine, qui ont de très forts taux d'épargne (43 % du PIB en moyenne).

Pour autant, les États-Unis, l'Union Européenne et le Japon attirent encore 77 % des investissements mondiaux en 2010. Au rythme actuel, il faudrait 25 ans pour que les pays émergents détiennent la majorité de la richesse mondiale. Ainsi, la répartition de l'épargne mondiale était la suivante en 2010 :

Répartition de l'épargne mondiale en 2010

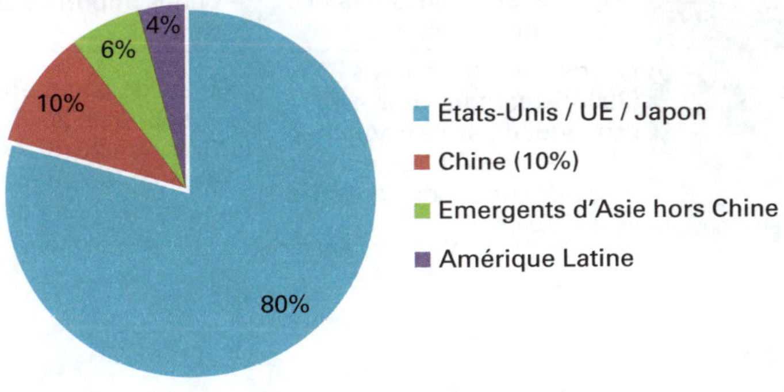

2 Quels sont les risques induits par la globalisation financière ?

La globalisation financière peut générer des déséquilibres car des flux très importants et non contrôlés de capitaux sont en permanence à la recherche d'une rentabilité maximale à court terme. Ces mouvements peuvent être déconnectés de la rentabilité économique de long terme. L'accumulation des déséquilibres se transforme alors en crise financière et peut se propager à la sphère productive.

a. Les différents risques de la globalisation financière

La globalisation financière s'est accompagnée de nouvelles pratiques plus risquées et donc de l'émergence de risques financiers plus importants qu'auparavant.

Deux catégories de risques financiers doivent être distinguées :

- **les risques de liquidité**. Une **crise de liquidité** désigne une situation dans laquelle les agents économiques endettés ne peuvent pas rembourser leurs emprunts car ils ne disposent pas d'instruments de paiements pour honorer leurs dettes. Il s'agit donc pour ce type de crise de difficultés de trésorerie temporaires ;
- **les risques de solvabilité**. Une **crise de solvabilité** caractérise une situation dans laquelle les agents économiques sont surendettés et n'ont plus les ressources pour payer leurs dettes. Le volume des dettes dépasse le volume des créances.

Risques financiers	Crise de liquidité	Crise de solvabilité
Causes	▷ Variation à la baisse des cours boursiers ▷ Dégradation de la qualité des titres détenus	▷ Défaut de paiement du débiteur ▷ Pertes importantes sur titres
Exemples	La crise des *supbrimes* (2008) aux États-Unis est provoquée par l'écroulement de la valeur de titres que les investisseurs pensaient sûrs et rentables.	Défauts de paiement de l'Argentine en 2001 ou de la Grèce en 2015 : ces pays n'étaient plus en mesure de rembourser leurs emprunts.

Le développement de la **spéculation** sur les marchés financiers explique en partie le renforcement de ces risques. La spéculation désigne l'activité qui consiste à anticiper les variations futures des prix des actifs financiers. Le problème qu'elle introduit, c'est que la valeur financière des titres peut être déconnectée de leur valeur réelle en raison des comportements mimétiques des investisseurs sur ces marchés.

EXEMPLE

Le fonctionnement des marchés financiers est décrit à travers la très célèbre analogie du concours de beauté par **John Maynard Keynes**. Il fait remarquer que sur les marchés financiers, les prix des titres ne sont pas déterminés par leur valeur intrinsèque (c'est-à-dire leur rendement réel) mais plutôt par la perception qu'en ont les acteurs du marché.

Il fait une comparaison avec un concours de beauté. Un magazine de son époque organisait un concours de beauté consistant à élire les plus jolies femmes parmi une sélection de photos publiées. Le gagnant du concours est celui dont la sélection se rapproche le plus de la sélection de l'ensemble des lecteurs. Dès lors, le choix de chaque lecteur ne consiste plus à dire ce qu'il pense de la beauté de chaque candidate, mais plutôt à deviner les candidates qui seront choisies par les autres.

Il en va de même sur les marchés financiers : les agents ne se positionnent pas par rapport à la valeur réelle des actifs, mais par rapport à la valeur que vont donner selon eux les autres agents à ces titres. Ce sont ces comportements mimétiques déconnectés de toute logique économique qui peuvent introduire une déconnexion entre la sphère financière et la sphère réelle de l'économie.

b. La propagation des risques à la sphère réelle

Lorsqu'elles sont importantes, les crises financières peuvent se propager à l'économie réelle et avoir des effets sur la production, l'investissement, l'emploi ou encore la consommation :

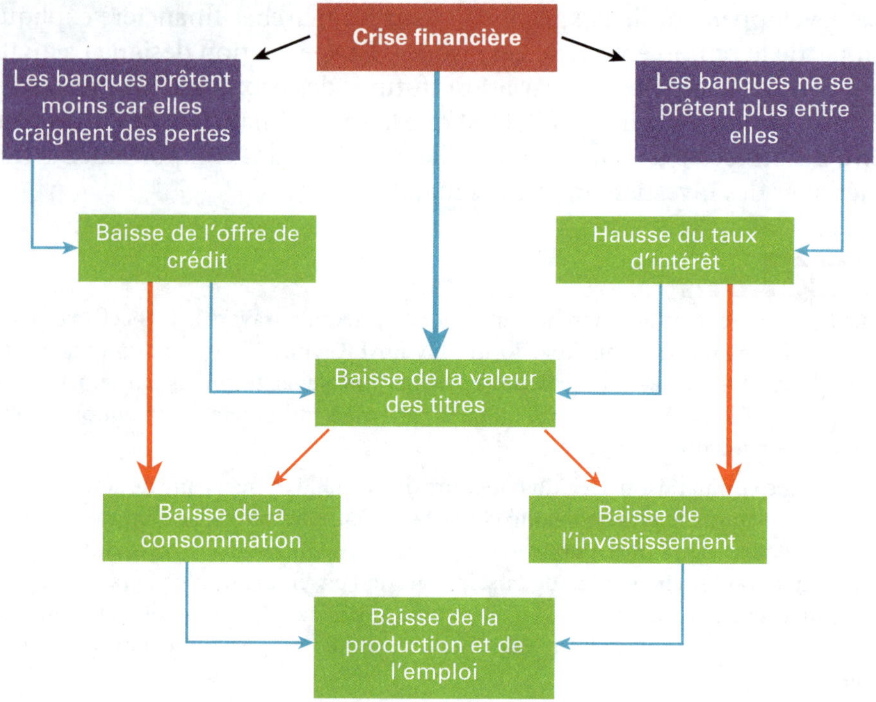
Crise financière
Les banques prêtent moins car elles craignent des pertes
Les banques ne se prêtent plus entre elles
Baisse de l'offre de crédit
Hausse du taux d'intérêt
Baisse de la valeur des titres
Baisse de la consommation
Baisse de l'investissement
Baisse de la production et de l'emploi

16 L'appréciation de la situation économique

- 1 Comment évaluer la situation économique à court terme ?
- 2 Comme évaluer la situation économique à long terme ?

1 Comment évaluer la situation économique à court terme ?

La **conjoncture** correspond à l'évolution de l'activité économique (niveau de l'emploi, inflation, balance commerciale, investissement…) sur une courte période, pouvant aller d'un trimestre à quelques années. C'est elle qui permet d'évaluer l'état de santé d'une économie à court terme.

a. Les chocs de la demande

La conjoncture est affectée par des chocs de demande. Un **choc de demande** correspond au changement brutal d'une des composantes de la demande globale adressée aux producteurs. Ils peuvent être endogènes, c'est-à-dire provoqués par le fonctionnement de l'économie ou bien exogène c'est-à-dire causés par des facteurs non économiques. Un choc de demande peut être positif si il stimule l'activité économique, ou négatif si il la déprime :

Types de chocs de demande	Choc de demande positif	Choc de demande négatif
Effet sur la demande	Hausse de la demande	Baisse de la demande
Exemples de chocs exogènes	Réunification de l'Allemagne (1990) : élargissement du cadre national et donc de la taille des marchés	Modification des préférences des consommateurs : certains biens à la mode deviennent subitement obsolètes (en particulier dans l'industrie textile)
Exemples de chocs endogènes	Baisse du taux d'intérêt ou des impôts qui relance l'investissement et la consommation	Crise de 2008 : baisse du crédit pour financer les investissements et la consommation

Un choc peut être **symétrique** s'il affecte un ensemble des pays de la même manière. En revanche, il est **asymétrique** s'il touche les pays de manière différente ou contradictoire.

b. Les anticipations des agents économiques

Un choc de demande transforme les anticipations des agents car il modifie leur pouvoir d'achat. Les anticipations renvoient à la projection d'une situation future en fonction de l'analyse de la situation conjoncturelle présente. En fonction de ce qu'ils anticipent, les agents vont ajuster leurs décisions (d'investissement, de consommation, etc.) à la situation économique. La stabilité de l'économie à court terme repose donc en partie sur des anticipations relativement stables.

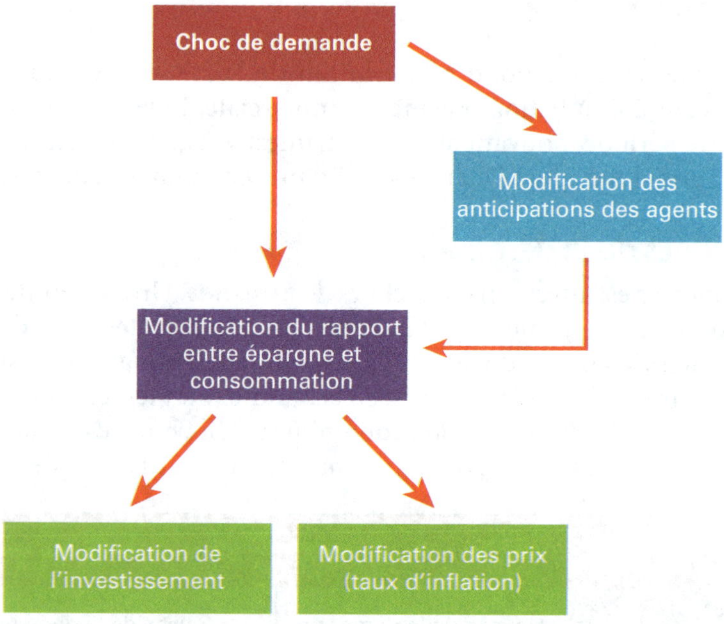

La situation économique à court terme est étudiée par de nombreuses institutions internationales (OCDE, FMI, Banque mondiale…). En France, l'Institut National de la Statistique et des Études Économiques (INSEE) est chargé d'évaluer la conjoncture et rend des rapports mensuels, trimestriels et annuels sur l'évolution de l'économie française.

2 Comme évaluer la situation économique à long terme ?

La conjoncture résulte en partie d'un ensemble d'éléments structurels à l'économie tels le niveau d'éducation, le chômage de longue durée, le degré d'ouverture internationale, le niveau de vie ou encore le fonctionnement des marchés. Ce sont donc ces indicateurs qu'il faut analyser afin d'évaluer à plus long terme l'état de santé d'une économie.

a. Les chocs d'offre

Un **choc d'offre** correspond à des modifications importantes des conditions de la production en raison de l'évolution de la productivité ou du prix des facteurs de production. Ce choc est positif s'il entraîne une baisse de leurs coûts ou négatif si, à l'inverse, il engendre une hausse de leurs coûts :

Types de chocs d'offre	Choc d'offre positif	Choc d'offre négatif
Effet sur l'offre	Baisse des coûts de production des entreprises	Hausse des coûts de production des entreprises
Exemples de chocs exogènes	Baisse du prix du pétrole : contre-choc pétrolier de 1986	Catastrophes naturelles entraînant une destruction du stock de capital (inondations...)
Exemples de chocs endogènes	Baisse du coût du travail (loi Hartz en Allemagne au début des années 2000 par exemple)	Baisse de la productivité des facteurs de production

En dehors des catastrophes naturelles, un choc d'offre a généralement un caractère de long terme. Il affecte la compétitivité de l'économie durablement. Un choc d'offre positif implique une augmentation de la production et une baisse des prix. Inversement, un choc d'offre négatif se traduira par une baisse de la production et une élévation des prix.

Les chocs d'offre se traduisent par des effets importants sur le stock de **capital humain** et donc le niveau de formation de la main-d'œuvre, la productivité des facteurs, le niveau de production et d'emploi.

b. Les liens entre facteurs conjoncturels et structurels

L'évaluation de la situation économique d'un pays est rendue complexe par les interactions entre les facteurs conjoncturels et structurels dont elle résulte.

EXEMPLE

À court terme, il est par exemple difficile d'évaluer si une baisse du chômage est due à une augmentation passagère de la demande (facteur conjoncturel) ou bien liée à des modifications dans les conditions de production : baisse du coût du travail, main-d'œuvre plus qualifiée, etc. (facteur structurel).

Une même évolution de l'économie s'analyse de manière très différente selon que les facteurs responsables sont de court terme, ou bien de long terme. C'est pourquoi, les organismes chargés d'évaluer la situation économique croisent les indicateurs conjoncturels et structurels pour avoir une vue d'ensemble de l'économie.

Généralement, les principaux indicateurs utilisés sont :

- le taux d'inflation qui mesure l'évolution des prix ;
- le taux de croissance qui mesure l'évolution de la production ;
- la consommation des ménages ;
- l'investissement des entreprises ;
- le taux de chômage.

L'appréciation de la situation économique repose sur la qualité des indicateurs utilisés. Ainsi, l'INSEE produit de très nombreux indices, indicateurs et statistiques afin d'évaluer au mieux chaque variable économique et leur évolution.

17 La politique économique

- **1** En quoi consiste la politique économique ?
- **2** Qu'est-ce que la politique économique mixte ?

1 En quoi consiste la politique économique ?

La **politique économique** est constituée par l'ensemble des décisions prises par les pouvoirs publics pour orienter la situation économique d'un pays avec des objectifs monétaires et budgétaires de court et long terme. Elle est destinée à soutenir la croissance économique, lutter contre le chômage et éviter l'inflation. Quels sont ces moyens d'action ? Comment s'articulent tous ces objectifs ?

a. La politique monétaire

La **politique monétaire** englobe l'ensemble des mesures destinées à agir sur la quantité de monnaie en circulation et les conditions de financement de l'économie. Elle s'appuie essentiellement sur le contrôle de la masse monétaire pour assurer la stabilité des prix et agir sur l'activité économique. Les banques centrales utilisent également des instruments influençant la liquidité des banques et le taux d'intérêt.

La politique monétaire de la zone euro est menée par la BCE (Banque Centrale Européenne). Pour atteindre ses objectifs de long terme, en terme de croissance, d'emploi et d'inflation, elle se fixe un objectif intermédiaire de contrôle de la masse monétaire :

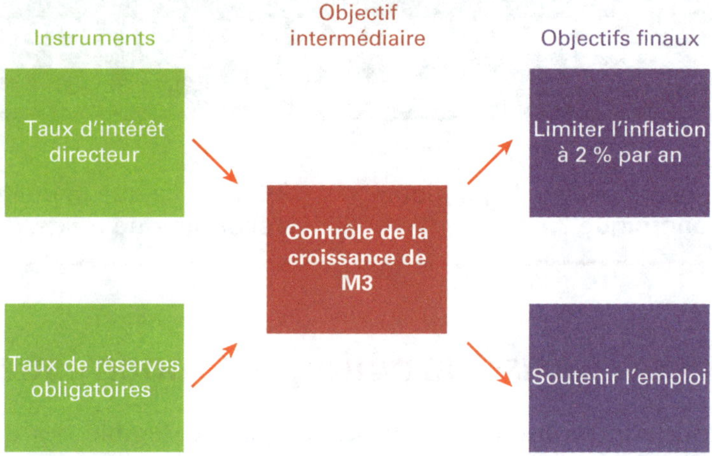

Le **taux d'intérêt directeur** est le taux payé par les banques qui se refinancent auprès de la BCE.

Le **taux de réserves obligatoires** est une obligation de réserves à déposer pour les banques commerciales auprès de la Banque Centrale.

En contrôlant ces taux, la BCE parvient à réguler l'offre de crédit des banques et donc la quantité de monnaie scripturale en circulation dans l'économie.

b. La politique budgétaire

La **politique budgétaire** désigne l'ensemble des décisions prises par les autorités publiques en matière de dépenses publiques et d'imposition. Le budget de l'État est utilisé afin de soutenir la croissance économique par une augmentation des dépenses publiques ou bien par une baisse de la fiscalité. L'État peut également prendre des mesures opposées s'il cherche à lutter contre l'inflation.

L'efficacité de la politique budgétaire dépend largement du **multiplicateur keynésien**. Le multiplicateur correspond à la relation entre une variation de la dépense publique et celle des revenus qu'elle génère.

En effet, la hausse de l'investissement public se traduit par une hausse des revenus (via une hausse des salaires des fonctionnaires, ou bien une hausse des aides aux ménages). Ces nouveaux revenus sont dépensés sous forme de consommation, ce qui donne naissance à de nouveaux revenus pour les vendeurs. Ces nouveaux revenus sont à leur tour dépensés, ce qui génère de nouvelles demandes et de nouveaux revenus. Ainsi, la hausse initiale de la dépense publique entraîne une hausse plus que proportionnelle des revenus. C'est l'effet multiplicateur.

EXEMPLE

Observons l'effet d'une augmentation de 100 euros des dépenses publiques. On suppose que sur 100 euros de revenus supplémentaires, les agents économiques n'en consomment que 80 et épargnent le reste.

Ainsi, à la suite de l'augmentation des dépenses publiques, nous allons voir différentes vagues d'augmentation des revenus :

	Production	Consommation	Épargne
Hausse initiale	100	80	20
Seconde hausse	80	64	16
Troisième hausse	64	51,2	12,8
Somme totale	**500**	**400**	**100**

Dans cet exemple, le multiplicateur est égal à 5. Une hausse de 100 des dépenses publiques entraîne une augmentation de 500 des revenus, de 400 de la consommation, et de 100 de l'épargne.

Nous avons ici considéré que les agents consommaient 80 % de leurs revenus. On dit que leur propension à consommer, notée c, est égale à 0,8. Pour calculer le multiplicateur, noté k, il faut faire le calcul suivant :

$$k = \frac{1}{(1-c)}$$

$$\text{Soit dans notre cas : } k = \frac{1}{(1-0,8)} = \frac{1}{0,2} = 5$$

2 Qu'est-ce que la politique économique mixte ?

La **politique économique mixte (*policy mix*)** désigne l'articulation de deux politiques, budgétaire et monétaire, afin de soutenir la croissance et lutter contre l'inflation. Comment s'effectue cette combinaison ? Et comment évaluer l'efficacité de la *policy mix* ?

a. La politique économique mixte

La combinaison entre politique monétaire et budgétaire peut s'effectuer de deux manières :

- **de manière centralisée** sous l'autorité du gouvernement qui a la maîtrise des politiques économiques. C'est le cas d'une économie comme la Chine, ou de manière générale dans la plupart des économies émergentes ;

- **de manière croisée** avec le gouvernement conservant la responsabilité de la politique budgétaire tandis que la Banque Centrale prend en charge la politique monétaire. C'est le cas dans la zone euro aujourd'hui.

La politique économique mixte est nécessaire afin d'assurer une croissance régulière et non inflationniste. Ceci suppose des actions particulières et coordonnées des politiques budgétaire et monétaire, même si ces deux politiques économiques sont conduites de manière séparée car leurs domaines d'action peuvent être distincts.

Les politiques monétaire et budgétaire ne doivent pas être contradictoires, sinon l'une va annuler les effets de l'autre.

EXEMPLE

Une politique budgétaire de relance entraînera une hausse de la demande de monnaie (car plus de revenus circulent dans l'économie) et obligera la Banque Centrale à mener une politique monétaire plus accommodante en augmentant l'offre de monnaie. Il serait contre-productif de mener à la fois une politique monétaire restrictive et une politique budgétaire expansionniste.

Une politique économique mixte de relance repose sur la coexistence d'un soutien budgétaire et monétaire pour dynamiser l'activité. En effet, une politique monétaire d'accompagnement permet de financer le déficit budgétaire pour augmenter la dépense publique.

À l'inverse, une politique mixte de rigueur combine un double freinage monétaire et budgétaire : l'État augmente ses impôts ou bien réduit ses dépenses, ce qui pèse sur la consommation et donc la demande de monnaie. La Banque Centrale complète son action en réduisant la quantité de monnaie en circulation : elle peut par exemple augmenter son taux directeur ou bien son taux de réserves obligatoires afin de réduire l'offre de crédit des banques.

b. L'évaluation de la *policy mix*

Afin d'évaluer l'efficacité de la politique économique mixte, le carré magique de Kaldor synthétise les objectifs qu'elle cherche à atteindre :

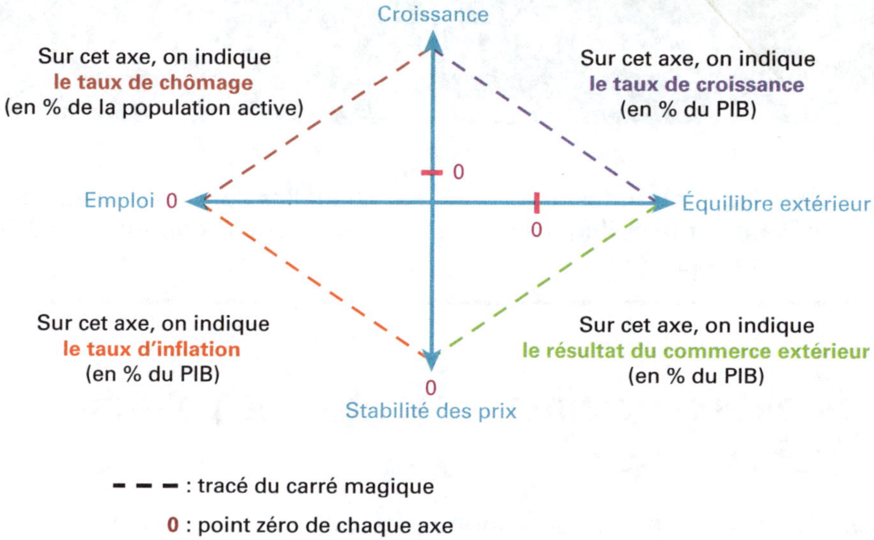

Ce carré magique est considéré comme un idéal à atteindre. Mais ses objectifs sont souvent contradictoires entre eux, car la recherche du plein-emploi dans le cadre d'une politique budgétaire de relance n'est pas forcément compatible avec la stabilité des prix. De même, l'importance de la contrainte extérieure a incité des États à rechercher l'équilibre extérieur au détriment des autres objectifs, en particulier la recherche de la croissance économique et du plein-emploi.

18 Les limites des politiques économiques

- **1** Quelles contraintes pèsent sur la politique économique ?
- **2** Quelles sont les limites des politiques économiques ?

1 Quelles contraintes pèsent sur la politique économique ?

L'efficacité des politiques économiques est limitée par des objectifs contradictoires entre eux et les effets de la mondialisation dans les domaines monétaires et budgétaires.

a. L'incompatibilité des objectifs des politiques économiques

Les objectifs de la politique économique ne sont pas toujours compatibles. Par exemple, un pays qui souhaiterait relancer l'activité via une politique budgétaire de relance s'expose à générer de l'inflation, ce qui est contraire à son objectif majeur en terme de politique monétaire.

Ce problème est particulièrement important dans la zone euro. En effet, dans l'Union européenne, la politique budgétaire est menée par les États, tandis que la politique monétaire est confiée à la BCE. L'efficacité de la politique budgétaire peut être limitée par une politique monétaire divergente.

En particulier, dans le cas de chocs asymétriques qui affectent de manière différente des économies ayant une monnaie commune, une même politique monétaire peut être adaptée à un pays (et compatible avec sa politique budgétaire), mais inadaptée à un autre (et rentrer en opposition avec sa politique budgétaire). Les chocs asymétriques appellent des politiques budgétaires différentes, or la même politique monétaire s'impose à l'ensemble de la zone. Le problème de la compatibilité des objectifs de la politique économique est donc fort dans la zone euro en cas de chocs.

b. Les effets de la mondialisation

Les conséquences de la mondialisation sur l'efficacité de la politique économique se situent à 3 niveaux :

- dans le **secteur productif** : les stratégies des firmes multinationales peuvent entrer en opposition avec les politiques industrielles ou bien d'emploi des autorités publiques ;

EXEMPLE

Un État qui augmenterait le niveau de son salaire minimum afin d'élever le niveau des bas salaires dans son économie s'exposerait à des délocalisations des grandes entreprises implantées sur son territoire.

- dans le **domaine monétaire** : l'efficacité de la politique monétaire peut être contrée par les mouvements internationaux de capitaux. Ces déplacements de capitaux sont de plus en plus importants depuis la **globalisation financière** ;

EXEMPLE

Supposons que la Banque Centrale mène une politique monétaire restrictive. Une telle politique est destinée à calmer l'activité et lutter contre l'inflation. Elle se traduit par une hausse des taux d'intérêt, et une baisse de la quantité de monnaie en circulation. La hausse du taux d'intérêt attire les capitaux étrangers, car le capital est désormais mieux rémunéré. Ainsi, l'afflux de capitaux étrangers entraîne un excédant de la balance extérieure, ce qui se traduit par une hausse du revenu national dans l'économie. La politique monétaire restrictive aboutit donc à l'opposé à celui recherché en raison des mouvements internationaux de capitaux !

- au **niveau budgétaire** : la mise en place de règles au niveau européen d'encadrement des politiques budgétaires limitent leur efficacité. Les instruments budgétaires ne peuvent plus être employés qu'en faible proportion.

EXEMPLE

Le Pacte de Stabilité et de Croissance (PCS), instauré en 2011, impose aux États membres la « règle d'or » c'est-à-dire l'interdiction des déficits publics. Le traité de Maastricht (1992) prévoyait déjà la limiter des déficits publics annuels des États à 3 % de leur PIB, et un plafond à leur dette publique, celle ne devant en théorie pas excéder 60 % de leur PIB. Ces objectifs n'ont pas été tenus par les États membres, la France possède par exemple aujourd'hui une dette publique supérieure à 90 % de son PIB.

2 Quelles sont les limites des politiques économiques ?

Au-delà de ces contraintes qui pèsent sur les différents instruments de la politique économique, les politiques budgétaires et monétaires présentent toutes deux des limites internes qui limitent l'efficacité de leur action.

a. Les limites de la politique budgétaire

La politique budgétaire se heurte à une série d'effets qui agissent à l'encontre des objectifs qu'elle cherche à atteindre :

	Effet d'éviction	Effet Ricardo-Barro	Effet boule de neige	Effet Laffer
Définitions	La hausse de la dette publique est financée par l'épargne au détriment de la dette privée	La hausse du déficit public provoque l'anticipation d'impôts futurs et un effort d'épargne supplémentaire	La dette d'un pays augmente mécaniquement car le taux d'intérêt versé sur la dette augmente plus vite que le taux de croissance des ressources utilisées pour la rembourser	Un niveau trop élevé d'imposition entraîne une baisse de la croissance économique
Conséquences négatives	Baisse de l'investissement des entreprises	Baisse de la consommation des ménages	Perte de contrôle de la dette publique	Freine la croissance économique + Baisse des recettes de l'État

De plus, dans une économie toujours plus mondialisée, l'effet du **multiplicateur keynésien** de la politique budgétaire est considérablement réduit. Deux éléments contribuent à diminuer la valeur du multiplicateur par rapport à une économie fermée : l'épargne et la consommation de biens importés :

- le principe du multiplicateur repose sur le fait que les revenus distribués par la politique budgétaire sont consommés de manière successive. L'épargne constitue déjà une limite du multiplicateur sans échanges internationaux. En économie ouverte, cette limite est encore plus forte car l'épargne peut être affectée entre un plus grand nombre d'actifs, ce qui permet de maximiser son rendement et sa sécurité.
- la consommation de biens importés réduit également la valeur du multiplicateur keynésien en économie ouverte et donc l'efficacité de la politique budgétaire. En effet, si les revenus distribués par la politique budgétaire sont consommés en biens étrangers, alors les nouveaux revenus constitués sont détenus par des agents extérieurs à l'économie. Ils n'auront donc aucun impact sur la production de l'économie nationale.

b. Les limites de la politique monétaire

Plusieurs obstacles restreignent également l'efficacité de la politique monétaire. Cela est particulièrement le cas pour la zone euro, où l'hétérogénéité des économies des pays membres (différences de fonctionnement du marché du travail, degrés d'ouverture variés d'un pays à l'autre, rythme de croissance divers…) rend ses effets incertains voir contre-productifs.

Trois principaux éléments viennent limiter la politique monétaire :

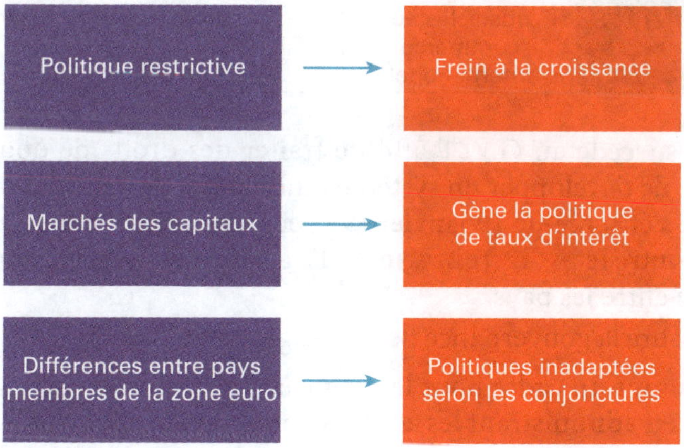

19 L'Organisation Mondiale du Commerce (OMC)

- 1 À quoi sert l'OMC ?
- 2 Quelles sont les limites de l'OMC ?

1 À quoi sert l'OMC ?

L'OMC est à l'origine d'un droit international qui régit le commerce mondial pour assurer la liberté, l'équité et la prévisibilité des échanges mondiaux. Elle cherche à construire un cadre juridique unifié pour assurer la transparence dans les échanges commerciaux.

a. Les objectifs de l'OMC

L'OMC a différents objectifs :

Objectifs de l'OMC	Un objectif principal	Deux autres objectifs	
Principes	L'ouverture des marchés nationaux	Protection du droit des consommateurs	Protection des populations en termes de santé publique
Finalités	Réduire les obstacles au commerce international	Éviter les effets indésirables du commerce international	

L'OMC a succédé au GATT afin de traiter des droits de douane, et en particulier de développer un système multilatéral de négociations et d'accords. Elle a été créée le 1er janvier 1995 et regroupe 160 pays. Depuis, afin de lutter contre le **protectionnisme**, elle a édicté des règles pour réguler le commerce entre les pays.

L'OMC assure la gouvernance des échanges mondiaux de deux manières :

- en proposant un cadre pour les négociations commerciales internationales, et en administrant les accords commerciaux conclus.
- en assurant le règlement des différends commerciaux entre pays.

b. Le fonctionnement de l'OMC

Le fonctionnement de l'OMC est pyramidal avec quatre niveaux :

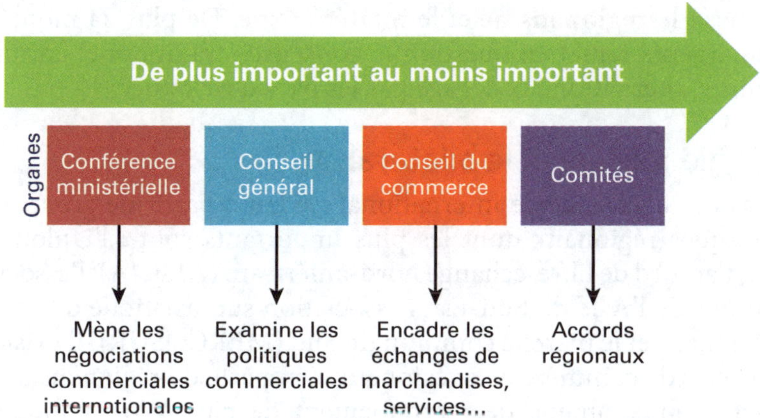

Aux quatre niveaux, il y a des représentants de tous les pays membres. Pour compléter le fonctionnement de l'OMC, il existe un secrétariat qui a son siège à Genève. Il est composé d'environ 650 fonctionnaires permanents sous l'autorité d'un Directeur Général.

c. Les trois fonctions de l'OMC

L'OMC doit assurer trois fonctions principales : le **contrôle**, la **réglementation** et les éventuelles **sanctions relatives au commerce international** :

3 fonctions de l'OMC	Contrôle	Réglementation	Sanction
Intitulé	Contrôle de l'application des accords particuliers entre pays en matière de commerce international	Réglementation des échanges internationaux	Sanction des pays en contravention avec les règles du commerce international
Signification	Fixation des règles juridiques pour l'application de ces accords et examen des politiques commerciales des membres de l'OMC	Arbitrage des différends commerciaux et proposition d'une solution en cas de conflit commercial entre deux pays	Administration des litiges entre les membres de l'OMC

2 Quelles sont les limites de l'OMC ?

Depuis la fin du 20e siècle, l'OMC est confrontée à deux principaux problèmes : le **régionalisme** et le **bilatéralisme**. De plus, la montée des pays émergents remet en question le consensus traditionnel en matière d'échanges internationaux dégagé par les pays développés.

a. Le régionalisme et le bilatéralisme

Dorénavant, le commerce international se fait à partir de groupements économiques régionaux dont les plus importants sont : l'Union européenne, l'accord de libre-échange nord-américain (ALENA), l'association des nations de l'Asie du Sud-Est, l'association sud-asiatique de coopération régionale, et le marché commun du Sud (MERCOSUR). Il existe plus de 400 accords commerciaux régionaux. On parle de régionalisme pour qualifier ce phénomène de regroupement de pays géographiquement proches, qui a pour but de faciliter les échanges commerciaux entre eux.

Cette évolution peut entraver le **multilatéralisme** qui privilégie les accords entre plusieurs pays, l'instauration de règles communes, ainsi que les coopérations et les engagements réciproques entre pays. À l'inverse, le bilatéralisme est une politique d'accords, d'échanges commerciaux réciproques entre des États pris deux à deux. Là aussi cette tendance est en croissance et s'inscrit en opposition avec le multilatéralisme défendu par l'OMC.

b. L'affirmation des pays émergents

La montée des pays émergents crée des nouvelles contraintes pour l'OMC. Ces pays remettent en cause les consensus existant entre les économies développées. Cette émergence de nouvelles économies dynamiques internationalement est caractérisée en particulier par la montée des BRICS (Brésil, Russie, Inde, Chine et Afrique du sud). Elle s'est initialement manifestée depuis le début de la décennie 2000 :

Une montée en 5 étapes

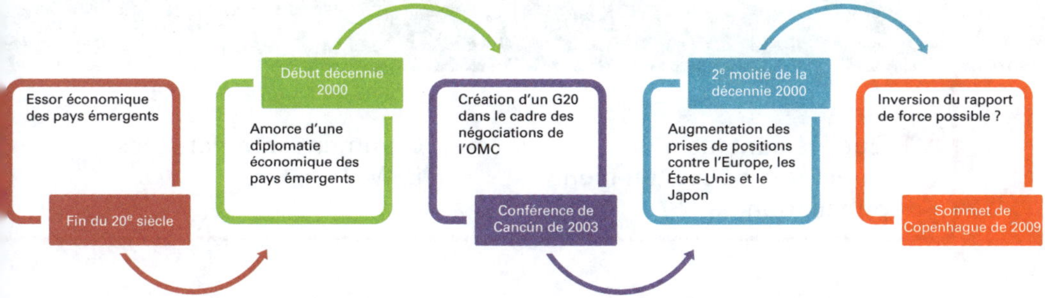

La Conférence de Cancún de 2003 marque la formation d'une coalition diplomatique entre des pays émergents. La composition actuelle du G20 permet également de prendre la mesure du poids actuel des pays émergents sur la scène internationale : l'Afrique du Sud, l'Argentine, le Brésil, la Chine, la Corée du Sud, l'Inde, l'Indonésie, le Mexique, la Russie et la Turquie en sont membres.

Le Sommet de Copenhague des Nations Unies sur le Climat de 2009, avec une alliance opportuniste entre de pays émergents et les États-Unis contre les Européens, laisse aussi entrevoir un rapport de force plus favorable aux pays émergents.

La diplomatie des pays émergents utilise trois types de canaux :

- la multiplication des instances de concertation avec la construction d'un agenda commun ;
- la formation de coalitions de plus en plus solides dans les instances multilatérales ;
- des initiatives individuelles : par exemple, le veto indien empêche l'accord de Bali de l'OMC en 2014.

En fin de compte, la diplomatie des pays émergents doit encore progresser pour réussir à contrebalancer l'influence occidentale sur l'économie mondiale. Cependant, au consensus apparent qui était à la base du fonctionnement des institutions économiques internationales, succèdent aujourd'hui des relations plus complexes en raison des contradictions plus explicites entre les politiques suivies par les différents gouvernements.

20 La notion de bien public mondial

- **1** Quelles sont les caractéristiques d'un bien public mondial ?
- **2** Comment sont gérés les BPM ?

1 Quelles sont les caractéristiques d'un bien public mondial ?

Un **Bien Public Mondial** (BPM) est une ressource, un bien ou un service bénéficiant à tous (la biodiversité, l'existence d'un système monétaire stable, etc.), dont l'exploitation ou la préservation peuvent justifier une action collective internationale car leurs producteurs n'ont pas un intérêt individuel à le fournir. Quelles sont les propriétés des BPM ? Comment est gérée leur production ?

a. Les propriétés des BPM

La notion de BPM regroupe les critères suivants :

Critères	Explications
Bien	Est à la disposition de tout le monde, et chacun peut le consommer librement
Public	Bien qui profite à l'ensemble de la collectivité
Mondial	La consommation d'un BPM concerne toutes les populations et donc peut avoir des effets sur tous
Exemples	Lutte contre le réchauffement climatique, préservation de la biodiversité, recherche pour trouver un traitement à une pandémie, mise en place d'un système d'alerte aux tsunamis, campagnes de vaccination pour éradiquer les maladies infectieuses, suppression des paradis fiscaux...

La mondialisation et les biens publics mondiaux sont liés, car les BPM sont des biens qui concernent tous les pays, à des degrés divers dans la gestion des **externalités** et des risques collectifs. De fait, à long terme, tous les pays sont affectés, même si aucun n'a suffisamment les moyens de les produire de manière isolée.

Plusieurs critères permettent de caractériser les BPM :

- **la nature des biens produits** (voir section 1.b. ci-contre) ;
- **la dimension spatiale des BPM** peut être régionale ou bien mondiale ;
- **le caractère temporel du BPM** : il peut avoir des effets sur des générations ou bien très limités dans le temps.

b. Les différents types de BPM

Le Programme des Nations Unies pour le développement (PNUD) distingue trois grandes catégories de BPM : les BPM naturels, BPM fabriqués par l'homme et BPM résultants des politiques globales :

Catégories	BPM naturels	BPM fabriqués par l'homme	BPM résultants des politiques globales
Définitions	Ressource environnementale	Biens économiques à l'origine d'externalités positives	Mise en place d'institutions au service de l'intérêt général
Problèmes	Destruction accélérée par la croissance économique	Sous-production et accessibilité difficile pour certains pays	Coopération internationale insuffisante
Enjeux	Développement durable	Production optimale des BPM	Gouvernance de la mondialisation
Exemples	Stabilité climatique, préservation de la biodiversité	Éducation, héritage culturel, connaissances scientifiques	Paix mondiale, politiques de santé publique, stabilité économique et financière internationale

2 Comment sont gérés les BPM ?

Un BPM est un **bien public** qui a des externalités mondiales sur un ensemble de pays. Sa production ne peut donc pas être prise en charge par un État isolé, comme c'est le cas pour un bien public standard (le marché est tout aussi inefficace dans les deux cas). Dès lors comment est organisée la production de BPM au niveau international ?

a. La nécessité d'une gestion mondiale

Un État n'étant pas en mesure de produire seul un BPM, le recours à des institutions internationales s'avère nécessaire pour assurer leur production.

On parle de **gouvernance mondiale** pour désigner l'ensemble des réflexions et décisions prises au niveau mondial, débouchant sur la signature de traités, de lois et de protocoles internationaux.

Les différents États du monde ont instauré de nombreuses institutions destinées à encadrer la production de BPM et permettre d'améliorer l'efficacité des marchés :

- **le Fonds Monétaire International (FMI)** dont le but est de garantir le bon fonctionnement des marchés financiers et du système monétaire ;
- **l'Organisation des Nations Unies pour l'Éducation, la Science et la Culture (UNESCO)** est chargée de promouvoir et la paix à travers la diffusion de l'éducation, la science et la culture à travers le monde ;
- **l'Organisation Mondiale de la Santé (OMS)** destinée à protéger la santé des populations

EXEMPLE

Les accords votés en 2011 pour lutter contre l'évasion fiscale dans le cadre de l'OCDE, constitue un exemple d'avancées obtenues dans le cadre d'institutions internationales via la négociation entre États.

b. Les trois axes d'une gestion mondiale des BPM

La gestion des BPM s'est construite à partir de trois axes essentiels :

- Privilégier les démarches sectorielles par rapport aux approches géographiques → Le problème de la production des BPM dépasse le cadre des frontières nationales
- Donner la priorité à un traitement multilatéral → Nécessité d'un traitement coopératif à l'échelle mondiale dépassant un cadre bilatéral ou régional
- Mettre en œuvre des politiques de coopérations internationales → Garantir la dimension universelle des BPM pour une communauté internationale

QCM

1. Sur un marché, que se passe-t-il si l'offre est supérieure à la demande ?
   - ☐ a. Le prix augmente.
   - ☒ b. Le prix diminue.
   - ☐ c. La production augmente.
   - ☒ d. La production diminue.

2. Un prix d'équilibre :
   - ☐ a. garantit une utilisation optimale des ressources.
   - ☒ b. égalise l'offre à la demande.
   - ☐ c. nécessite une intervention de l'État pour être obtenu.
   - ☐ d. suppose une parfaite flexibilité des prix.

3. Les particularités de la monnaie résident dans :
   - ☒ a. il s'agit de la seule réserve de valeur possible.
   - ☐ b. il s'agit de l'actif le plus liquide.
   - ☒ c. il s'agit de l'unité de compte pour évaluer la valeur des biens.
   - ☐ d. il s'agit d'un actif dont la valeur est constante.

4. La masse monétaire est composée :
   - ☒ a. de 3 agrégats classés par degré de liquidité.
   - ☐ b. exclusivement de pièces et de billets.
   - ☐ c. de 2 agrégats classés par degré de liquidité.
   - ☐ d. uniquement de moyens de paiement.

5. Le passager clandestin :
   - ☐ a. exerce une activité non déclarée.
   - ☒ b. profite d'un avantage économique sans en supporter le coût.
   - ☐ c. ne déclare pas ses revenus imposables.
   - ☐ d. produit des externalités positives.

6. Selon Musgrave, l'État a pour fonction :
   - ☐ a. de produire les biens et services publics.
   - ☒ b. de redistribuer les revenus pour garantir la cohésion sociale.
   - ☐ c. de laisser le marché fonctionner sans intervenir.
   - ☐ d. de stabiliser l'économie en période de crise.

7. Le taux d'ouverture de l'économie indique :

- ☐ **a.** la compétitivité d'un pays au niveau international.
- ☐ **b.** le degré de dépendance d'une économie vis-à-vis de l'extérieur.
- ☒ **c.** la part des échanges internationaux dans une économie.
- ☐ **d.** le solde de la balance commerciale.

8. Une hausse du taux de change entraîne :

- ☐ **a.** une baisse de prix des importations.
- ☒ **b.** une baisse de prix des exportations.
- ☐ **c.** une baisse des importations.
- ☐ **d.** une baisse des exportations.

9. Selon le modèle HOS, les échanges internationaux s'expliquent par :

- ☐ **a.** des productivités du travail différentes entre pays.
- ☐ **b.** des écarts de dotations factorielles entre pays.
- ☐ **c.** des différences de coûts de production entre pays.
- ☐ **d.** l'existence d'économie d'échelles au niveau international.

10. La compétitivité hors-prix désigne :

- ☐ **a.** la baisse du coût unitaire de production quand la production augmente.
- ☐ **b.** l'existence d'économie d'échelles au sein de la firme.
- ☐ **c.** la baisse du coût du travail.
- ☐ **d.** les avantages compétitifs d'une entreprise autre que le prix.

11. Le Produit Intérieur Brut mesure :

- ☐ **a.** le niveau de développement d'un pays.
- ☐ **b.** la croissance de la production de biens et services d'une période à l'autre.
- ☐ **c.** le bonheur d'une population.
- ☐ **d.** les fluctuations de prix d'une période à l'autre.

12. La croissance économique permet :

- ☐ **a.** d'augmenter l'épargne.
- ☐ **b.** d'augmenter la consommation.
- ☐ **c.** d'améliorer le niveau de vie.
- ☐ **d.** de réduire les dépenses publiques.

13. L'objectif de l'IPH est :

☐ **a.** de prendre en compte les inégalités dans le PIB.
☐ **b.** d'évaluer le niveau de développement d'un État.
☐ **c.** d'évaluer le niveau de pauvreté d'un État.
☐ **d.** d'évaluer l'efficacité des politiques économiques d'un État.

14. Quels sont les problèmes posés par la croissance économique ?

☐ **a.** Elle entraîne un épuisement des ressources.
☐ **b.** Elle augmente les inégalités.
☐ **c.** Elle affecte l'environnement et la biodiversité.
☐ **d.** Elle fait augmenter le taux de chômage.

15. De quoi dépend l'influence du facteur travail sur la croissance économique ?

☐ **a.** De l'évolution de la population active.
☐ **b.** De l'évolution du taux d'épargne.
☐ **c.** Du capital humain dont dispose la main-d'œuvre.
☐ **d.** Du niveau de l'investissement privé.

16. Selon Schumpeter, par quoi s'explique le progrès technique ?

☐ **a.** Par l'intervention de l'État.
☐ **b.** Par des grappes d'innovations.
☐ **c.** Par l'établissement de droits de propriété intellectuel.
☐ **d.** Par la taille des marchés.

17. Les IDE constituent :

☐ **a.** des placements financiers à l'étranger.
☐ **b.** des fusions internationales entre entreprises.
☐ **c.** des investissements à l'étranger destinés à créer ou développer une entreprise.
☐ **d.** des filiales des multinationales.

18. En Irlande, l'impôt sur les sociétés est de 12,5 % contre 27 % en moyenne dans l'Union Européenne. On appelle ce phénomène :

☐ **a.** du *dumping* fiscal.
☐ **b.** du *dumping* social.
☐ **c.** de la fraude fiscale.
☐ **d.** une délocalisation.

19. Un coefficient de Gini égal à 0,25 indique :

- ☐ **a.** un faible niveau d'inégalités dans le pays.
- ☐ **b.** la part des revenus détenue par les 25 % les plus riches.
- ☐ **c.** un fort niveau d'inégalités dans le pays.
- ☐ **d.** la part des revenus détenue par les 25 % les plus pauvres.

20. La courbe de Kuznets décrit une corrélation entre :

- ☐ **a.** la croissance économique et l'évolution du taux de pauvreté.
- ☐ **b.** la courbe de Lorenz et la progressivité de l'impôt sur le revenu.
- ☐ **c.** le coefficient de Gini et le taux de chômage.
- ☐ **d.** l'évolution des inégalités et le niveau de développement d'un pays.

21. En France, quels risques sociaux sont pris en charge par la protection sociale ?

- ☐ **a.** La maladie.
- ☐ **b.** La vieillesse.
- ☐ **c.** La famille.
- ☐ **d.** Le chômage.

22. Une politique budgétaire de relance se traduit par :

- ☐ **a.** une hausse de l'épargne.
- ☐ **b.** une hausse de la consommation.
- ☐ **c.** une hausse de l'investissement.
- ☐ **d.** une baisse des coûts de production.

23. La courbe de Laffer met en évidence :

- ☐ **a.** qu'un niveau trop élevé d'impôts peut faire baisser les recettes fiscales de l'État.
- ☐ **b.** qu'un taux d'imposition élevé a un impact négatif sur la croissance économique.
- ☐ **c.** qu'un faible niveau d'impôt augmente le chômage.
- ☐ **d.** qu'un taux d'imposition élevé permet de relancer l'économie.

24. Depuis 1990, les inégalités ont reculé :

- ☐ **a.** en Europe.
- ☐ **b.** aux États-Unis.
- ☐ **c.** en Amérique du Sud.
- ☐ **d.** en Asie

25. Quelles sont les limites de la finance indirecte ?

- ☐ **a.** Elle implique des frais d'intermédiation.
- ☐ **b.** Elle fait supporter sur le prêteur le risque de défaut de paiement.
- ☐ **c.** Elle implique une dépendance des emprunteurs aux banques.
- ☐ **d.** Elle rémunère globalement moins bien les prêteurs que les marchés financiers.

26. Le marché secondaire est le lieu où :

- ☐ **a.** sont émis les titres financiers.
- ☐ **b.** s'échangent des titres financiers déjà émis.
- ☐ **c.** évolue la valeur des titres financiers.
- ☐ **d.** se fixe le taux d'intérêt de la Banque Centrale.

27. Les banques interviennent sur les marchés financiers en :

- ☐ **a.** achetant et vendant des titres.
- ☐ **b.** émettant des titres pour se financer.
- ☐ **c.** accordant des crédits aux ménages.
- ☐ **d.** accordant des crédits aux entreprises.

28. La monnaie centrale :

- ☐ **a.** est une monnaie qui ne circule qu'entre Banques Centrales.
- ☐ **b.** est une monnaie qui ne circule qu'entre banques.
- ☐ **c.** est créée par la Banque Centrale en échange de titres cédés par les banques commerciales.
- ☐ **d.** est créée par l'État en contrepartie des impôts collectés.

29. Une crise de liquidité désigne :

- ☐ **a.** une situation dans laquelle les agents économiques n'ont pas les moyens de régler leurs dettes.
- ☐ **b.** une situation dans laquelle la Banque Centrale doit intervenir
- ☐ **c.** une situation dans laquelle les agents économiques ne disposent pas de moyens de paiement pour honorer leurs dettes.
- ☐ **d.** une situation dans laquelle le système bancaire s'écroule.

30. Comment les crises financières se propagent-elles à la sphère réelle de l'économie ?

- ☐ **a.** Par la baisse de l'offre de crédit.
- ☐ **b.** Par la baisse de la valeur des titres.
- ☐ **c.** Par la baisse de l'épargne.
- ☐ **d.** Par la hausse du taux d'intérêt.

31. Un choc de demande :

- ☐ **a.** est positif pour l'économie.
- ☐ **b.** est négatif pour l'économie.
- ☐ **c.** affecte les coûts de production.
- ☐ **d.** modifie la consommation et l'investissement.

32. La hausse du coût du travail constitue :

- ☐ **a.** un choc de demande négatif.
- ☐ **b.** un choc d'offre négatif.
- ☐ **c.** un choc de demande positif.
- ☐ **d.** un choc d'offre positif.

33. Le multiplicateur keynésien :

- ☐ **a.** indique la relation entre une variation des dépenses publiques et une variation du revenu national.
- ☐ **b.** est plus grand en économie ouverte.
- ☐ **c.** a des effets réduits par l'épargne.
- ☐ **d.** est proportionnel à la propension à consommer des agents économiques.

34. Le carré magique de Kaldor cherche à concilier :

- ☐ **a.** la croissance économique.
- ☐ **b.** le plein-emploi.
- ☐ **c.** la réduction des inégalités.
- ☐ **d.** la stabilité des prix.

35. L'effet d'éviction désigne :

- ☐ **a.** la hausse du déficit public provoqué par des anticipations d'impôts futurs plus élevés.
- ☐ **b.** une augmentation de la dette liée à un taux d'intérêt plus élevé que le taux de croissance des ressources utilisées pour la rembourser.
- ☐ **c.** une baisse de l'investissement privé au profit de l'investissement public.
- ☐ **d.** une fuite des capitaux vers l'étranger.

36. Quelles sont les limites de la politique monétaire ?

- ☐ **a.** Une politique restrictive peut freiner la croissance et l'emploi.
- ☐ **b.** Ses effets peuvent être contrés par les marchés financiers.
- ☐ **c.** Elle n'est pas coordonnée à la politique budgétaire.
- ☐ **d.** Elle incite les agents à s'endetter.

37. Dans sa promotion des échanges internationaux, l'OMC se heurte :

- ☐ **a.** au régionalisme.
- ☐ **b.** au multilatéralisme.
- ☐ **c.** au protectionnisme.
- ☐ **d.** au bilatéralisme.

38. Qui est à même de produire des biens économiques mondiaux ?

- ☐ **a.** Le marché.
- ☐ **b.** Un état.
- ☐ **c.** Des institutions internationales.
- ☐ **d.** Les marchés financiers.

Solutions

1. b, d. Si l'offre est supérieure à la demande, le prix diminue car certains vendeurs sont prêts à abaisser leurs tarifs pour vendre leurs stocks invendus. De même, certains offreurs cherchent à limiter leurs pertes en réduisant leur production.

2. a, b, et d. Un prix d'équilibre permet d'égaliser les quantités demandées d'un bien aux quantités offertes par les producteurs. Il garantit donc une utilisation optimale des ressources (pas de gaspillage). Pour être obtenu, il suppose une parfaite flexibilité des prix (pas de rigidités, ni intervention de l'État).

3. b, c. La monnaie est l'actif le plus liquide, c'est-à-dire qu'il s'agit du seul actif accepté par tous comme moyen de paiement d'une transaction. De plus, la monnaie sert de mesure de la valeur des marchandises. En revanche, elle n'est pas la seule réserve de valeur possible (les titres financiers sont une alternative) et sa valeur peut varier en fonction des mouvements de prix (inflation ou déflation).

4. a. La masse monétaire est composée de trois agrégats : M1 (moyens de paiement), M2 (placements à vue) et M3 (placements à terme). Elle n'est donc pas composée exclusivement de pièces, billets ou moyens de paiement.

5. b. Le passager clandestin profite d'un avantage économique sans en supporter le coût.

6. a, b et d. Pour Musgrave, l'État prend en charge la production de biens pour lesquels le marché n'est pas efficace (biens et services publics), redistribue les revenus pour réduire les inégalités et doit intervenir pour amortir les chocs économiques.

7. a, c. Le taux d'ouverture mesure la somme des exportations et des importations divisées par le PIB d'un pays. Il mesure donc la part des échanges internationaux dans une économie, et fournit une indication sur sa compétitivité internationale.

8. a, d. Si le taux de change d'une économie augmente, ses importations deviennent moins coûteuses : il est possible d'acquérir plus de marchandises avec une même quantité de monnaie. Cela entraîne également une baisse de ses exportations, car celles-ci deviennent plus coûteuses pour les autres pays.

9. b. Le modèle HOS explique l'échange international par les écarts de dotations factorielles entre les pays. Un pays fortement doté en travail a intérêt à se spécialiser dans la production de biens intensifs dans l'utilisation de ce facteur de production, et à importer les biens intensifs dans l'utilisation du facteur capital.

10. d. La compétitivité hors-prix désigne les avantages compétitifs d'une firme autre que le prix de vente (qualité du produit, image de marque…).
11. b. Le PIB est un indicateur de la croissance économique d'un pays. En revanche, il s'agit d'un indicateur incomplet, qui ne permet pas de mesurer le développement d'une nation, ni le bonheur de sa population.
12. a, b et c. La croissance économique se traduit par une hausse des revenus distribués, ce qui s'accompagne d'une hausse de la consommation, de l'épargne et donc du niveau de vie. En revanche, elle n'entraîne pas nécessairement de baisse des dépenses publiques.
13. b, c. L'Indicateur de Pauvreté Humaine mesure le niveau de pauvreté d'un pays. Cela constitue également un indicateur de son niveau de développement, qui vient s'ajouter à l'IDH.
14. a, c. La croissance s'accompagne d'un épuisement des ressources (pétrole, uranium), ainsi que de risques pour l'environnement (pollution, réchauffement climatique…).
15. a, c. L'influence exercée par le facteur travail sur la croissance économique dépend de l'évolution de la population active et donc de la croissance démographique, ainsi que du capital humain dont dispose la main-d'œuvre.
16. b. Pour Schumpeter, le progrès technique s'explique par des grappes d'innovations mineures succédant à une avancée majeure.
17. c. Les Investissements Directs à l'Étranger (IDE) sont des investissements internationaux destinés à créer ou développer une entreprise.
18. a. L'ensemble des politiques fiscales avantageuses menées par un pays afin de faire venir sur son territoire des capitaux ou des entreprises s'appelle dumping fiscal.
19. a. Plus le coefficient de Gini est faible, plus les inégalités sont faibles dans une économie. Un niveau de 0,25 correspond à des pays comme le Danemark, le Japon ou la Suède.
20. d. La courbe de Kuznets décrit une corrélation entre l'évolution des inégalités et le niveau de développement d'un pays.
21. a, b, c et d. La protection sociale en France protège contre tous les risques associés à la vieillesse, la maladie, le chômage et la famille, ainsi que ceux liés au logement et à la pauvreté.
22. b, c. Une politique budgétaire de relance se traduit par une hausse de l'investissement et de la consommation.
23. a, b. La courbe de Laffer montre que la relation positive entre les recettes fiscales de l'État et le taux d'imposition s'inverse lorsque l'impôt devient trop élevé. Cela s'explique par l'impact négatif du taux d'imposition sur la croissance économique et donc sur les impôts indirects (TVA) perçus par l'État.
24. c. Depuis 1990, l'Amérique du Sud est le seul continent où les inégalités se sont réduites. Elles y demeurent néanmoins parmi les plus importantes au monde.
25. a, c, d. La finance indirecte consiste à passer par un intermédiaire pour réaliser des opérations financières. Elle suppose donc des frais d'intermédiation qui réduisent la rémunération des prêteurs. De plus, elle place les emprunteurs dans une position de dépendance vis-à-vis des banques (obtention d'un délai de paiement, d'une rallonge…).

26. b, c. Le marché secondaire un lieu où s'échangent des titres déjà émis et se détermine la valeur des titres.
27. a, b. Les banques interviennent sur les marchés financiers en émettant, achetant et revendant des titres. En revanche, les crédits qu'elles accordent, que ce soit aux entreprises ou aux ménages ne constituent pas une activité de marché.
28. b, c. La monnaie centrale est créée par la Banque Centrale en échange de titres détenus par les banques commerciales. Cette monnaie ne circule qu'entre banques et pas dans l'économie réelle.
29. b, c. Une crise de liquidité désigne une situation dans laquelle les agents économiques ne disposent pas de moyens de paiement pour honorer leurs dettes. Leur bilan est équilibré à long terme, mais à court terme ils ont des difficultés de trésorerie. Dans ces cas, la Banque Centrale est censée intervenir pour fournir des liquidités et surmonter ces difficultés.
30. a, b et d. Les crises financières se transmettent à la sphère réelle de l'économie en réduisant l'offre de crédit (et donc l'investissement), diminuant la valeur des titres (et donc la valeur des patrimoines des agents) et augmentant le taux d'intérêt (ce qui pèse sur la demande et se repercute sur l'offre). En revanche, les crises financières s'accompagnent généralement d'une hausse de l'épargne.
31. d. Un choc de demande modifie les composantes de la demande globale dont font partie l'investissement et la consommation. Il peut être positif ou négatif.
32. b. Une hausse du coût du travail modifie les conditions de production. Il s'agit donc d'un choc d'offre. Ce choc d'offre est négatif car il correspond à une augmentation des coûts de production.
33. a, c et d. Le multiplicateur keynésien indique dans quelle proportion varie le revenu national à la suite d'une variation des dépenses publiques. Les effets des dépenses publiques sur le revenu sont réduits par l'épargne et proportionnels à la tendance à consommer des agents. Il est plus important en économie fermée : les importations constituent une fuite pour l'économie domestique.
34. a, b et d. Le carré magique de Kaldor évalue l'efficacité de la politique économique à partir de 4 objectifs : la croissance économique, le plein-emploi, la stabilité des prix et l'équilibre extérieur.
35. c. L'effet d'éviction désigne une baisse de l'investissement privé au profit de l'investissement public. La hausse des dépenses publiques attire une partie de l'épargne qui n'est donc plus disponible pour le secteur privé.
36. a, b et c. La politique monétaire, si elle est restrictive, ralentit la croissance économique et donc fait chuter le niveau d'emploi. De plus, avec la globalisation financière et les mouvements de capitaux, ses effets sont plus incertains. Enfin, la coordination entre politique budgétaire et monétaire, en particulier dans la zone euro, peut poser des problèmes de compatibilité d'objectifs.
37. a, c, d. Dans sa promotion des échanges internationaux, l'OMC se heurte au régionalisme, au bilatéralisme, et au protectionnisme.
38. c. La production d'un bien public mondial nécessite des institutions internationales en raison du caractère global des externalités générées par la production de ces biens.

Lexique

Asymétrie d'informations
Situation dans laquelle deux échangistes ne disposent pas des mêmes informations pertinentes relatives à la transaction qu'ils souhaitent contracter.

Balance des paiements
Document statistique qui rassemble et ordonne l'ensemble des transactions économiques et financières d'une économie (un pays ou une zone économique) avec le reste du monde, au cours d'une période donnée.

Banque centrale
Au sein d'une zone économique, il s'agit d'une institution chargée d'appliquer la politique monétaire. La Banque centrale a pour fonction d'émettre de la monnaie et de réguler les systèmes bancaires et financiers.

Bien collectifs
Biens indivisibles qui combinent les critères de non-exclusion (impossible d'exclure de limiter sa leur consommation en fixant un prix) et de non-rivalité (leur consommation par un agent n'a aucun effet sur celle des autres agents).

Biens collectifs mixtes
Biens collectifs qui ne possèdent que l'un des deux critères (non-exclusion ou non-rivalité).

Bien public mondial
Ressource, un bien ou un service bénéficiant à tous (la biodiversité, l'existence d'un système monétaire stable, etc.), dont l'exploitation ou la préservation peuvent justifier une action collective internationale car leurs producteurs n'ont pas un intérêt individuel à le fournir.

Bilatéralisme
Système de relations internationales qui privilégie les accords entre deux pays en vue de faciliter les échanges commerciaux.

Brevet
Titre de propriété intellectuel qui garantit à son propriétaire l'usage exclusif de l'innovation brevetée pendant une période donnée.

Capital humain
Ensemble des connaissances, qualifications et compétences d'un individu.

Choc d'offre
Modifications importantes des conditions de la production en raison de l'évolution de la productivité ou du prix des facteurs de production.

Choc de demande
Changement brutal d'une des composantes de la demande globale adressée aux producteurs.

Coefficient de Gini
Coefficient variant de 0 à 1 indiquant les inégalités de revenu dans un pays. Plus le coefficient est élevé et s'approche de 1, plus la distribution des revenus est inégalitaire.

Commerce intra-branche
Échanges de produits similaires rattachés à un même secteur d'activité.

Compétitivité hors-prix
Avantages compétitifs d'une entreprise autre que le prix (qualité et nature du produit, image de marque…).

Compétitivité-prix
Avantages compétitifs d'une entreprise (ou d'un État) liée à des prix plus faibles que ceux de ses concurrents.

Concurrence
Compétition sans entrave entre des agents économiques ayant les mêmes objectifs.

Conjoncture
Évolution de l'activité économique (niveau de l'emploi, inflation, balance commerciale, investissement…) sur une courte période, pouvant aller d'un trimestre à quelques années.

Consommations intermédiaires
Biens et services détruits au cours du processus de production.

Courbe de Kuznets
Courbe représentant la corrélation entre l'évolution des inégalités et le niveau de développement d'un pays. Elle indique une augmentation puis une diminution des inégalités au fur et à mesure qu'un pays se développe (elle a la forme d'un U inversé).

Courbe de Laffer
Courbe selon laquelle la relation positive entre taux d'imposition et recettes fiscales de l'état s'inverse lorsque le taux d'imposition devient trop élevé.

Courbe de Lorenz
Elle permet de représenter l'écart entre une répartition parfaitement égalitaire des revenus (bissectrice du plan) et la réalité de cette répartition. Elle montre en abscisses le pourcentage de la population et en ordonnées le pourcentage des revenus détenus.

Coût de transaction
Coûts induits par la réalisation d'un échange économique : frais de recherche de l'information, de négociations, d'élaboration et de suivi des contrats, etc.

Création monétaire
Processus par lequel la monnaie est créée au sein d'une zone économique.

Crise de liquidité
Situation dans laquelle les agents économiques endettés ne peuvent pas rembourser leurs emprunts car ils ne disposent pas d'instruments de paiements pour honorer leurs dettes.

Crise de solvabilité
Situation dans laquelle les agents économiques sont surendettés et n'ont plus les ressources pour payer leurs dettes.

Croissance économique
Augmentation des richesses créées au cours d'une période sur un territoire donné.

Croissance extensive
Accroissement de la production de biens et services qui reposent sur une augmentation des quantités de facteurs de production mis en œuvre dans le processus de production.

Croissance intensive
Hausse de la production plus que proportionnelle à celle des quantités de facteurs de production utilisés.

Décomposition Internationale du Processus Productif (DIPP)
Production des différentes pièces d'un même produit répartie dans plusieurs pays selon les avantages de chacun.

Défaut de paiement
Non-remboursement d'un emprunt par un prêteur.

Déflation
Baisse générale et durable du niveau des prix.

Délocalisation
Déplacements d'unités de production d'un pays vers un autre.

Développement
Ensemble des évolutions positives d'un territoire.

Développement durable
Forme de développement qui répond aux besoins du présent sans compromettre la capacité des générations futures à répondre aux leurs.

Dumping fiscal
Ensemble des politiques fiscales avantageuses menées par un pays dans le but de faire venir sur son territoire des capitaux ou des entreprises.

Dumping social
Intensification de la concurrence entre travailleurs au niveau international en raison de la mondialisation (perte d'acquis sociaux, pressions à la baisse sur les salaires…).

Économies d'échelle
On parle d'économies d'échelle lorsque le coût unitaire de production d'un bien diminue plus sa quantité produite est importante.

Effet boule de neige
Situation dans laquelle la dette d'un pays ou d'une entreprise augmente mécaniquement car le taux d'intérêt versé sur la dette augmente plus vite que le taux de croissance des ressources utilisées pour la rembourser.

Effet d'éviction
Réduction de la dépense privée lorsque la dépense publique augmente en raison de la concurrence que celle-ci introduit : une partie de l'épargne se déporte vers des placements plus sûrs.

Effet Ricardo-Barro
La hausse du déficit public provoque l'anticipation d'impôts futurs et un effort d'épargne supplémentaire.

Épargne
Partie du revenu qui n'est pas consommée et sert à financer l'investissement.

Externalité
Une externalité désigne une action d'un agent économique qui affecte la situation d'un autre agent sans contrepartie monétaire. Elle peut être positive ou négative.

Facteurs de production
Moyens utilisés dans le processus de production afin de fabriquer des biens et services. On distingue généralement 2 facteurs de production : le capital et le travail.

Finance directe
Circuit de financement qui va directement des agents à capacité de financement vers ceux à besoin de financement.

Finance indirecte
Circuit de financement dans lequel il existe un intermédiaire entre les agents à capacité de financement et les ceux à besoin de financement.

Firmes multinationales
Entreprises dont l'activité s'étend à l'échelle de plusieurs pays.

Flexibilité des prix
Absence d'influences extérieures à l'offre et la demande sur les prix. Les prix varient alors librement, ils sont entièrement déterminés par le marché.

Flux économique
Circulation de richesses entre agents économiques au cours d'une période donnée.

Gains de productivité
Hausse de la production avec le même nombre de facteurs de production utilisés.

Globalisation financière
Processus par lequel les marchés financiers se sont internationalisés durant la seconde moitié du 20e siècle.

Gouvernance mondiale
Ensemble des réflexions et décisions prises au niveau mondial, débouchant sur la signature de traités, de lois et de protocoles internationaux.

IDE horizontaux
IDE qui consistent à reproduire à l'étranger l'unité de production d'origine de la firme.

IDE verticaux
IDE qui consistent à décomposer le processus de production sur plusieurs pays.

Indicateur de Pauvreté Humaine (IPH)
Indicateur allant de 0 à 100 destiné à mesurer la pauvreté d'un pays.

Indice de Développement Humain (IDH)
Indicateur allant de 0 à 1 destiné à mesurer le développement d'un pays. Il s'appuie sur 4 composantes : l'espérance de vie, le PIB/habitant, le taux d'alphabétisation et le nombre moyen d'années d'études.

Inflation
Augmentation générale et durable du niveau des prix.

Investissements directs à l'étranger (IDE)
Mouvements internationaux de capitaux par lesquels des agents économiques résidents créent ou développent des entreprises à l'étranger.

Libre-échange
Doctrine économique selon laquelle tout obstacle à la circulation de biens, de services et de capitaux entre pays doit être supprimé.

Liquidité
Désigne la durée et le coût de la conversion d'un actif (dépôts bancaires, titres financiers, immobilisations, etc.) en moyen de paiement directement utilisable.

Marché
Représentation abstraite/théorique du fonctionnement de l'économie. Il désigne le lieu où se rencontrent vendeurs (l'offre) et acheteurs (la demande) en vue de réaliser des transactions.

Marché monétaire
Marché sur lequel se rencontrent l'offre et la demande de capitaux à court terme.

Marché primaire
Marché des nouvelles émissions de titres.

Marché secondaire
Marché sur lequel s'échangent les titres déjà émis.

Marchés financiers
Marchés sur lesquels se rencontrent l'offre et la demande de capitaux à long terme.

Masse monétaire
La masse monétaire correspond à la quantité de monnaie possédée par les agents économiques non bancaires. La masse monétaire est mesurée par trois agrégats monétaires nommés M1, M2 et M3.

Modèle HOS
Modèle standard de la théorie du commerce international selon lequel les pays ont intérêt à avoir des échanges internationaux en raison de leurs différences de dotations en facteurs de production.

Mondialisation économique
Multiplication et accélération des échanges de biens et services au niveau mondial.

Monnaie
Instrument qui a pour fonction principale de permettre aux agents économiques d'effectuer des échanges sur les marchés.

Monnaie centrale
Monnaie constituée des réserves bancaires déposées par les banques auprès de la Banque Centrale : il s'agit d'une monnaie qui ne circule qu'entre banques.

Monnaie scripturale
Monnaie constituée des sommes placées sur les comptes courants des banques. On parle de monnaie « scripturale » car elle est constituée des lignes d'écritures dans des comptes bancaires.

Multilatéralisme
Système de relations internationales qui privilégie les accords entre plusieurs pays, l'instauration de règles communes, ainsi que les coopérations et les engagements réciproques entre pays.

Multiplicateur keynésien
Relation entre une variation de la dépense publique et celle des revenus qu'elle génère.

Patrimoine
Ensemble des biens possédés par un agent économique. Il comprend des actifs corporels (terrains, bâtiments…) et incorporels (logiciels, brevets…) ainsi que des actifs financiers.

PIB vert
Indicateur destiné à mesurer le niveau de développement durable d'un pays en intégrant au PIB les externalités négatives de certaines activités de production.

Politique économique mixte (*Policy mix*)
La politique économique mixte désigne l'articulation de deux politiques, budgétaire et monétaire, afin de soutenir la croissance et lutter contre l'inflation.

Politique budgétaire
Ensemble des décisions prises par les autorités publiques en matière de dépenses publiques et d'imposition.

Politique économique
Ensemble des décisions prises par les pouvoirs publics pour orienter la situation économique d'un pays avec des objectifs monétaires et budgétaires de court et long terme.

Politique fiscale
Ensemble des décisions prises par l'état en matière d'imposition.

Politique monétaire
Ensemble des mesures destinées à agir sur la quantité de monnaie en circulation et les conditions de financement de l'économie.

Population active
Nombre de personnes en âge de travailler et disponible pour exercer un emploi.

Prix d'équilibre
Niveau de prix qui permet d'égaliser les quantités offertes d'un bien aux quantités demandées de ce même bien.

Production non marchande
Production vendue à un prix inférieur ou égal à 50 % des coûts de production (on dit alors que ce prix est économiquement non significatif).

Productivité
Rapport entre une production et les ressources mises en œuvre pour l'obtenir.

Produit Intérieur Brut
Somme des ressources créées par tous les producteurs marchands et non marchands (indépendamment de leur nationalité) à l'intérieur de l'économie nationale au cours d'une période donnée. Il correspond à l'égalité suivante : PIB = Production – Consommations intermédiaires.

Progrès technique
Ensemble des innovations (techniques, organisations, matériaux utilisés) permettant d'améliorer l'efficacité du processus productif.

Protection sociale
Ensemble des transferts versés par l'État à des individus ou à des familles afin de les protéger contre différentes catégories de risques sociaux (vieillesse, santé, chômage…).

Protectionnisme
Doctrine économique qui a pour but de limiter l'accès aux marchés nationaux pour les étrangers.

Rapport inter-déciles
Rapport entre les valeurs qui partagent la distribution des revenus en dix parties égales. Son objectif de mesurer les inégalités de revenus.

Redistribution horizontale
Redistribution qui couvre les risques sociaux quel que soit le niveau des revenus.

Redistribution verticale
Redistribution entre catégories différentes de revenus destinée à réduire les inégalités.

Régionalisme
Politique internationale destinée à créer des relations privilégiées entre pays géographiquement proches, en particulier pour favoriser les échanges commerciaux.

Relocalisation
Rapatrier une production qui avait été délocalisée.

Revenu disponible
Revenu effectivement détenu par les ménages pour consommer ou épargner.

Revenu disponible = revenus primaires + revenus sociaux – prélèvements obligatoires (impôts…).

Revenus
Ensemble des rémunérations perçues par un agent économique au cours d'une période donnée.

Salaire médian
Niveau de salaire tel que la moitié de la population considérée gagne plus, et l'autre moitié moins.

Spéculation
Activité qui consiste à anticiper les variations futures des prix des actifs financiers.

Taux d'épargne
Part non consommée des revenus exprimée en pourcentages.

Taux d'intérêt
Pourcentage de la somme empruntée que le débiteur s'engage à rembourser à son créancier en plus du capital prêté.

Taux de pauvreté
Proportion d'individus dont le niveau de vie est inférieur pour une année donnée à un seuil, dénommé seuil de pauvreté.

Titre financier
Actif qui donne le droit à son détenteur de percevoir des revenus futurs.

Valeur ajoutée
Différence entre la production et les consommations intermédiaires.

Biographie des auteurs

John Maynard Keynes (1883-1946)

Économiste britannique considéré comme le fondateur de la macroéconomie, c'est-à-dire de l'étude de l'économie à partir des relations entre les grands agrégats (production, demande, emploi…) qui la composent. On lui doit la théorie de la demande effective, dans laquelle Keynes met en évidence la possibilité de l'existence de chômage même si tous les marchés sont à l'équilibre. Il est connu pour ses positions favorables à des politiques interventionnistes de l'État, en particulier budgétaires, destinées à soutenir la demande et ainsi limiter le chômage.

Paul Krugman (1953-)

Prix Nobel d'Économie en 2008, cet économiste né aux États-Unis a essentiellement contribué aux théories du commerce international. Il explique notamment le commerce intra-branche par les effets des économies d'échelle sur le choix de la localisation des activités des entreprises (voir fiche 5). Krugman est également influent dans le domaine de la finance internationale avec de nombreux travaux destinés à expliquer les crises monétaires et financières. Il est particulièrement critique des politiques d'austérité menées par les États occidentaux depuis la crise de 2008.

Simon Kuznets (1901-1985)

Prix Nobel d'Économie en 1971, la principale contribution de Kuznets est d'avoir élaboré dans les années 1930 l'indicateur économique le plus connu et utilisé : le PIB. Le PIB sert à mesurer la croissance économique d'un État (voir fiche 6). Kuznets a également eu un apport important en économie du développement avec la courbe de Kuznets selon laquelle les inégalités augmentent puis diminuent au fur et à mesure qu'un État se développe (voir fiche 10).

David Ricardo (1772-1823)

Économiste britannique majeur du courant classique. Ricardo fut également député et un financier avisé de son époque. On lui doit des apports importants dans le champ de la théorie des prix (déterminés par le coût de production des marchandises), du commerce international avec la notion d'avantage comparatif sur laquelle il fonde une position favorable au libre-échange (voir fiche 5) et en économie monétaire avec plusieurs projets de réformes du système monétaire international et de la Banque Centrale d'Angleterre.

Joseph Schumpeter (1883-1950)

Économiste autrichien dont les principales contributions se situent dans le champ de la théorie des cycles. Schumpeter explique les fluctuations économiques par le progrès technique et les différentes vagues d'innovation (voir fiche 8). Il développe la notion de « création destructrice » pour qualifier les différentes conséquences de l'innovation sur la croissance économique. Ni keynésien, ni néo-classique, Schumpeter a également contribué à la théorie de la firme en insistant sur le rôle majeur de l'entrepreneur dans l'évolution économique.

Adam Smith (1723-1790)

Économiste britannique considéré comme le fondateur de la théorie économique avec la publication de *La Richesse des Nations* en 1776. Smith a posé les grands principes du libéralisme économique à travers la notion de « main invisible » du marché, selon laquelle la recherche par les agents de leurs intérêts particuliers conduit à la maximisation de l'intérêt collectif. L'un de ses principaux apports se situe dans son analyse des mécanismes de la division du travail, à l'origine de l'enrichissement des États selon lui. Smith a également grandement contribué à la théorie monétaire, du commerce international (voir fiche 5) et des prix.

Partie

3

Droit

1 Les principes d'accès à une activité professionnelle

- 1 Les principes européens
- 2 Les principes français

1 Les principes européens

Depuis sa création (1957) la construction européenne a pour finalité d'assurer les quatre grandes libertés :

- liberté de circulation des marchandises ;
- liberté de circulation des personnes, notamment des salariés ;
- liberté de circulation des services ;
- liberté de circulation des capitaux.

Pour les travailleurs, la liberté la plus importante est la liberté de circulation des personnes. Elle comprend :

- le droit de circulation et de séjour ;
- la liberté d'exercer une activité professionnelle.

La liberté professionnelle

L'emploi salarié	
Les salariés bénéficient de la liberté professionnelle : ▷ droit d'accès à une activité professionnelle (exemple : Kevin choisit d'exercer le métier de commercial) ; ▷ droit d'exercer sur le territoire d'un autre État membre (exemple : Mohamed choisit de travailler en Allemagne).	▷ Le droit européen interdit toute différence (**discrimination**) reposant sur la nationalité entre les travailleurs des États membres de L'Union européenne en ce qui concerne l'emploi, la rémunération et les autres conditions de travail. ▷ Dans l'administration publique, seuls certains emplois sensibles sont réservés aux nationaux (exemple : défense nationale). ▷ Le statut du travailleur salarié est en principe celui de l'État d'accueil (exemple : un maçon polonais travaillant en France est payé au SMIC comme un salarié français. Ce principe est loin d'être respecté).

Le droit d'établissement et la libre prestation de services	
Il comprend : ▷ l'accès aux professions non salariées (exemple : un bulgare peut devenir médecin en France) ; ▷ la constitution et la gestion d'entreprise notamment les sociétés (exemple : deux français créent une SARL en Espagne).	Le droit européen admet des limites à l'accès à certaines professions. En conséquence : ▷ des professions sont réservées à des nationaux (exemple : notaire) ; ▷ les États peuvent s'écarter de ce principe pour des raisons d'ordre public, de sécurité et de santé publique (exemple : la défense nationale doit rester aux mains des français) ; ▷ certaines professions peuvent réclamer la maîtrise de la langue française (exemples : enseignants).

2 Les principes français

a. La liberté professionnelle

En France et depuis la Révolution française (1789) l'accès à une profession est libre.

Les aspects de la liberté professionnelle

	Contenu	Limites
La liberté d'entreprendre	▷ Toute réglementation qui limite l'accès à une profession est interdite. ▷ Liberté de faire travailler autrui : l'employeur doit pouvoir choisir ses collaborateurs.	▷ Le commerçant et l'artisan doivent parfois présenter des qualités personnelles (exemple : certains délinquants ne peuvent plus exercer le commerce). ▷ Certaines professions exigent un diplôme (exemple : pharmacien) ou une carte professionnelle (exemple : journaliste).
La liberté du travail	Liberté de travailler ou de ne pas travailler.	▷ Limites légales liées à la personne : âge, aptitudes physiques. ▷ Des exigences particulières de professions réglementées : diplômes (exemple : médecin), absence de certaines condamnations (exemple : dirigeants de sociétés).

b. Le droit à l'emploi

En France, selon la loi « *chacun a le devoir de travailler et le droit d'obtenir un emploi* ». Cette règle :

- pose une exigence morale : chacun doit travailler ;
- charge l'État d'intervenir pour aider les salariés à trouver des emplois.

2 Les régimes juridiques de l'activité professionnelle

- **1** Le régime juridique du salarié de droit privé
- **2** Le régime juridique du fonctionnaire
- **3** Le régime juridique du travailleur indépendant

L'exercice d'une activité professionnelle peut se placer dans un contexte de subordination juridique ou d'indépendance.

1 Le régime juridique du salarié de droit privé

a. Le recrutement

Le chef d'entreprise doit respecter lors de ses procédures de recrutement des principes qui visent à protéger les libertés individuelles et collectives.

Principe de non-discrimination	Aucune personne ne peut être écartée d'une procédure de recrutement en raison notamment de son origine, son sexe, ses mœurs, son orientation sexuelle, son âge, sa situation de famille ou sa grossesse.
Principe de transparence	Un candidat doit être informé des méthodes et techniques de recrutement utilisées.
Principe de pertinence	Les informations demandées doivent avoir pour unique finalité d'apprécier la capacité et les aptitudes du candidat à l'emploi proposé.

b. Le contrat de travail

Définition

Le contrat de travail se définit (par la jurisprudence) comme celui par lequel une personne s'engage à mettre son activité au service d'une autre personne sous la subordination juridique de laquelle elle se place et moyennant une rémunération.

Le contrat de travail

Un travail	Une prestation de nature matérielle ou intellectuelle.
Une rémunération	L'employeur verse au salarié un salaire en contrepartie de la prestation fournie.
Un lien de subordination : critère déterminant	Le salarié se place sous l'autorité de l'employeur (pouvoir de donner des ordres, de contrôler leur exécution et de sanctionner les manquements).

Le contrat à durée indéterminée est le modèle de droit commun. Il existe d'autres formes de contrat de travail.

Le contrat à durée déterminée	Le travail temporaire
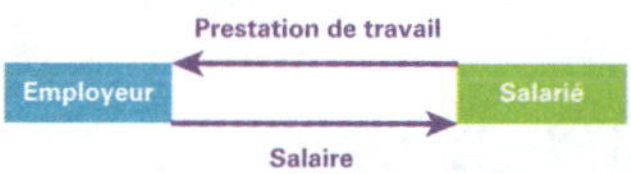	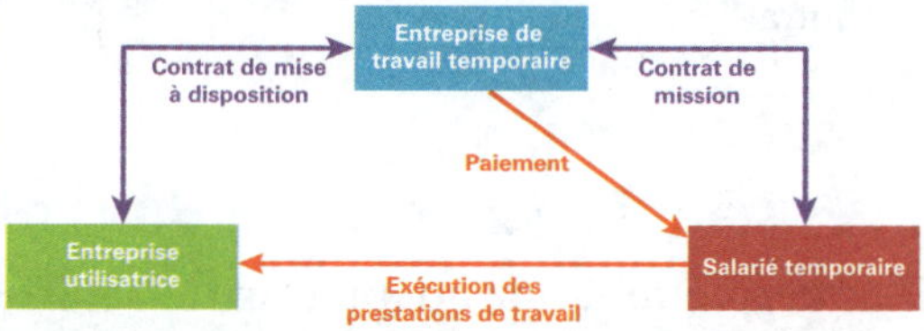

Régime juridique commun	
Recours pour des motifs prévus par la loi	▷ Remplacement d'une personne absente ▷ Variation d'activité. ▷ Contrat saisonnier ou d'usage. ▷ Politique de l'emploi (embauche de personnes sans emploi rencontrant des difficultés d'insertion).
Recours interdits	▷ Remplacement de salariés en grève. ▷ Travaux dangereux. ▷ Poste qui a fait l'objet d'un licenciement économique dans les 6 mois précédents.
Durée	▷ Durée maximale en principe de 18 mois. ▷ Délai de carence entre deux contrats (un tiers de la durée du premier contrat en principe). ▷ Deux renouvellements.
Indemnité de précarité	10 % sur le salaire perçu pendant toute la durée du contrat
Rupture	▷ Principe : pas de rupture avant échéance ▷ Exceptions : le salarié trouve un CDI, cas de force majeure, faute grave de l'une des parties, accord entre les parties.

c. Les droits et obligations des parties

Les obligations de l'employeur	Les obligations du salarié
Les parties doivent exécuter le contrat de bonne foi	
▷ Fournir le travail convenu et les moyens nécessaires pour l'accomplir	▷ Exécuter le travail demandé
▷ Verser le salaire prévu	▷ Exécuter personnellement, et loyalement le travail
▷ Respecter la réglementation légale et conventionnelle	▷ Respecter la discipline et notamment le règlement intérieur
▷ Acquitter les cotisations	▷ Collaborer
▷ Adapter les salariés à l'évolution de leur emploi (obligation de formation)	
▷ Faire un usage non abusif des clauses du contrat	

d. Les clauses particulières du contrat de travail

Elles permettent une adaptation du **salarié** aux conditions de travail dans l'entreprise.

Principales clauses

	Définition	Conditions de validité
Clause de mobilité	Clause qui autorise l'employeur à modifier le lieu de travail (mobilité géographique)	▷ Être indispensable à la protection des intérêts légitimes de l'entreprise. ▷ Proportionnée à l'emploi occupé, au travail demandé et au but recherché. ▷ Être claire donc rédigée avec précision et doit définir sa zone.
Clause de non-concurrence	Clause qui empêche le salarié soit de s'installer à son compte soit d'être embauché chez un concurrent	▷ Protéger les intérêts légitimes de l'entreprise. ▷ Ne pas porter atteinte à la liberté du travail. ▷ Être limitée dans le temps et dans l'espace. ▷ Prévoir une contrepartie financière au profit du salarié.

2 Le régime juridique du fonctionnaire

Un **fonctionnaire** est une personne employée et nommée par une personne publique (les trois administrations : État, collectivités territoriales, hôpitaux) dans un emploi permanent et titularisée à son poste dans un grade de la hiérarchie administrative.

a. Le recrutement

Conditions	▷ Nationalité française ou ressortissant de l'Union européenne et de l'Espace Économique Européen. ▷ Titulaire des droits civiques. ▷ Absence d'incompatibilité pénale ou comportementale. ▷ Physiquement apte aux fonctions postulées.
Modalités	▷ Par concours, procédé de droit commun. ▷ Autres procédés possibles : élection, cooptation, nomination, choix discrétionnaire de l'administration.

b. Le statut du fonctionnaire

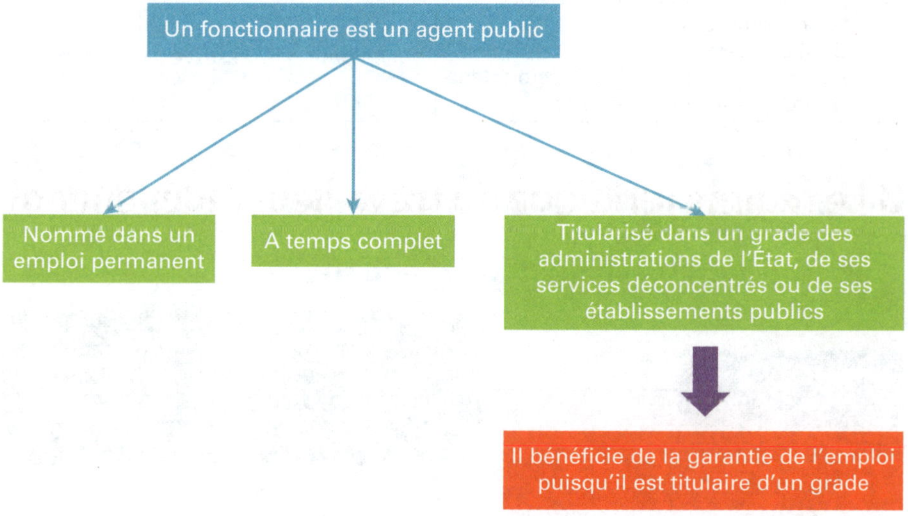

Corps, grade et emploi du fonctionnaire

Corps	Grade	Emploi
Le **corps** regroupe les fonctionnaires soumis au même statut particulier (modalités de déroulement de carrière) et ayant vocation au même grade. Exemple : professeur des écoles, préfet.	Le **grade** est le degré d'avancement d'un fonctionnaire dans sa carrière et donc un titre qui confère vocation à occuper un emploi qui lui correspond. Exemple : commissaire, commissaire divisionnaire.	L'**emploi** désigne le poste auquel le fonctionnaire est affecté. Exemple : chef de bureau, chef de service

c. Les droits et obligations du fonctionnaire

Les droits du fonctionnaire	Les obligations du fonctionnaire
▷ Droits professionnels individuels : – droit à rémunération et à pension ; – droit à la protection fonctionnelle du fait de l'emploi occupé (exemple : en cas de menace, ou diffamation).	▷ Devoir de discrétion et secret professionnel. ▷ Devoir d'obéissance hiérarchique. ▷ Obligation de réserve.
▷ Droits professionnels collectifs : – liberté syndicale ; – droit de grève ; – liberté d'opinion et d'expression dans les conditions du service.	

3 Le régime juridique du travailleur indépendant

a. Le statut du travailleur indépendant

Il travaille pour son propre compte → Il existe une présomption de non-salariat dans certains cas. Exemple : sont présumées « indépendantes », les personnes immatriculées au RCS et au répertoire des métiers (L. 8221-6 C. trav.).

b. Le cas du commerçant

La qualité de **commerçant** :

- Faire des actes de commerce.
- En faire sa profession habituelle.
- Agir en son nom et pour son propre compte.

Principe

Toute personne est libre de s'installer commerçant : principe de la liberté du commerce et de l'industrie.

Exceptions		
Les incompatibilités	**Les déchéances**	**Les interdictions**
Interdiction de cumul de la profession de commerçant avec certaines activités : Exemple : fonctionnaire, médecin.	Certaines personnes sont écartées de la profession lorsqu'elles ont été sanctionnées pour comportements délictueux Exemple : condamnation pour fraude fiscale.	Certaines activités sont interdites car contraire à l'ordre public et aux bonnes mœurs. Exemple : vente d'armes de guerre.

c. Le cas du professionnel libéral

Définition

Personne exerçant à titre habituel de manière indépendante une activité de nature civile.

Caractéristiques :

- Professions civiles qui exigent un effort purement intellectuel et donc essentiellement personnel.
- Qualification sanctionnée par un diplôme ou un titre.
- Soumission à une déontologie professionnelle.

EXEMPLES

Médecins, experts-comptables, avocats.

3 Le choix d'un régime juridique de travail

Pour exercer une activité professionnelle l'individu examine divers critères (= caractères, signes pour distinguer) qui pèseront dans sa décision en fonction de ses aspirations et de sa situation personnelle.

Critères	Statut de salarié	Statut de fonctionnaire	Le travail indépendant
Indépendance	Existence d'une relation de pouvoir entre le salarié et son employeur : le salarié est subordonné juridiquement à son employeur.	Existence d'une relation de pouvoir entre le fonctionnaire et son employeur : le fonctionnaire est subordonné hiérarchiquement à l'administration.	Absence de lien de subordination : le commerçant ou l'artisan est son propre employeur.
Comportement professionnel	Respecter les règles de « bonne conduite » fixées par l'entreprise.	Respecter les règles de « bonne conduite » fixées par l'administration et être au service des usagers.	Respecter les règles de « bonne conduite » fixées par les usages du commerce (exemples : loyauté, transparence).
Protection sociale	▷ Régime général de la Sécurité sociale obligatoire. ▷ Régime de l'assurance chômage. ▷ Bonne couverture sociale du fait d'une mise en commun des risques qui repose sur un grand nombre de cotisants employeurs et salariés.	▷ Régime général de la Sécurité sociale obligatoire pour certaines prestations (exemple : frais médicaux). ▷ Régime particulier pour la retraite ▷ Très bonne couverture sociale du fait de l'État employeur.	▷ Régime Social des Indépendants pour la maladie, maternité et vieillesse. ▷ Régimes vieillesses spécifiques pour les professionnels libéraux (exemple : avocats). ▷ Cotisations assises sur les revenus professionnels et assumées par le travailleur indépendant seul. ▷ Protection limitée voire inexistante en matière de chômage.

Rémunération	▻ Salaire fixé contractuellement en respectant le SMIC, les conventions collectives ▻ Susceptibles de modification.	▻ Traitement fixé selon des critères administratifs (exemples : grade et échelon) ▻ Pas de risque financier.	▻ Fixation libre. ▻ Revenus irréguliers liés à l'activité.
Stabilité	▻ CDI : stable sauf licenciement ▻ CDD, travail temporaire : situation de précarité.	Garantie d'emploi	Soumis aux fluctuations des activités
Risque	Responsabilité limitée à la mission confiée.	Responsabilité limitée à la faute personnelle.	Risque total (sauf possibilité de rendre insaisissables les biens immobiliers ou de créer une EIRL).

4 Formation professionnelle et adaptation à l'emploi

1 La formation professionnelle

a. L'obligation de formation

La formation professionnelle tout au long de la vie est à la fois un droit et une obligation pour le salarié et l'employeur. De plus, ceux-ci y ont intérêt.

- **L'employeur**, parce que la formation permet de développer les compétences de ses salariés sur des emplois en constante mutation.
- **Le salarié**, parce que la formation lui permet de s'adapter aux évolutions de son emploi et qu'elle développe sa capacité à être employable (son employabilité).

b. L'obligation d'adaptation

L'employeur est tenu à une obligation d'adaptation des salariés à l'évolution de leur emploi. Par conséquent l'employeur ne peut pas refuser une formation d'une durée limitée pour permettre au salarié de s'adapter notamment aux évolutions technologiques.

L'obligation d'adaptation	▷ Obligation de veiller au maintien de la capacité des salariés à occuper un emploi (employabilité). ▷ Obligation d'assurer l'adaptation des salariés à leur poste de travail.

Selon la **jurisprudence** le manquement à cette obligation cause un dommage au salarié et oblige l'employeur à le réparer.

c. Les modes d'accès à la formation

Le plan de formation

Ce **plan de formation** comprend les actions de formation que l'employeur veut faire suivre à son personnel. Le comité d'entreprise est associé à son élaboration.

Contenu du plan de formation	Effets
▷ Actions d'adaptation au poste de travail ou liées à l'évolution de l'emploi ou au maintien de l'emploi (exemple : formation à la robotique dans une entreprise industrielle). ▷ Actions de développement des compétences (exemple : formation à l'anglais).	▷ Le contrat de travail du salarié qui suit une formation se poursuit. ▷ La période de formation est considérée comme un temps de travail et rémunérée comme du temps de travail (actions d'adaptation). ▷ Les actions de développement des compétences s'effectuent en dehors du temps de travail (dans la limite de 80 h/an).

Le compte personnel de formation (CPF)

Le **compte personnel de formation** est ouvert à toute personne, âgée d'au moins 16 ans et qui travaille comme salarié ou recherche un emploi salarié. Il permet au salarié de bénéficier d'heures de formation de son entrée dans la vie active jusqu'à sa retraite.

Conditions	Mise en œuvre
▷ Chaque année le salarié bénéficie de 24 heures de formation jusqu'à ce qu'il atteigne 120 heures, puis de 12 heures par an dans la limite de 150 heures.	▷ Le salarié utilise son CPF pour se former. ▷ L'employeur et le salarié se mettent d'accord sur la formation à suivre. ▷ La formation s'effectue pendant le temps de travail. ▷ Le salaire est maintenu.

Le congé individuel de formation (CIF)

Le **CIF** est à l'initiative du salarié. Il a pour objet de permettre au salarié de suivre au cours de sa vie professionnelle une action de formation indépendamment de sa participation aux actions du plan de formation de son entreprise.

Conditions	Mise en œuvre
▷ Le salarié doit justifier d'une ancienneté de 24 mois dans la branche dont 12 mois consécutifs dans l'entreprise (conditions spéciales pour les TPE). ▷ Le salarié choisit la formation qu'il veut suivre. ▷ Il est rémunéré par l'employeur ou par un organisme qui prend en charge la formation.	▷ Le salarié doit en faire la demande à l'employeur qui peut refuser. ▷ La durée est limitée (1 an ou 1 200 heures). ▷ Il s'effectue en tout ou partie sur le temps de travail.

La clause de dédit formation

Il est parfois demandé au salarié de rester un certain temps dans l'entreprise en contrepartie du suivi d'une formation. À cette fin, l'employeur et le salarié concluent une **clause de dédit formation**.

Définition	▷ Clause par laquelle un salarié s'engage à rembourser tout ou partie des frais de formation s'il quitte l'entreprise avant une certaine date.
Conditions de validité	▷ Le coût de formation est supérieur aux obligations de l'employeur en matière de formation. ▷ Le salarié conserve sa faculté de démissionner.

2 Formation et négociation collective

a. L'obligation de négocier

Les partenaires sociaux (représentants des employeurs et syndicats de salariés) ont l'obligation de négocier **tous les trois ans** sur les priorités, les objectifs et les moyens de la formation professionnelle continue.

Cette négociation porte notamment sur :

- l'égal accès de tous les salariés à la formation ;
- l'accès à la reconnaissance des formations (certification) ;
- le développement du tutorat.

b. La gestion prévisionnelle des emplois et des compétences

La GPEC a pour finalité d'anticiper les évolutions des emplois pour tenir compte des mutations économiques et d'adapter les personnels à ces situations nouvelles.

Pour atteindre ces objectifs, la GPEC permet :

- le recensement des domaines, familles et métiers ;
- l'analyse des tendances d'évolution des emplois et des compétences ;
- la mise en place de moyens pour faciliter le développement des compétences : entretien annuel d'évaluation, bilan de compétences, VAE (validation des acquis de l'expérience).

5 La modification de la relation de travail

- **1** La modification du contrat de travail
- **2** Contrat de travail et transfert d'entreprise
- **3** La mobilité dans la fonction publique

1 La modification du contrat de travail

a. Modification du contrat et des conditions de travail

La distinction entre modification du contrat et modification des conditions de travail

Analyse	Modification du contrat de travail	Modification des conditions de travail
Fondement juridique	Toute modification du contrat de travail nécessite l'accord des deux parties.	L'employeur dispose d'un pouvoir de direction et de contrôle, il peut modifier « les conditions de travail ».
Éléments concernés	Éléments qui ont été déterminants pour la conclusion du contrat, par nature ou par la volonté des parties : rémunération, durée, qualification professionnelle et lieu de travail.	Éléments dont la modification n'affecte pas la sphère contractuelle : horaires, modes de fabrication, organisation du travail.
Conséquences des modifications	**Principe** : l'accord du salarié est nécessaire. Si le salarié refuse, l'employeur doit maintenir les conditions antérieures ou prendre l'initiative d'un licenciement (avec préavis et indemnités).	**Principe** : le salarié ne peut pas les refuser sous peine de commettre une faute. Si le salarié refuse, ce refus s'analyse automatiquement en une cause réelle et sérieuse de licenciement.

b. Les conséquences de ces modifications

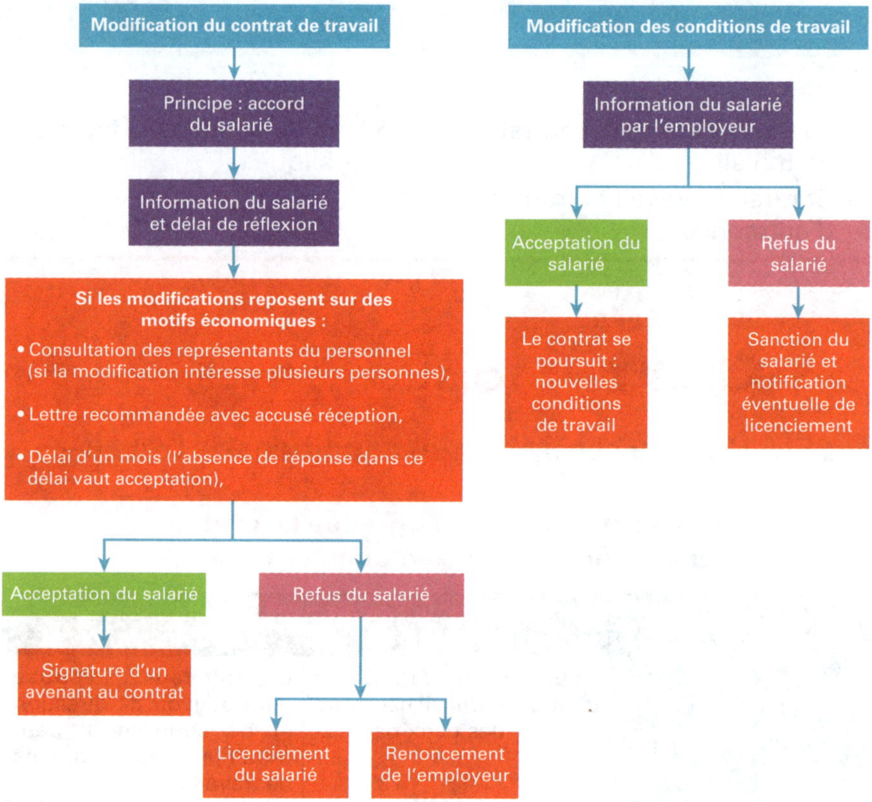

2 Contrat de travail et transfert d'entreprise

a. Un principe en droit européen et droit français

Les contrats de travail sont maintenus en cas de transfert d'entreprise. Cette règle résulte d'une **directive** européenne et du Code du travail.

La directive communautaire du 12 mars 2001	*« Le transfert d'une entreprise, d'un établissement ou d'une partie d'entreprise ou d'établissement ne constitue pas en lui-même un motif de licenciement. »*
L'article L. 1224-1 du Code du travail	*« Lorsque survient une modification dans la situation juridique de l'employeur, […] tous les contrats de travail en cours au jour de la modification subsistent entre le nouvel employeur et le personnel de l'entreprise. »*

b. Les conditions d'application

Le changement d'employeur doit avoir pour effet de transférer une entité économique autonome	Un ou plusieurs contrats doivent être en cours d'exécution au moment du transfert
▷ Une entité autonome est un ensemble organisé de personnes et de biens (salariés, matériel, stocks, clientèle.) de manière à exercer une activité économique qui poursuit un objectif propre. ▷ L'activité transférée doit être maintenue chez le nouvel employeur.	Le principe de poursuite des contrats s'applique aux contrats de travail en cours : CDI, CDD, contrat d'apprentissage y compris les situations de suspension du contrat (pour maladie par exemple), périodes d'essai.

c. Les effets

Le contrat se poursuit dans les mêmes conditions	Les salariés gardent leur ancienneté, leur qualification et leur droit aux congés payés.
Les modifications du contrat nécessitent l'accord du salarié	Le nouvel employeur ne peut modifier le contrat de travail qu'avec l'accord du salarié. À défaut il prend l'initiative du licenciement (préavis, indemnités).
L'employeur exerce son pouvoir de direction	Il peut modifier les conditions de travail dans le cadre de son pouvoir de direction.

3 La mobilité dans la fonction publique

Le fonctionnaire est titulaire de son grade et peut être astreint à l'obligation de mobilité. On différencie mobilité fonctionnelle et mutation.

	Définition	Conséquences
Mobilité fonctionnelle	▷ Est une garantie fondamentale d'évolution de carrière. ▷ S'effectue au sein de la fonction publique du fonctionnaire ou d'autres fonctions publiques.	▷ Perspectives de carrière nouvelles. ▷ Développement des capacités d'adaptation. ▷ Amélioration du service public. ▷ Maintien des avantages acquis en cas de changement d'administration ou de fonction publique.
Mutation	▷ Dans l'intérêt du service. ▷ À l'initiative du fonctionnaire ou d'office.	▷ Maintien du fonctionnaire dans son corps. ▷ Changement de résidence ou de situation administrative.

6 La protection de la relation de travail

1 Le cadre international et européen de protection

La protection au plan international

Sources de la réglementation	**L'Organisation des Nations Unies** (ONU) édicte des normes préparées par le BIT (bureau international du travail) proposées ensuite à la ratification des états membres.
Contenus	Normes qui portent sur l'abolition du travail des enfants, le respect du droit de grève et de la liberté syndicale ou encore la non-discrimination en matière d'emploi.
Application	▷ Caractère contraignant de ces normes. ▷ Des plaintes peuvent être déposées auprès de l'OIT qui fait des recommandations. *Remarque :* Peu d'États appliquent effectivement ces normes dont le contrôle relève plus du politique que du juridique.

La protection au plan européen

Sources de la réglementation	Contenus	Application
Traités et règlements	▷ Dispositions sur l'existence d'institutions sociales européennes (ex : le comité économique et social) ou ▷ Dispositions que l'Union européenne a souhaité rendre obligatoire (ex : la Charte des droits sociaux fondamentaux contenant des « obligations morales » visant à garantir le respect de certains droits sociaux dans les États. Ces droits concernent surtout le marché du travail, la formation professionnelle, la protection sociale, l'égalité des chances, la santé et la sécurité au travail).	Application sur l'ensemble du territoire de l'UE. *Remarque* : Le Royaume-Uni, la Pologne et la République tchèque ont négocié une option de non-application de la charte des droits fondamentaux.
Directives sociales	Exemple : l'égalité de rémunération femme/homme.	Les États doivent transposer ces directives dans leur droit national.
Normes relatives à la Sécurité sociale des travailleurs de l'Union européenne	Principale disposition : la carte européenne de Sécurité sociale.	Tous les ressortissants de l'UE bénéficient d'une prise en charge de soins médicaux, selon la législation et les formalités en vigueur dans le pays de séjour.

2 La rupture de la relation de travail

Les parties au contrat de travail peuvent y mettre fin d'un commun accord ou de façon unilatérale. La rupture du contrat de travail par le salarié est la démission. La rupture du contrat de travail par l'employeur est le **licenciement**.

a. Le licenciement

La cause réelle et sérieuse (CRS)

Le licenciement intervient pour motif personnel ou pour motif économique. Quel que soit le motif, il est fondé sur une cause réelle et sérieuse :

	Cause réelle	Cause sérieuse
Éléments de définition	La cause du licenciement doit : ▷ exister ; ▷ avoir un caractère objectif ; ▷ être exacte.	La cause du licenciement doit ▷ présenter une certaine gravité ; ▷ qui ne permet plus la poursuite de la relation de travail.

Les deux formes de licenciements

Le licenciement pour motif personnel

Définition	Rupture du contrat de travail à l'initiative de l'employeur pour **des motifs inhérents à la personne du salarié**.
Critères	▷ Faute du salarié : (exemple : non-respect du règlement intérieur). ▷ Absence de faute du salarié mais licenciement rendu nécessaire dans l'intérêt de l'entreprise (exemple : insuffisance de résultats).
Conséquences	▷ Préavis sauf si le maintien du salarié à son poste perturbe la bonne marche de l'entreprise. ▷ Indemnités de licenciement sauf en cas de faute grave ou lourde.

Le licenciement économique

Définition	Rupture du contrat de travail à l'initiative de l'employeur pour des **motifs économiques** non inhérents à la personne du salarié.
Critères	▷ **Causes** : difficultés économiques, mutations technologiques ou réorganisation pour sauvegarder la compétitivité du secteur d'activité ou cessation d'activité.
Conséquences	▷ Au préalable : obligation de formation et de reclassement. ▷ Plan de sauvegarde de l'emploi pour les entreprises d'au moins 50 salariés. ▷ Préavis. ▷ Indemnités.

Les procédures de licenciement

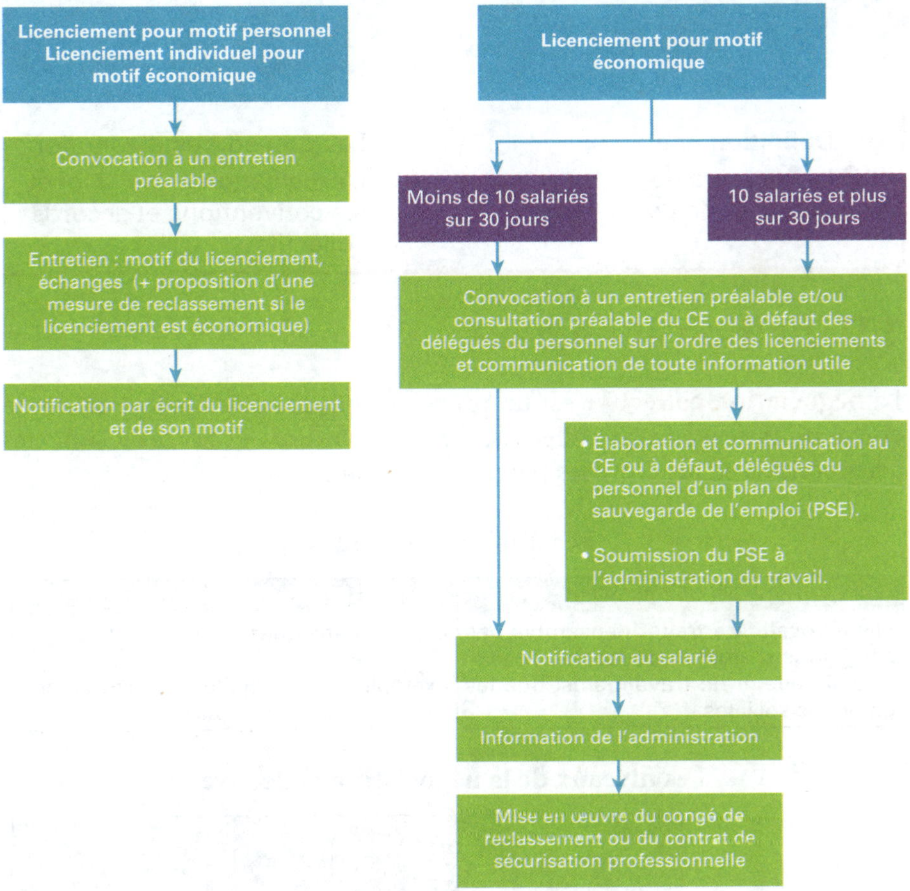

b. La démission

Des dispositions encadrent la **démission** du salarié.

Conditions de validité de la démission	La démission doit résulter d'une volonté : ▷ sérieuse ; ▷ claire ; ▷ non équivoque.
Obligations du salarié démissionnaire	▷ Respecter un préavis (dont la durée est fixée par les conventions collectives ou les usages). ▷ Ne pas être abusive : ne pas être donnée dans l'intention de nuire (l'employeur pourra obtenir des dommages-intérêts).

7 La négociation collective

- **1** Définition et enjeux
- **2** Les acteurs de la négociation collective
- **3** Les procédures d'adoption
- **4** L'articulation entre la loi et les conventions et accords collectifs

1 Définition et enjeux

La **négociation collective** est un processus qui aboutit à la formation de convention et d'accord collectifs. Ces **conventions** et **accords** sont des actes écrits conclus entre les partenaires sociaux.

Les différentes formes

Convention collective	Accord collectif
Elle a vocation à traiter l'ensemble des conditions d'emploi, de formation professionnelle et de travail, ainsi que les garanties sociales.	Il traite d'une question déterminée. Exemple : les indemnités de licenciement.

Les niveaux de la négociation collective

	Le niveau interprofessionnel	Le niveau de la branche	Le niveau de l'entreprise ou l'établissement
Niveaux	Ensemble des branches et des entreprises sur le territoire national.	Ensemble d'une profession sur un territoire (national ou local).	Ensemble des salariés d'une entreprise ou d'un établissement.
Enjeux	Lisser les conditions de la concurrence des entreprises appartenant à la même branche.	Différencier les statuts des salariés.	Faire évoluer le droit du travail dans son ensemble.

2 Les acteurs de la négociation collective

Les conventions et accords collectifs sont conclus entre les syndicats représentatifs des salariés et un ou plusieurs employeurs ou organisations d'employeurs.

Les syndicats de salariés et les organisations d'employeurs doivent faire la preuve de leur représentativité. Il s'agit de leur capacité à parler au nom des salariés et des employeurs et de les engager par la voie de convention et d'accord. Sept critères cumulatifs sont utilisés

Critères	Précisions sur les critères
Respect des valeurs républicaines	Ce critère implique notamment le respect de la liberté d'opinion, le refus de toute discrimination et de toute intolérance.
Indépendance	Est indépendante une organisation qui ne dépend pas d'une autre personne. Par exemple, un syndicat de salariés financé par un employeur, n'est pas indépendant. L'indépendance suppose un nombre suffisant de syndiqués et la levée de cotisations.
Transparence financière	Le syndicat ne doit pas être sous la dépendance financière d'une personne extérieure au syndicat.
Ancienneté	Le syndicat doit avoir une ancienneté de deux ans.
Influence	Elle est caractérisée par l'activité (exemple : implantation dans les entreprises) et l'expérience (exemple : rôle dans les conflits sociaux) du syndicat.
Effectifs	▷ Ce critère n'est pas pris en compte pour les organisations patronales. ▷ Pour les organisations salariales, il faut un certain nombre d'adhérents.
Audience	▷ **Cas des syndicats de salariés** Pour négocier il faut avoir recueilli un certain nombre de suffrages exprimés aux dernières élections professionnelles. Ce nombre varie en fonction du niveau de négociation (exemples : il est de 10 % au niveau de l'entreprise et de 8 % au niveau de la branche). ▷ **Cas des organisations patronales** L'audience patronale se mesure en fonction du nombre d'entreprises adhérentes à l'organisation. Elle varie en fonction du niveau de négociation. Pour les organisations patronales, l'audience sera mesurée la première fois en 2017.

3 Les procédures d'adoption

a. Au niveau interprofessionnel et de la branche

Qu'il s'agisse d'un accord interprofessionnel (exemple : convention d'assurance chômage) ou d'un accord de branche (exemple : convention des entreprises d'assurance), il faut respecter trois étapes.

- **Première étape.** Les organisations appelées à négocier représentent au moins 8 % des suffrages exprimés lors du premier tour des dernières élections professionnelles (élection au comité d'entreprise, à défaut, aux délégués du personnel).
- **Deuxième étape.** L'accord doit être signé par une ou plusieurs organisations syndicales de salariés représentatives ayant recueilli au moins 30 % des suffrages exprimés au premier tour des dernières élections professionnelles au comité d'entreprise ou à défaut des délégués du personnel.
- **Troisième étape.** La validité suppose l'absence d'opposition émanant d'organisations syndicales représentatives ayant recueilli la majorité des suffrages exprimés lors du premier tour des dernières élections professionnelles.

b. Au niveau de l'entreprise

À ce niveau les conditions sont les mêmes que celles indiquées précédemment. Seule change la première étape. En effet, pour négocier il faut avoir recueilli au moins 10 % des suffrages exprimés lors du premier tour des dernières élections professionnelles.

4 L'articulation entre la loi et les conventions et accords collectifs

a. Le principe de faveur

Ce principe énonce qu'en cas de conflit entre deux règles, la solution recherchée doit être la plus favorable au salarié. Une convention ou un accord collectif ne pourra donc pas s'écarter de la loi sauf s'il s'agit d'une disposition plus favorable pour le salarié.

Le principe de faveur par l'exemple

Situations	Règles applicables
▷ Taux horaire d'une convention collective : 10 euros. ▷ Taux horaire du SMIC : 11 euros	Taux horaire du **SMIC**
▷ Taux horaire d'une convention collective : 12 euros. ▷ Taux horaire du SMIC : 11 euros.	Taux horaire de la convention collective

b. La remise en cause du principe de faveur

Ces dernières années le **principe de faveur** a été remis en cause. Les **partenaires sociaux** disposent désormais d'une plus grande autonomie au niveau de l'entreprise.

Dérogations par rapport à la loi

Les partenaires sociaux peuvent négocier des accords qui s'écartent de la loi (accords dérogatoires). Par conséquent un accord d'entreprise peut être moins favorable au salarié que la loi. Ces dérogations sont autorisées par la loi qui en dresse une liste.

EXEMPLE

La loi prévoit que le taux des heures supplémentaires est de 25 %. Les partenaires sociaux peuvent négocier un taux moins avantageux à condition qu'il soit au moins de 10 %.

Dérogations par rapport à une convention collective de rang supérieur

Les partenaires sociaux peuvent négocier dans l'entreprise des conventions moins favorables au salarié que les conventions de rang supérieur. Par conséquent une convention d'entreprise peut être moins favorable aux salariés qu'une convention de branche. Toutefois les partenaires sociaux peuvent verrouiller la convention de branche en interdisant toute dérogation. De plus, dans certaines matières la loi interdit toute dérogation :

- salaires minima ;
- classifications (répartition des salariés dans des groupes permettant de déterminer la rémunération) ;
- garanties collectives relatives à la prévoyance (dispositif relatif aux mutuelles et aux assurances complémentaires) et à la mutualisation (mise en commun) des fonds de la formation continue.

8 Le choix d'une structure juridique

- 1 Les structures juridiques
- 2 Les critères de choix d'une structure juridique
- 3 L'évolution des structures juridiques

1 Les structures juridiques

a. Les structures à but lucratif

L'entreprise individuelle

Principe	Les options de l'entrepreneur pour protéger son patrimoine	
	Options	**Conséquences**
▷ L'**entreprise individuelle** est « confondue » avec l'entrepreneur : ▷ Par conséquent : – elle n'a pas la **personnalité juridique** ; – elle ne possède ni **capacité juridique** ni **patrimoine** propre.	Le choix du **régime matrimonial** de **séparation des biens**.	L'entrepreneur marié n'engagera que ses biens propres dans son activité.
	L'insaisissabilité des biens immobiliers non professionnels.	La « loi Macron » (06/08/2015) consacre l'insaisissabilité de droit de la résidence principale. Les autres biens immobiliers pourront être rendus insaisissables par une déclaration notariée. Tous ces biens ne pourront pas être saisis par les créanciers professionnels.
	Le choix du statut de l'EIRL (entrepreneur individuel à responsabilité limitée).	L'entrepreneur crée un patrimoine d'affectation à son activité, gage de ses créanciers professionnels.

La société

Définition

La **société** est une convention par laquelle deux ou plusieurs personnes conviennent de mettre en commun des biens ou industrie et de partager les bénéfices qui peuvent en résulter. Les associés contribuent aux pertes.

On distingue les **sociétés de personnes** ou **de capitaux** :

	Sociétés de personnes	Sociétés de capitaux
Le risque	Sociétés à risque illimité : les associés sont indéfiniment et solidairement responsables des dettes de la société. Exemple type : la société en nom collectif (SNC).	Sociétés à risque limité : les associés ou actionnaires perdent au plus leurs apports. Exemples types : SA, SAS, SASU.
Le capital	Le capital est divisé en **parts sociales** non librement cessibles.	Le capital est divisé en **actions** en principe librement cessibles.
Le projet	Forme qui repose sur la confiance (*intuitu personae*).	Forme qui repose sur les apports que chaque actionnaire met dans la société.

Une société hybride : la SARL		
Responsabilité limitée	Capital divisé en parts sociales	Repose sur la confiance

Remarque

L'EURL (Entreprise Unipersonnelle à Responsabilité Limitée) est une SARL à associé unique.

Le cas particulier du micro-entrepreneur
La loi de modernisation de l'économie (04/08/2008) a créé un statut d'auto entrepreneur (aujourd'hui micro-entrepreneur) pour les personnes qui souhaitent débuter ou arrêter facilement une activité réduite, indépendante et avec un minimum de risque. Ce statut peut être choisi par toute personne (salarié, fonctionnaire, retraité, étudiant, demandeur d'emploi). Les charges sociales et fiscales sont un prélèvement libératoire mensuel ou trimestriel calculé sur le chiffre d'affaires.

b. Les structures à but non lucratif

L'association

Définition

L'**association** est une convention par laquelle deux ou plusieurs personnes mettent en commun d'une façon permanente leurs connaissances ou leur activité dans un but autre que de partager des bénéfices.

Les différents types d'associations

Association non déclarée	▷ Absence de formalisme. ▷ N'a ni la personnalité juridique ni la capacité juridique. ▷ C'est seulement un contrat.
Association déclarée	▷ Déclarée en préfecture et publiée au JO. ▷ Elle a la petite personnalité juridique.
Association déclarée d'utilité publique	▷ Déclarée et soumise à des formalités juridiques. ▷ Elle a la personnalité juridique complète.

Association et activité économique
Le Code de commerce permet à certaines associations d'avoir une activité économique. En effet, la loi n'interdit pas à une association de faire des bénéfices mais elle ne doit pas les distribuer. Les associations peuvent vendre habituellement des produits ou fournir des services si cette activité est prévue dans les statuts. L'association est alors assujettie à la TVA.

La coopérative

Définition

Groupement de personnes dans le but de satisfaire leurs aspirations et besoins économiques, sociaux et culturels communs.

Finalité	Supprimer les intermédiaires afin de diminuer une dépense ou augmenter un gain (coopérative agricole par exemple).
But	Elle n'a pas pour but de réaliser et partager des bénéfices mais d'améliorer le sort de ses membres.
Forme	SA ou SARL
Principes de fonctionnement	▷ Principe démocratique : un homme = une voix. ▷ Principe de la variabilité du capital. ▷ Principe altruiste. ▷ Principe de la double qualité : employeur et salarié.

2 Les critères de choix d'une structure juridique

Les motivations du créateur

Critères	Typologie	Structures	Commentaire
Les motivations liées aux finalités du projet	Les structures à but non lucratif	▷ L'association ▷ La coopérative	Liberté de fonctionnement, simplicité et régime fiscal de faveur.
	Les structures à but lucratif	▷ L'entreprise individuelle ▷ La société	Permettent d'adapter les structures aux moyens nécessaires à la mise en œuvre du projet.
Les motivations patrimoniales	▷ Les structures qui protègent le patrimoine du créateur.	▷ L'association, la coopérative, les sociétés à responsabilité limitée.	▷ Les créanciers demandent souvent des garanties sur les biens (gage, hypothèque) ou une caution (conjoint ou partenaire pacsé).
	▷ Les structures qui ne protègent pas le patrimoine du créateur.	▷ L'entreprise individuelle.	▷ L'entrepreneur individuel peut rendre une partie de ses biens immobiliers insaisissables voire opter pour l'EIRL. Sa résidence principale est de droit insaisissable par ses créanciers professionnels.
		▷ Les sociétés à responsabilité illimitée.	▷ L'entrepreneur individuel comme l'associé peuvent choisir le régime de séparation des biens en cas de mariage.

Critères	Typologie	Structures	Commentaire
La motivation sociale	**Statut de salarié**	Protection sociale étendue (régime général)	Cotisations sociales limitées pour une couverture sociale la plus large.
	Statut d'indépendant	Protection relevant d'un régime spécial	Cotisations volontaires, choix de la couverture et de l'organisme (RSI pour les commerçants, autres organismes pour les professions libérales).
Les motivations liées à l'exercice du pouvoir	▷ Association ▷ Coopérative	Fonctionnement démocratique	Décision collective dans l'intérêt de la structure.
	▷ Entrepreneur individuel, EURL	Pouvoir sans partage	Liberté de gestion
	Sociétés	Pouvoirs partagés par les dirigeants et les associés ou actionnaires	Pouvoirs plus ou moins étendus selon la forme de société : certains actes importants sont de la compétence des associés.
Les motivations financières	▷ Association ▷ Coopérative	Financement par les adhérents	Recours au financement externe pour réaliser son but (subventions, emprunts).
	Entrepreneur individuel, EURL	Moyens limités issus d'une seule personne	Le développement de l'entreprise nécessite un recours bancaire et des garanties.
	Sociétés	Association de moyens	Favorise le développement de l'entreprise.

3 L'évolution des structures juridiques

Le développement de l'activité de l'entreprise impose de faire évoluer la structure juridique initiale.

Les évolutions	Conséquences
De l'entrepreneur individuel à l'EIRL	Ce choix permet à l'entrepreneur d'avoir plusieurs patrimoines : un patrimoine personnel et un ou plusieurs patrimoines(s) professionnel(s).
La transformation de l'entreprise individuelle en société	Cette décision permet à l'entrepreneur de créer une personne morale. La société permet de réunir des moyens et facilite la transmission de l'activité par la revente des parts sociales ou des actions.
L'évolution de la forme de société	Cette décision est motivée soit par le recours à des moyens financiers supplémentaires, soit par des mesures fiscales plus favorables, soit pour simplifier l'organisation. Ainsi, la SAS a aujourd'hui un réel succès. Elle permet de différencier les droits des associés dans les statuts, d'organiser librement l'exercice du pouvoir et son contrôle.

9 La pérennité de l'entreprise

- **1** Les objectifs du droit des entreprises en difficulté
- **2** La prévention des difficultés
- **3** Les procédures de traitement des difficultés

1 Les objectifs du droit des entreprises en difficulté

Anticiper	▷ À partir des informations comptables ▷ Par une procédure d'alerte. ▷ Par la recherche d'une solution confidentielle : la conciliation.
Maintenir l'activité et l'emploi	Favoriser le redressement de l'entreprise ou la reprise de ses activités.
Placer le chef d'entreprise au cœur du dispositif	Le chef d'entreprise est en principe maintenu à la tête de son entreprise.

2 La prévention des difficultés

L'anticipation des difficultés de l'entreprise passe par la mise en place de mécanismes d'alerte à partir des informations comptables.

a. L'information comptable

Obligations	Assujettis	Principaux contenus de l'obligation	Sanctions
Tenir une comptabilité	▷ Toute personne physique et morale ayant la qualité de commerçant. ▷ Certaines sociétés civiles.	▷ Enregistrement comptable des mouvements affectant le patrimoine de l'entreprise. ▷ Inventaire au moins une fois tous les 12 mois. ▷ Établissement de comptes annuels : bilan, compte de résultat, annexe.	Sanctions civiles (injonctions) et sanctions pénales (contravention de 5e classe pour les sociétés commerciales).

Obligations	Assujettis	Principaux contenus de l'obligation	Sanctions
Dépôt des comptes annuels	Sociétés commerciales	▷ Comptes annuels (sauf micro-entreprises). ▷ Rapport du commissaire aux comptes s'il existe. ▷ Proposition d'affectation des résultats et résolution votée.	Absence de sanctions
Documents de gestion prévisionnelle	▷ Sociétés commerciales et personnes morales de droit privé non commerçantes ayant une activité économique. ▷ Seuils : 300 salariés, CAHT 18 millions.	▷ Plan de financement et compte de résultat prévisionnels. ▷ Situation de l'actif disponible et du passif exigible.	Absence de sanctions

b. La procédure d'alerte

Lorsque l'entreprise rencontre des difficultés, une procédure d'alerte peut être déclenchée par le commissaire aux comptes (CAC), le comité d'entreprise, les associés ou le juge.

Par le CAC	Par le comité d'entreprise	Par les associés	Par le juge
▷ Obligation de déclencher cette procédure lorsque, à l'occasion de sa mission, il relève des faits de nature à compromettre la continuité de l'exploitation. ▷ Le CAC engage sa responsabilité civile en cas de non-respect de son obligation	Lorsque les représentants du personnel ont connaissance de faits de nature à affecter de manière préoccupante la situation économique de l'entreprise, ils peuvent demander aux dirigeants des explications.	Lorsque la continuité de l'exploitation est compromise, les associés dans la SARL et les actionnaires dans la SA peuvent poser des questions écrites aux dirigeants, deux fois par exercice.	Le président du tribunal de commerce (ou du TGI) peut convoquer les dirigeants d'une entreprise qui connaît des difficultés de nature à compromettre sa continuité.

c. La conciliation

Situation de l'entreprise	L'entreprise rencontre des difficultés importantes mais non irrémédiables à court terme : dégradation de la situation financière, pas d'état de cessation des paiements[1] ou récent (depuis moins de 45 jours).
Objectif	▻ Démarche du chef d'entreprise qui reste confidentielle. ▻ Nomination d'un conciliateur qui aide à la recherche d'un accord amiable avec les créanciers.
Conséquences	▻ En cas d'accord : – principe, le président du tribunal constate l'accord et lui donne force exécutoire ; – exception : il peut aussi l'homologuer. Dans ce cas l'accord est révélé au public. ▻ En cas d'échec de la conciliation, une autre procédure peut être demandée par le chef d'entreprise ou le juge.

(1) La cessation des paiements est la situation d'une entreprise dont le passif exigible est supérieur à l'actif disponible.

3 Les procédures de traitement des difficultés

a. La procédure de sauvegarde

Situation de l'entreprise	Procédure facultative qui s'appliquera à une entreprise qui n'est pas en cessation des paiements mais éprouve des difficultés trop importantes pour être résolues par un conciliateur.
Objectif	Faciliter la réorganisation de l'entreprise afin de permettre la poursuite de l'activité économique, le maintien de l'emploi et l'apurement du passif.
L'ouverture de la procédure	▻ À la demande du débiteur. ▻ Par jugement. ▻ Nomination des organes de procédure : le juge-commissaire, l'administrateur judiciaire, le mandataire judiciaire.
Effets	▻ N'a pas de caractère confidentiel puisqu'un jugement d'ouverture est rendu public. ▻ Suspension des poursuites. ▻ Période d'observation d'une durée maximale de 6 mois (renouvelable une fois). ▻ Diagnostic et plan de sauvegarde (plan de remboursement, cessation d'activités éventuelles). ▻ Le dirigeant reste à la tête de son entreprise mais : – interdiction de payer les dettes antérieures ; – priorité des dettes postérieures au jugement d'ouverture.

Cas particulier

La procédure de sauvegarde accélérée : créée par la loi du 12 mars 2014, elle s'applique aux entreprises dont l'activité est viable et concerne tous les créanciers en cas d'échec de la procédure de conciliation. Elle est rapide et débouche sur un plan de sauvegarde visant à assurer la pérennité de l'entreprise et soutenu par les créanciers.

b. La procédure de redressement judiciaire

Situation de l'entreprise	L'entreprise est en cessation des paiements.
Objectif	Sauver une entreprise en cessation des paiements : poursuivre l'activité, maintenir l'emploi et apurer le passif.
L'ouverture de la procédure	Par jugement qui : ▷ arrête la date de cessation des paiements au jour du jugement d'ouverture de la procédure ; ▷ peut faire remonter la date de cessations des paiements jusqu'à 18 mois (cette période est appelée « période suspecte ») ; ▷ nomme les organes de procédures (les mêmes que dans le cas de la sauvegarde) ; ▷ fixation d'une période d'observation 6 mois renouvelables une fois.
Effets	Le dirigeant reste à la tête de son entreprise sauf si un administrateur est désigné avec : ▷ interdiction de payer les dettes antérieures ; ▷ priorité des dettes postérieures au jugement d'ouverture ; ▷ le tribunal arrête un plan de redressement ou de cession partielle ou totale. Une procédure spécifique de licenciement est mise en place si nécessaire.

c. La procédure de liquidation judiciaire

Situation de l'entreprise	La situation est telle que son redressement est impossible
Objectif	Mettre fin à l'activité de l'entreprise ou réaliser le patrimoine du débiteur par une cession globale ou séparée de ses droits et de ses biens.
Ouverture de la procédure	▷ Ouverture possible au constat de la cessation des paiements, pendant la période d'observation, ou en cas d'échec de la procédure de sauvegarde ou de celle de redressement. ▷ Nomination d'un liquidateur.

Effets	▷ Réalisation de l'actif : recouvrement des créances, vente des biens, cession globale ou partielle des actifs. ▷ Apurement du passif : paiement des créanciers, classement des créanciers par ordre de priorité an cas d'insuffisance d'actifs : – super-privilège des salariés pour les 60 derniers jours de salaire ; – créanciers titulaires de sûretés (hypothèque, gage.) ou de privilèges (trésor public) ; – créanciers postérieurs aux jugements d'ouverture ; – autres créanciers. ▷ Jugement de clôture en fin de liquidation.

10 La formation du contrat entre partenaires privés

L'article 1101 du Code civil définit le contrat comme étant un accord de volontés entre deux ou plusieurs personnes destiné à créer, modifier, transmettre ou éteindre des obligations.

1 Les principes fondateurs du droit des contrats

a. La liberté contractuelle

Le contenu de la liberté contractuelle	Ses limites
La liberté de contracter (ou de ne pas contracter)	▻ Certains contrats sont interdits. Exemple : une société ne peut pas prêter de l'argent à ses associés. ▻ Certains contrats sont obligatoires. Exemple : l'assurance-automobile
Le libre choix du cocontractant	Le libre choix ne doit pas être une discrimination illicite. Exemple : le refus de vente au consommateur est interdit.
La libre détermination du contenu du contrat	Des dispositions contraires à l'ordre public et aux bonnes mœurs ne peuvent pas être intégrées dans le contrat.

La volonté suffit à conclure le contrat : tout **formalisme** est superflu et entrave la souveraineté de la volonté. Le droit des contrats est donc fortement marqué par le **consensualisme**.

Pour des motifs divers, notamment pour la protection de la partie la plus faible, on observe un recul de la liberté contractuelle et un développement du formalisme. De nombreux contrats doivent être conclus par écrit.

b. La bonne foi dans les contrats

La bonne foi dans le Code civil	▷ Les contrats doivent être exécutés de bonne foi. ▷ Les obligations contractuelles sont celles exprimées dans le contrat et s'étendent à toutes les suites que l'équité, l'usage ou la loi donnent à ces obligations.
La bonne foi lors de la formation du contrat	▷ Se comporter loyalement vis-à-vis du partenaire. ▷ Ne pas chercher à amener le partenaire à contracter contre son gré.

2 La négociation du contrat

a. Les parties à la négociation

Le contrat peut être négocié par les parties elles-mêmes. Elles peuvent aussi se faire représenter.

Négociation par représentation : cas du contrat de mandat

Le mandant	Le mandataire
▷ Donne au mandataire les moyens d'exécuter sa mission. ▷ Verse des honoraires au mandataire. ▷ Engage sa responsabilité vis-à-vis des tiers.	▷ Exerce la mission confiée dans le mandat. ▷ Respecte les limites des pouvoirs qui lui sont conférés.

b. Le processus de négociation

Les pourparlers

Définition	Période plus ou moins longue de discussions selon la complexité du contrat, qui précède la rédaction d'un contrat.
Principes	Application des mêmes principes que lors de la formation du contrat : la liberté contractuelle et la bonne foi.
Conséquences	▷ Pas de rupture abusive des **pourparlers** sans raison valable, après avoir laissé espérer une issue favorable, lorsque le partenaire a été amené à faire des dépenses ou lorsque la période a duré trop longtemps. ▷ Aucun contrat n'ayant été conclu, le régime de la responsabilité délictuelle s'applique : une faute née d'un comportement déloyal entraînant un préjudice, donne lieu éventuellement au versement de dommages-intérêts.

Les avant-contrats

Ce sont des contrats préparatoires au contrat définitif. Ils peuvent prendre des formes aux conséquences juridiques spécifiques.

Formes principales	Régime juridique
Promesse de contrat	▷ Unilatéral : contrat par lequel une partie, le promettant accorde à l'autre, le bénéficiaire, le droit d'opter pour la conclusion d'un contrat dont les éléments essentiels sont déterminés et pour la formation duquel ne manque que le consentement du bénéficiaire. Le plus fréquent est « la promesse de vente ». ▷ Synallagmatique : dans ce cas les deux parties sont engagées. La promesse synallagmatique vaut vente. On la trouve notamment en droit immobilier.
Pacte de préférence	Contrat par lequel une partie s'engage à proposer prioritairement à son bénéficiaire de traiter avec lui pour le cas où elle déciderait de contracter.
L'offre	▷ Acte unilatéral d'une des parties qui propose les termes du contrat à venir valable pour une durée déterminée. ▷ Prend la forme d'un devis ou d'une facture pro forma.

3 La formation du contrat

a. Les conditions de formation du contrat

Le consentement

Le consentement est formé par la rencontre de l'**offre** et de l'**acceptation**.

L'offre	L'acceptation
▷ L'offre est une déclaration de volonté par laquelle une partie manifeste son intention de se tenir pour liée si l'autre partie accepte. ▷ Elle est ferme et précise.	▷ L'acceptation est la manifestation de volonté de son auteur d'être lié dans les termes de l'offre. ▷ Elle est expresse ou tacite

Le consentement doit être intègre, il ne peut engager celui qui l'a émis que s'il est libre et éclairé. Tel sera le cas s'il est exempt de vices.

Les vices du consentement	Définition	Conditions
L'erreur	Une croyance fausse portant sur un des termes du contrat.	▷ L'**erreur** ne doit pas être inexcusable. ▷ Elle doit avoir été déterminante du consentement.

Le dol	Une tromperie qui a pour effet de provoquer dans l'esprit du contractant une erreur qui le détermine à contracter.	▷ Le recours à des manœuvres frauduleuses. ▷ Ces manœuvres doivent émaner du cocontractant ou d'un « complice ». ▷ Ces manœuvres doivent être déterminantes du consentement. ▷ Le **dol** doit être prouvé par celui qui l'invoque.
La violence	La **violence** une contrainte physique ou morale exercée par une partie pour obtenir le consentement de son cocontractant.	▷ Elle doit être illégitime. ▷ Elle doit émaner du cocontractant ou d'un tiers. ▷ Elle doit être déterminante. ▷ Elle se prouve par tous moyens et s'apprécie concrètement.

La capacité

Définition	Aptitude d'une personne à être titulaire de droits et à les exercer.	
Principe	▷ En principe, toute personne peut contracter. ▷ La **capacité** est la règle l'incapacité l'exception.	
Exceptions	**Le mineur**	N'a pas pleine capacité, il est représenté.
	Le majeur protégé	▷ Il reçoit la protection de sa personne et de ses biens rendus nécessaires par son état ou situation. ▷ Il existe trois régimes protecteurs : la sauvegarde de justice, la curatelle et la tutelle. ▷ En fonction du type de contrat il importe de vérifier si le majeur doit être représenté.

L'objet

Définition	L'article 1128 du Code civil pose qu'un contenu licite et certain est nécessaire à la validité du contrat.
Conditions	Le contrat doit comporter une prestation (exemples : prestation de travail, délivrance d'un bien) présente ou future. Cette prestation ne doit pas être contraire à l'ordre public (exemple : vente d'armes de guerre).

Les conditions de forme

Principe du consensualisme	Le contrat est valablement formé par l'échange des consentements. Un écrit n'est pas nécessaire. De la parole donnée résulte bien un engagement.
Remise en cause du principe : développement du formalisme	Le formalisme se justifie par la volonté de mieux protéger les contractants ou encore de faciliter l'administration de la preuve.
Certains contrats exigent la rédaction d'un écrit	Les contrats solennels (Exemples : hypothèque, location).

La nullité du contrat

La sanction des conditions de formation est en principe la **nullité**.

Le contrat est privé de tout effet. Il est censé n'avoir jamais existé. Aussi doit-on remettre les choses en l'état.

EXEMPLES

Dans un contrat de vente annulé, le vendeur restitue le prix et l'acheteur rend le bien.

b. Les clauses contractuelles particulières

La multiplication des échanges conduit à standardiser les clauses des contrats. La vie des affaires a développé un certain nombre de clauses particulières qui sont devenues d'usage. Le juge veillera à l'équilibre contractuel au nom de la loyauté et de la solidarité contractuelle. Le tableau ci-après présente les clauses les plus courantes.

Clauses particulières	Définition	Commentaires
Clause attributive de compétence ou de juridiction	Clause qui désigne par avance quel sera le tribunal compétent en cas de litige.	▷ Interdite pour la compétence d'attribution. ▷ Seule une clause dérogeant à la compétence territoriale est autorisée entre commerçants.
Clause compromissoire	Clause par laquelle les parties au contrat décident de ne pas recourir aux tribunaux et de soumettre à l'arbitrage les différends non encore nés mais qui pourront surgir entre elles.	Pour les litiges entre commerçants.

Clause limitative ou exonératoire de responsabilité	Clause qui aménage la responsabilité des parties. Les clauses les plus usuelles fixent à l'avance le montant maximum de dommages-intérêts en cas d'inexécution, d'exécution défectueuse ou de retard.	▷ Validité sous réserve de respecter l'ordre public et des textes spécifiques. ▷ Réputées non écrites si elles portent atteinte à une obligation essentielle du contrat. ▷ Nullité en cas de dol ou faute lourde ou lorsque la loi le prévoit expressément (exemple : en matière de transport de voyageurs).
Clause résolutoire de plein droit	Les parties prévoient que le contrat sera anéanti automatiquement s'il survient un événement décrit. Elle dispense le créancier de s'adresser à la justice.	▷ Le créancier devra adresser à son débiteur une mise en demeure. ▷ Cette clause ne s'applique pas si l'inexécution résulte d'un cas de force majeure ou lorsque le créancier la met en œuvre de mauvaise foi.
Clause pénale	Clause qui stipule que celui qui manquera d'exécuter le contrat paiera à son cocontractant une somme d'argent à titre de dommages et intérêts.	▷ Une mise en demeure préalable du débiteur est, en principe nécessaire. ▷ Elle est interdite dans certains contrats (en principe contrat de travail) ou réglementée (contrat de consommation, contrat de prêt).
Clause de réserve de propriété	Elle a pour objet de différer le transfert de propriété d'un bien jusqu'au complet paiement du prix.	Elle doit être écrite et acceptée par l'acquéreur.
Clause de révision de prix	Les parties conviennent que le montant du prix variera en fonction des conditions économiques.	Clause très fréquente notamment dans les contrats à longs délais d'exécution où il est négocié une clause dite de « variation de prix » ou « d'indexation de prix ».

c. Le cas particulier des contrats de consommation entre un professionnel et un consommateur

Un professionnel → Contrat de consommation → **Un consommateur**
Une personne physique qui agit à des fins qui n'entrent pas dans le cadre de son activité commerciale, artisanale, industrielle ou libérale,

La relation entre le **professionnel** et le **consommateur** est naturellement déséquilibrée. Le législateur intervient pour rétablir un équilibre.

Le consentement du consommateur est notamment protégé par la notion de « **clause abusive** ».

Clause abusive

Définition	Clause qui a pour objet ou pour effet de créer au détriment du consommateur un déséquilibre significatif entre les droits et les obligations des parties.
Conséquence	Les clauses abusives sont privées d'effet, écartées d'office par le juge et passibles d'une amende administrative.
2 types de clauses	▷ Les clauses « noires ». Clauses présumées de façon irréfragable abusives (exemple : imposer au consommateur la charge de la preuve). Pour ce type de clause, la loi ne reconnaît pas au professionnel la possibilité de prouver qu'il n'y a pas d'abus. ▷ Les clauses « grises ». Clauses présumées abusives mais le professionnel a le droit de prouver que tel n'est pas le cas (exemple : reconnaître au professionnel la faculté de résilier le contrat sans préavis d'une durée raisonnable).

11 L'exécution du contrat entre partenaires privés

- 1 Les obligations contractuelles
- 2 L'inexécution du contrat

1 Les obligations contractuelles

a. Le force obligatoire des contrats

Le principe de la force obligatoire appliqué aux parties

Le principe	Le contrat, c'est la loi des parties.
	Le contrat est irrévocable. La notion d'irrévocabilité suggère que l'on ne peut pas revenir sur les conventions légalement formées.
Ses limites	▷ Les parties peuvent par consentement mutuel annuler le contrat.
	▷ Dans certains contrats la loi autorise les parties à revenir sur leurs engagements, exemple : un contrat de travail ou d'approvisionnement à durée indéterminée peut être rompu à tout moment.
	▷ Les parties peuvent adapter leur accord aux évolutions de l'environnement.

- **Le juge et la force obligatoire des contrats**.
- **Le juge n'intervient pas**, en principe dans le contrat pour imposer des clauses non prévues ou en modifier le contenu.
- En principe, le juge **ne peut pas réviser le contrat**. Par exception, en cas de changement de circonstances imprévisibles lors de la conclusion du contrat et qui rendent l'exécution du contrat excessivement onéreuse, une partie peut demander une renégociation. En cas de refus, le juge peut être saisi, réviser le contrat ou y mettre fin.
- Le juge **interprète le contrat** dans certains cas.

Il doit rechercher quelle a été la **commune intention des parties** contractantes, plutôt que de s'arrêter au sens littéral des termes.

b. Bonne foi dans les contrats

La bonne foi dans le Code civil	Le Code civil dispose à l'article 1104, que les contrats « *doivent être négociés, formés et exécutés de bonne foi* ».
La bonne foi lors de l'exécution du contrat	▷ Exécuter ses propres obligations de bonne foi, c'est-à-dire procurer à son cocontractant la satisfaction de ce qu'il peut légitimement attendre. ▷ Être de bonne foi dans l'exigence de l'exécution par le cocontractant de ses obligations, exemple : prendre en considération les intérêts légitimes du cocontractant.

c. Le contenu du contrat

Les obligations voulues par les parties

Les parties sont libres de déterminer le contenu de leur contrat, sous réserve de respecter l'ordre public et les bonnes mœurs.

On distingue trois types d'obligations.

Nature de l'obligation	Définition	Conséquences	Exemple
Obligation de résultat	Le débiteur d'une obligation de résultat s'engage à atteindre un objectif préalablement fixé et convenu.	▷ La seule inobtention du résultat suffit à caractériser l'inexécution : régime de la présomption de responsabilité. ▷ Le débiteur devra apporter la preuve qu'il n'est pas responsable de cette inexécution.	Le transporteur s'engage à livrer une marchandise à un point donné et dans un délai convenu. Si la marchandise arrive abîmée, il est présumé responsable. Pour écarter sa responsabilité il devra apporter qu'il n'est pas responsable (exemple : l'expéditeur avait mal emballé le produit).
Obligation de moyens	Le débiteur d'une obligation de moyens s'oblige à mettre en œuvre tous les moyens à sa disposition pour atteindre un objectif fixé.	C'est au créancier qu'il appartient de faire la preuve que l'inobtention du résultat est due à une faute du débiteur : régime de la faute prouvée.	Le médecin a une obligation de moyens, il ne s'engage pas à guérir son malade. Pour mettre en œuvre sa responsabilité il faudra prouver qu'il n'a pas mis en œuvre tous les moyens à sa disposition.

Nature de l'obligation	Définition	Conséquences	Exemple
Obligation de garantie	Le débiteur garantit le résultat.	Le débiteur ne peut pas s'exonérer en faisant la preuve de l'existence d'un cas de force majeure.	Contrat de transport de marchandise à délai garanti. Le transporteur est responsable en cas de retard.

La qualification d'une obligation, d'**obligation de moyens** ou **de résultat** n'est pas toujours simple. Plusieurs indices sont retenus : l'aléa pesant sur le résultat à atteindre et le rôle de la victime dans le fait ayant conduit au dommage.

Les obligations imposées par le juge

Les juges ont créé deux obligations générales qui ont désormais une grande portée.

Nature	Définition	Exemples
Obligation d'information	Obligation pour l'une des parties de fournir à l'autre des informations permettant une bonne exécution du contrat.	Le vendeur doit informer l'acheteur sur les conditions d'utilisation de la chose achetée afin qu'il en retire toute l'utilité attendue et puisse s'en servir de façon satisfaisante.
Obligation de sécurité	Le débiteur ne doit pas causer de dommage corporel à son cocontractant pour l'exécution du contrat (qualifiée par le juge d'obligation de résultat ou de moyens).	L'exploitant d'une piscine est tenu d'une obligation de sécurité des personnes qui fréquentent ses installations.

2 L'inexécution du contrat

Le créancier dispose de moyens d'action contre son débiteur lorsque celui-ci n'exécute pas ses obligations.

Sanctions de l'inexécution	Objectif	Modalités
L'exécution forcée	Le créancier a recours aux tribunaux ou à la force publique pour obliger le débiteur à exécuter son obligation.	▷ Envoi d'une lettre de mise en demeure. ▷ Demande d'exécution forcée en nature (par saisie des biens par exemple) ou par équivalent (indemnisation).

Sanctions de l'inexécution	Objectif	Modalités
La résolution	Sanction qui vise à l'anéantissement d'un contrat.	▷ Demande faite au juge par le créancier. ▷ L'action concerne les contrats synallagmatiques (en raison de l'interdépendance des obligations). ▷ Le créancier qui a déjà effectué son obligation souhaite qu'elle lui soit restituée et être indemnisé. ▷ Celui qui n'a pas effectué son obligation souhaite en être dégagé définitivement.
La responsabilité contractuelle	Action qui vise à réparer le dommage qui résulterait de la mauvaise exécution ou la non-exécution du contrat.	Étudiée dans la fiche 19 : la réparation.

12 Les relations contractuelles avec la personne publique

- 1 Les marchés publics
- 2 La formation du contrat administratif

1 Les marchés publics

a. La notion de marché public

Le **marché public** est un contrat (de fournitures ou de services) onéreux, conclu entre un pouvoir adjudicateur (exemple : une commune) et un opérateur économique public ou privé (exemples : entreprises privées ou publiques).

Utilités des marchés publics

L'achat public représente 18 % du produit intérieur brut européen. Au quotidien l'achat public est fondamental car il permet de satisfaire les besoins des collectivités publiques en matière de travaux (exemple : construction d'une nouvelle mairie), de fournitures (exemple : achat de livres pour la médiathèque municipale) ou de services (exemple : conclusion d'un contrat de maintenance informatique).

Les pouvoirs adjudicateurs sont :

- l'État et ses établissements publics autres que ceux ayant un caractère industriel et commercial (exemple : chambre de commerce et d'industrie) ;
- les collectivités territoriales (exemples : région, département, commune).

Le droit des marchés publics a fixé un cadre juridique qui repose sur :

- la protection de l'argent des contribuables ;
- la lutte contre la corruption ;
- et la recherche de l'efficacité administrative.

Ces marchés s'inscrivent dans le contexte de concurrence du droit européen.

Le marché public est donc soumis à des **principes fondamentaux** qui commandent les procédures de formation :

- la liberté d'accès à la commande publique ;
- l'égalité de traitement des candidats au marché ;
- et la transparence des procédures.

b. La procédure d'appel d'offres

En application des principes précédemment évoqués, une procédure d'appel d'offres est utilisée pour la mise en concurrence et la publicité au-delà d'un certain seuil. Les seuils varient selon qu'il s'agit de fournitures et de services ou de travaux. En fonction du seuil la procédure est plus ou moins contraignante.

Les seuils en matière de fournitures et de services

Marchés dont le montant est inférieur à 25 000 euros HT	→ Absence d'appel d'offres, contrat de gré à gré
Marchés dont le montant est compris entre 25 000 euros et 135 000 euros HT	→ Procédure adaptée
Marchés dont le montant est > 135 000 € HT	→ Procédure formalisée

Les étapes de la procédure

Le lancement de l'offre	▷ Rédaction d'un cahier des charges qui définit précisément les besoins. ▷ Mise à disposition de documents administratifs et techniques.
La publicité	Modalités plus ou moins contraignantes en fonction du montant du marché. Exemple : publicité libre si le montant est compris entre 15 000 et 90 000 euros.
La sélection de l'offre	▷ Examen des candidatures correspondant au cahier des charges par une commission. ▷ Critère de choix : offre économiquement la plus avantageuse compte tenu notamment de la qualité, du prix, de la protection de l'environnement, de l'insertion professionnelle de personnes en difficulté, etc.
La clôture de la procédure	▷ Information des candidats non retenus. ▷ Avis d'attribution par l'adjudicateur.

2 La formation du contrat administratif

a. Les critères de la qualification du contrat administratif

Deux critères permettent de qualifier un **contrat d'administratif**.

Critères	Analyse des critères
Un contrat conclu par certaines personnes	Le contrat administratif est un contrat conclu par une personne publique (exemples : État, communes, etc.).
Un contrat au contenu spécifique	▷ L'exécution d'un service public visant à satisfaire l'intérêt général (exemple : construction d'un lycée professionnel). ▷ Une clause exorbitante (qui s'écarte du droit commun) : Compte tenu de la nature particulière de contrat administratif (défense de l'intérêt général), la personne publique dispose de pouvoirs particuliers (exemple : elle peut modifier unilatéralement des clauses du contrat).

b. Les particularités liées à l'exécution du contrat administratif

Outre l'application de la clause exorbitante, un contrat administratif peut faire l'objet d'une **résiliation unilatérale** par la personne publique moyennant une indemnisation :

- pour un **motif d'intérêt général**, lorsque l'**objet** du contrat ne répond plus à la mission de service public (par exemple : l'abandon d'un projet, la modification d'une réglementation) ;
- en cas de **faute du cocontractant** (exemple : le bâtiment construit n'est pas conforme à celui commandé).

En cas de litige, le contrat administratif relève de la compétence des juridictions administratives (tribunal administratif, cour administrative d'appel et Conseil d'état).

13 Le contrat électronique

- 1 L'offre commerciale électronique
- 2 L'exécution du contrat électronique

1 L'offre commerciale électronique

a. L'ordre public et les bonnes mœurs

Les offres commerciales électroniques doivent respecter l'ordre public et les bonnes mœurs.

À cette fin la réglementation vise à :

- la **protection des plus faibles**. Il existe des dispositions spécifiques concernant les mineurs et leur accès à des messages à caractère violents ou pornographiques.

EXEMPLES

L'autorité administrative peut communiquer aux fournisseurs d'accès Internet les adresses des sites qui mettent en scène des mineurs dans des scènes à caractère pornographique afin que ces derniers coupent immédiatement l'accès.

- l'**interdiction de certaines activités**. Les choses licites ou immorales ne peuvent pas faire l'objet de contrat sous peine de sanctions.

EXEMPLES

Une entreprise ne peut pas créer un fonds de commerce virtuel de drogues.

b. Le respect de la vie privée du consommateur en ligne

Les commerçants en ligne collectent des **données personnelles** afin de faire des offres commerciales électroniques. Ces techniques doivent s'inscrire dans le cadre juridique de la protection de la vie privée et des lois informatiques et libertés.

Principes de la réglementation

Principes	Illustrations
Loyauté	Les données collectées doivent être utilisées de manière explicite (dire pourquoi elles sont collectées) et loyale (respecter ce que l'on a dit).
Règle de l'*opt-in*	Les personnes concernées doivent être informées de la collecte, des modalités de droit d'accès et de rectification.
Consentement	▻ Le consentement préalable du consommateur est exigé pour la réception de courriers électroniques. ▻ La demande doit être formulée personnellement et directement et ne concerne qu'un seul prestataire. ▻ La pratique de l'envoi massif de messages non sollicités ou « *spamming* » est interdite et sanctionnée pénalement.

c. L'obligation de loyauté et de transparence

La loyauté		La transparence
Absence de pratiques commerciales déloyales	Absence de clause abusive	▻ Accès aux informations relatives à l'éditeur du site. ▻ Accès aux informations relatives à l'identification de commerçant. ▻ Accès aux caractéristiques essentielles du produit ou du service.
▻ Mauvaises pratiques professionnelles qui vicient le comportement du consommateur. ▻ On distingue les **pratiques commerciales trompeuses** (exemple : revendiquer un label sans le posséder) et **agressives** (exemple : laisser croire au gain illusoire d'un prix).	Clause qui a pour objet ou pour effet de créer un déséquilibre significatif entre les droits et les obligations des parties au détriment du consommateur (exemple : clause par laquelle le commerçant se réserve le droit de remplacer un produit par un autre).	

La formation du contrat électronique

Le contrat électronique est un contrat à distance. Selon la loi, il exclut la présence simultanée du consommateur et du professionnel et se conclut par le recours exclusif à des techniques de communication à distance. Il doit respecter les conditions générales de validité des contrats (*cf*. fiche 10). Le consentement présente des spécificités liées à l'utilisation de l'Internet.

Les spécificités du contrat conclu par Internet

L'information du consommateur	▷ **Information sur le site marchand.** Selon la loi, l'éditeur du site Web doit fournir des informations afin d'être identifié, notamment nom, adresse, nom du directeur de la publication. De la même façon le commerçant en ligne doit s'identifier. ▷ **Informations relatives à l'offre de contracter.** Le commerçant a mis en ligne ses conditions générales d'utilisation (CGU). Par ailleurs il fournit diverses informations sur le produit ou le service en ligne. Exemples : caractéristiques essentielles, prix.
La formation du contrat	▷ La formalité du double-clic : – le premier clic permet de vérifier la commande et de corriger d'éventuelles erreurs ; – le second clic permet de confirmer la commande (= acceptation). ▷ L'accusé de réception La loi impose l'émission d'un accusé de réception. Il est adressé sans délai injustifié et par voie électronique.
Le droit de rétractation	▷ Le consommateur en ligne dispose d'un droit de rétractation pour revenir sur son engagement, sans justification pendant un délai de 14 jours à compter : – de leur réception pour les biens ; – de la conclusion du contrat pour les prestations de services. ▷ Conséquences : – le consommateur renvoie le produit à ses frais ; – le commerçant est dans l'obligation de rembourser la totalité des sommes versées (prix du bien et frais de livraison).

2 L'exécution du contrat électronique

a. Les obligations des parties au contrat

Les obligations du commerçant en ligne	Les obligations du consommateur en ligne
▷ Accuser réception de la commande. ▷ Conserver l'écrit constatant le contrat pour les montants > 120 euros. ▷ Respecter les modalités de livraison et d'exécution de la prestation de services prévues au contrat.	▷ Prendre livraison. ▷ Payer le prix : – un prix affiché erroné entraîne la nullité du contrat pour vice du consentement ;

Les obligations du commerçant en ligne	Les obligations du consommateur en ligne
▷ Exécuter la commande dans les délais convenus ; à défaut le délai est fixé à 30 jours. Si le professionnel ne respecte pas ce délai, le consommateur lui donne l'ordre de livrer dans un délai raisonnable. Si ce nouveau délai n'est pas respecté, le consommateur résout (= anéantissement) le contrat.	– un paiement en ligne par carte est irrévocable. Un paiement frauduleux, effectué à distance sans utilisation physique de la carte n'engage pas le titulaire de la carte. De plus, un principe de remboursement a été posé par le Code monétaire et financier.

b. La loi applicable

En application du droit européen, la loi applicable est celle de la résidence habituelle du consommateur. Les parties peuvent faire un autre choix figurant dans les conditions de vente du contrat et accepté par le consommateur.

c. Le juge compétent

Le juge compétent est le juge civil (litiges civils) ou le tribunal de commerce (litiges commerciaux).

Pour déterminer la compétence territoriale, On distinguera deux cas :

- lorsque **le consommateur est domicilié dans l'Union européenne**. Le droit européen prévoit que le consommateur peut saisir le tribunal de son domicile. En revanche, le professionnel doit engager l'action devant le tribunal du consommateur ;
- lorsque **le consommateur n'est pas domicilié dans l'Union Européenne**. Dans ce cas les règles du Code de procédure civile sont transposées dans l'ordre international. En matière contractuelle le tribunal compétent est celui du domicile du défendeur ou du lieu de la livraison effective de la chose ou du lieu de l'exécution de la prestation de service.

14 Les productions immatérielles

1 Droit d'auteur et univers numérique

a. Le droit d'auteur

La protection des œuvres numériques est essentiellement assurée par le droit d'auteur. L'auteur est une personne physique. La loi pose que l'auteur d'une œuvre de l'esprit (exemple : un musicien) a sur cette œuvre, du seul fait de sa création, un *droit de propriété incorporelle*. Ce droit est :

- **exclusif**. L'auteur est le seul à en être titulaire ;
- et **opposable à tous**. L'auteur peut contraindre toute autre personne à respecter son droit.

Ce droit comporte des attributs d'ordre intellectuel et moral ainsi que des attributs d'ordre patrimonial.

L'œuvre de l'esprit

La loi ne donne pas de définition de l'œuvre de l'esprit. Elle en dresse une liste partielle : œuvres littéraires, dramatiques, musicales, cinématographiques, chorégraphiques, logiciels, recueils de données.

Caractères de l'œuvre de l'esprit pour être protégeable

Une originalité	L'originalité est une question difficile. On peut dire que l'œuvre doit traduire les choix de l'auteur, son état d'esprit ou bien encore sa vision.
Une forme	L'auteur est protégé si son œuvre a une forme. Exemples : un dessin, une partition de musique, une sculpture, une base de données.

La protection n'est subordonnée à aucune formalité. La référence à la date d'un dépôt peut néanmoins faciliter l'attribution de la paternité de l'œuvre à son auteur.

L'auteur

L'auteur est celui dont la personnalité s'est exprimée dans l'œuvre. C'est en principe une personne physique. Le développement des œuvres collectives fait bénéficier de la protection les coauteurs en cas d'une œuvre de collaboration.

Les droits de l'auteur sur son œuvre

	Le droit moral de l'auteur sur son œuvre	Les droits patrimoniaux de l'auteur sur son œuvre
Caractères	Le droit moral est perpétuel, inaliénable (on ne peut pas le céder).	Le droit patrimonial est un droit exclusif d'exploitation de l'œuvre sous quelque forme que ce soit. Il permet à l'auteur d'en tirer profit.
Éléments	▷ **Le droit au respect** *de son œuvre*. L'auteur peut s'opposer à toute modification de l'œuvre initiale qui la dénaturerait. ▷ **Le droit de divulgation**. Le droit de faire connaître l'œuvre. ▷ **Le droit de repentir**. Il permet à l'auteur de faire cesser l'exploitation de son œuvre ou de la remanier. ▷ **Le droit de paternité**. Il permet à l'auteur d'exiger la mention de son nom.	▷ **Le droit de reproduction**. Il consiste pour l'auteur à fixer de façon matérielle l'œuvre. Exemple : l'écrivain saisit son manuscrit. ▷ **Le droit de représentation**. Il permet à l'auteur de communiquer son œuvre au public. Exemple : l'auteur se produit lors d'un concert.
Durée de la protection	Le droit moral est imprescriptible (il ne s'éteint pas par le non usage).	Les droits patrimoniaux durent pendant toute la vie de l'auteur et persistent sur ses héritiers pendant 70 ans.

b. Les droits de l'auteur dans l'univers numérique

Les atteintes aux droits des auteurs dans l'univers numérique peuvent prendre plusieurs formes :

- la diffusion sur Internet sans l'autorisation de l'auteur ;
- la dénaturation ou toute atteinte à l'œuvre ;
- la reproduction sans référence à l'auteur.

Le dispositif juridique

Mesures techniques de protection	Les traités internationaux et la loi française autorisent l'utilisation de mesures techniques de protection. Il s'agit de technologies ayant pour but d'empêcher ou de limiter les utilisations non autorisées par les titulaires d'un droit d'auteur ; exemple : dispositif anti-copie. Les atteintes à ces mesures techniques de protection sont sanctionnées pénalement.
La contrefaçon	Les atteintes au droit d'auteur sont sanctionnées au titre de la **contrefaçon**. Celle-ci s'entend de la reproduction, représentation ou l'exploitation d'une œuvre de l'esprit en violation des droits de l'auteur. La contrefaçon est une infraction (un délit) et une faute civile. Elle est sanctionnée par des peines pénales (amende et emprisonnement) et civiles (dommages-intérêts).
Hadopi	La Haute autorité de diffusion des œuvres et protection des droits sur Internet (Hadopi) exerce une triple mission. Elle : ▷ encourage au développement d'une offre licite de contenus ; ▷ protège les droits d'auteur ; ▷ assure une régulation et une veille dans le domaine des mesures techniques de protection.

2 Droit des créations numériques

a. La base de données

Selon la loi une **base de données** est un recueil d'œuvres, de données ou d'autres éléments indépendants, disposés de manière systématique ou méthodique et individuellement accessibles par des moyens électroniques ou par tout autre moyen.

La protection des bases de données

Par le droit d'auteur	Par un droit spécial
▷ **Condition.** La base de données doit présenter une originalité du fait des choix de disposition ou d'organisation effectués par son auteur. ▷ **Droits conférés.** L'auteur de la base de données est protégé par le droit d'auteur. La protection est maintenue pendant une durée de 70 ans à compter du décès du créateur.	▷ **Condition.** Souvent l'ensemble des données qui constituent la base n'est pas original. En revanche, la compilation de ces données dans un recueil représente un travail important que le législateur protège. La protection trouve sa source dans l'investissement financier, matériel ou humain substantiel rendu nécessaire par la compilation. ▷ **Droit conféré.** La loi protège le producteur de la base contre une extraction ou une réutilisation d'une partie importante des données.

b. Le site Internet

Selon la loi, un **site Internet** est un ensemble de documents et d'applications placés sous une même autorité et accessibles par la toile à partir d'une même adresse universelle.

Le site Internet est protégé par le droit d'auteur, en tant qu'œuvre multimédia, s'il présente une originalité. Concrètement les éléments qui peuvent être protégés sont :

- la charte graphique (exemples : logo, code couleur) ;
- l'aspect logiciel (exemples : le programme, le code source) ;
- l'aspect navigation (exemple : le bouton suivant, le menu déroulant) ;
- l'aspect d'ensemble (exemples : choix des couleurs, des caractères des emplacements des différentes rubriques).

Par ailleurs, les différents éléments qui composent le site peuvent être protégés séparément par leur régime juridique spécifique :

- le nom de domaine par le droit des marques ;
- les créations graphiques par le droit des dessins et modèles ;
- le texte par le droit d'auteur ;
- le logiciel par le droit des logiciels.

15 L'immatériel et la protection de la personne

- **1** Les données à caractère personnel
- **2** La protection des données à caractère personnel

1 Les données à caractère personnel

Les textes relatifs à la protection des données personnelles reposent sur trois notions :

Une donnée à caractère personnel + Un traitement + Un fichier

Une **donnée à caractère personnel** est constituée par toute information relative à une personne physique identifiée ou qui peut être identifiée, directement ou indirectement, par référence à un numéro d'identification ou à un ou plusieurs éléments qui lui sont propres.

EXEMPLES DE DONNÉES À CARACTÈRE PERSONNEL

- Identification directe : identification par le nom d'une personne.
- Identification indirecte : identification par un numéro d'immatriculation.
- Identification interdite : identification par l'appartenance politique.

Un **traitement** est une opération ou un ensemble d'opérations portant sur des données. La loi le définit de manière large comme tout travail exercé sur la donnée, notamment : collecte, transformation, conservation, transmission et consultation.
Le traitement obéit à des principes :

Les principes du traitement

Loyauté	La personne doit savoir que des données sont collectées.
Exactitude des données	Les données doivent être exactes, complètes et mises à jour.
Finalité	Les données sont collectées pour des buts indiqués clairement et légitimes (conforme aux lois).

Proportionnalité et sectorisation	Le responsable du traitement doit être en mesure de prouver que les données ont été traitées avec mesure et conformément à la finalité du fichier. Il doit aussi prouver que le traitement a été limité au seul secteur d'activité (principe de sectorisation). Exemple : un fichier des abonnés d'un quotidien mis à la disposition d'agents immobiliers.
Sécurité des données	Le responsable du traitement doit mettre en œuvre un niveau de sécurité approprié pour éviter la perte, la destruction, l'altération ou le vol de données.

Un **fichier** de données à caractère personnel est un ensemble structuré et stable de données accessibles selon des critères déterminés.

EXEMPLES

Fichier des clients, des heures supplémentaires.

2 La protection des données à caractère personnel

La loi précise les droits des personnes sur leurs données personnelles et a créé la CNIL (Commission Nationale de l'Informatique et des Libertés).

a. La CNIL

La CNIL	Autorité administrative indépendante qui a pour mission de protéger la vie privée et les libertés dans le monde numérique.
Ses missions	▷ **Informer** : La CNIL informe les personnes de leurs droits et obligations. La CNIL tient à la disposition du public le « fichier des fichiers », c'est-à-dire la liste des traitements déclarés et leurs principales caractéristiques. ▷ **Garantir le droit d'accès**. La CNIL veille à ce que les citoyens accèdent efficacement aux données contenues dans les traitements les concernant. Toute personne peut s'adresser à la CNIL pour être aidée dans l'exercice de ses droits. ▷ **Contrôler**. La CNIL vérifie que la loi est respectée en contrôlant les applications informatiques. Elle peut de sa propre initiative se rendre dans tout local professionnel. Elle dispose de pouvoirs d'investigation pour instruire les plaintes. ▷ **Réglementer**. La CNIL établit des normes simplifiées, afin que les traitements les plus courants fassent l'objet de formalités allégées.

b. Les droits des personnes sur leurs données personnelles

Droit d'information	Toute personne peut s'adresser directement à une organisation pour savoir si elle est fichée ou pas.
Droit d'accès	Toute personne peut, gratuitement, sur simple demande avoir accès à l'intégralité des informations la concernant sous une forme accessible (les codes doivent être explicités). Elle peut également en obtenir copie sous paiement, le cas échéant, des frais de reproduction.
Droit de rectification et de radiation	Toute personne peut demander directement que les informations détenues sur elle soient rectifiées, complétées ou clarifiées, mises à jour ou effacées.
Droit d'opposition	Toute personne peut s'opposer à ce qu'il soit fait un usage des informations la concernant à des fins publicitaires ou de prospection commerciale ou que ces informations la concernant soient cédées à des tiers à de telles fins dès leur collecte. L'utilisation d'automates d'appels téléphoniques, de fax ou de messages électroniques à des fins publicitaires est interdite si les personnes n'y ont pas préalablement consenti (système de l'*opt in*).

c. Les obligations des responsables de traitement

Selon la loi, le responsable du traitement est celui qui détermine ses finalités et ses moyens. Il doit :

- **notifier** la mise en œuvre du fichier et ses caractéristiques à la CNIL, **sauf cas de dispense prévus par la loi ou par la CNIL** ;
- **mettre** les personnes concernées en mesure d'exercer leurs droits en les en informant ;
- assurer la sécurité et la confidentialité des informations **afin qu'elles ne soient pas déformées ou communiquées à des tiers non autorisés** ;
- se soumettre aux contrôles et vérifications sur place de la CNIL **et répondre à toute demande de renseignements qu'elle formule dans le cadre de ses missions**.

16 Les TIC et le travail

- **1** La protection des données à caractère personnel et le contrat de travail
- **2** TIC et forme particulière de travail

1 La protection des données à caractère personnel et le contrat de travail

a. Le recrutement

Des informations sont collectées sur les candidats lors des opérations de recrutement. Cette collecte et le traitement des informations recueillies s'inscrivent dans le respect des libertés individuelles et collectives et des principes étudiés dans la fiche 15 sur les données à caractère personnel. De plus, deux principes doivent être respectés : la loyauté et la proportionnalité.

La loyauté	Le principe de proportionnalité
Information préalable du candidat sur : ▷ les méthodes et techniques d'aide au recrutement utilisées ; ▷ les traitements des informations obtenues ; ▷ la durée de conservation (au maximum 2 ans) des données collectées.	▷ Droit de collecte des informations qui ont pour finalité d'apprécier les qualités du candidat par rapport au poste à pourvoir. ▷ Interdiction de collecter des données sensibles ; exemples : origines raciales, ethniques, opinions politiques, philosophiques ou religieuses, l'appartenance syndicale, l'état de santé ou la vie sexuelle.
▷ Droit d'accès du candidat : tout candidat dispose d'un droit d'accès dans un délai raisonnable et par écrit (recommandation de la CNIL). ▷ Déclaration de fichier : l'employeur est tenu de déclarer à la CNIL les traitements des informations collectées lors du recrutement.	

b. L'exécution du contrat de travail

Le contrat de travail naît d'un état de subordination juridique (*cf.* fiche 1), et l'employeur dispose d'un pouvoir de direction pour contrôler ses salariés. Dans l'exercice de ce pouvoir, la surveillance électronique est licite. Elle est soumise à certaines conditions qui cherchent à concilier les droits du salarié et ceux de l'entreprise.

La **surveillance électronique** est l'ensemble des moyens de contrôle techniques d'une personne liés aux nouvelles technologies. Elle concerne en particulier les réseaux numériques.

Les conditions de surveillance par l'employeur

Une information préalable	Le principe de proportionnalité	La loyauté
▻ Information individuelle sur les méthodes et techniques utilisées (exemple : écoute des communications dans un centre d'appel). ▻ Information et consultation du comité d'entreprise préalable à la mise en œuvre (exemple : mise en place d'un système de vidéo surveillance).	▻ Procédés de contrôle justifiés par la nature de la tâche à accomplir et proportionnés au but recherché (exemple : contrôle d'une clé USB connecté à un outil informatique de l'entreprise). ▻ Respect des droits fondamentaux du salarié (exemple : respect du secret de la correspondance). ▻ Conservation des données recueillies pendant une durée maximum d'un an.	▻ Respect du principe de loyauté dans l'exécution du contrat de travail.

L'utilisation de l'Internet et la messagerie par le salarié

L'utilisation d'Internet par le salarié est admise sur le lieu de travail s'il en fait un usage raisonnable, ne mettant pas en cause sa productivité. L'employeur peut en fixer les conditions afin de protéger les intérêts de l'entreprise ou la morale.

Les fichiers créés par le salarié à l'aide de l'outil informatique mis à sa disposition par l'employeur sont présumés avoir un caractère professionnel.

Les messages électroniques identifiés comme personnels sont protégés par le secret de la correspondance. L'employeur ne peut pas accéder à la messagerie personnelle de ses salariés.

La mise en place d'une **charte informatique** permet de réglementer l'utilisation de l'Internet par les salariés. Elle précise les règles d'utilisation et informe des règles de sécurité et de sauvegarde informatique.

2 TIC et forme particulière de travail

Le développement de l'utilisation des TIC facilite les échanges d'information et la communication. Il a fait naître de nouvelles formes de travail comme le télétravail.

Le **télétravail** est une forme d'organisation et/ou de réalisation du travail, utilisant les technologies de l'information dans le cadre d'un contrat de travail et dans laquelle un travail, qui aurait également pu être réalisé dans les locaux de l'employeur, est effectué hors de ces locaux de façon régulière.

Le télétravail revêt un caractère volontaire pour le salarié et l'employeur concernés.

Les droits des télétravailleurs

Même statut que les autres salariés	Respect de la vie privée	Outils de travail
▷ Les télétravailleurs bénéficient des mêmes droits et avantages légaux et conventionnels que ceux applicables aux autres salariés. ▷ Pour tenir compte des particularités du télétravail, des accords spécifiques complémentaires collectifs et/ou individuels peuvent être conclus.	▷ L'employeur est tenu de respecter la vie privée du télétravailleur : il fixe, en concertation avec le salarié, les plages horaires durant lesquelles il peut le contacter.	▷ L'employeur fournit, installe et entretient les équipements nécessaires au télétravail. ▷ L'employeur prend en charge les coûts directement engendrés par ce travail, en particulier ceux liés aux communications. ▷ L'employeur fournit au télétravailleur un service approprié d'appui technique.

17 Risque et responsabilité

- **1** La notion de risque
- **2** Les fondements de la responsabilité civile

1 La notion de risque

Définition

Le risque est un événement incertain susceptible de causer un dommage aux personnes et aux biens.

Évolution de la notion de risque	Apparition de risques nouveaux	▷ Le développement du progrès technique a favorisé l'apparition de nouveaux risques et la multiplication de dommages matériels et corporels. ▷ La mondialisation des échanges s'est traduite par des risques dits « de masse » d'une plus grande ampleur (ex : catastrophe écologique). ▷ Le progrès scientifique a permis d'investir des domaines nouveaux de la connaissance porteurs de risques nouveaux (exemple : OGM, biotechnologies).
	Perception accrue des risques.	Parallèlement au développement de la sécurité et de la connaissance, la société est devenue plus sensible au risque et à sa nécessaire réparation. Cette victimisation de la société conduit les personnes à réclamer plus de sécurité et la réparation du dommage devient un droit.

2 Les fondements de la responsabilité civile

Par la **responsabilité civile**, le législateur cherche à réparer les dommages privés.

a. La responsabilité individuelle

Être responsable, c'est répondre d'un dommage devant la justice et réparer la victime en l'indemnisant. Cette obligation de réparer a évolué. D'abord fondée sur la faute, elle est ensuite devenue objective. Ces deux conceptions cohabitent aujourd'hui. L'évolution objective de la responsabilité a été accompagnée d'un mouvement de socialisation du risque.

De la responsabilité fondée sur la faute à celle fondée sur le risque

La responsabilité fondée sur la faute	Le Code civil a fondé le droit de la responsabilité sur la faute. Il s'agissait de sanctionner le devoir moral de ne pas nuire à autrui. Par conséquent pour obtenir réparation la victime devra prouver **la faute de l'auteur du dommage**.
La responsabilité fondée sur le risque	L'apparition de nouveaux risques sociaux et en particulier de dommages sans possibilité d'imputation d'une faute à une personne, a fait évoluer le droit de la responsabilité civile vers une théorie « objective ». Celle-ci fait reposer la responsabilité sur le risque. L'idée est que **celui qui agit doit assumer les suites de son action**. Cette théorie a inspiré une évolution de la jurisprudence en faveur des victimes et développé la fonction de prévention. Le principe de précaution approfondit la théorie du risque.

b. La socialisation du risque

La mutualisation du risque permet d'assurer aux victimes une réparation. Dans le même temps, cette collectivisation du risque altère la responsabilité individuelle. Plusieurs évolutions ont accompagné cette collectivisation du risque.

Le développement de l'assurance privée	Le poids de la réparation repose sur la collectivité des assurés grâce aux primes versées.
Les mécanismes d'assurance publique	La sécurité sociale couvre les risques sociaux et indemnise les dommages corporels.
Le développement de fonds de garantie	Ils assurent à titre subsidiaire ou principal l'indemnisation des victimes de dommages spécifiques (exemple : fonds d'indemnisation des victimes de l'amiante). Ces fonds sont abondés par l'État ou par des prélèvements sur certains contrats d'assurance (exemple : FIPOL, dans le domaine pétrolier).

18 L'anticipation du risque

- 1 Le principe de prévention
- 2 Le principe de précaution
- 3 L'obligation de sécurité

1 Le principe de prévention

Définition

Prévenir, c'est anticiper et prendre des mesures qui permettent d'éviter un risque connu.

a. Les différents types de risques

Risques naturels	Avalanche, feu de forêt, inondation, mouvement de terrain, cyclone, tempête, etc.
Risques technologiques	D'origine anthropique (risque dû à l'homme), ils regroupent les risques industriels, nucléaires, biologique, etc.
Risques de la vie quotidienne	Accidents domestiques, accidents de la route, etc.
Risques professionnels	Accidents et maladies professionnels.

b. La prévention des risques

Elle regroupe l'ensemble des dispositions à mettre en œuvre pour réduire l'impact d'un phénomène naturel ou anthropique prévisible sur les personnes et les biens. Elle s'inscrit dans une logique de développement durable, puisque, à la différence de la réparation post-crise, la prévention tente de réduire les conséquences économiques, sociales et environnementales d'un développement imprudent de notre société. Elle regroupe plusieurs axes.

Les axes de la prévention des risques	Modalités
La connaissance des phénomènes, de l'aléa et du risque	Recueil et traitement des données collectées sur les phénomènes mis au point et utilisés, notamment par des établissements publics spécialisés.
La surveillance	L'objectif de la surveillance est d'anticiper le phénomène et de pouvoir alerter les populations à temps.
L'information préventive et l'éducation	Droit des citoyens à une information sur les risques majeurs auxquels ils sont soumis sur tout ou partie du territoire, ainsi que sur les mesures de sauvegarde qui les concernent dans le but de faire adopter par les citoyens un comportement adapté aux menaces.
Les axes de la prévention des risques	Modalités
La mitigation	L'objectif de la mitigation est d'atténuer les dommages, en réduisant soit l'intensité de certains aléas (inondations, coulées de boue, avalanches, etc.), soit la vulnérabilité des enjeux.
La prise en compte du retour d'expérience	Les accidents technologiques font l'objet d'analyses poussées lorsqu'un tel événement se produit.

Le principe de prévention s'applique notamment à la préservation de la santé au travail, au risque technologique et environnemental sous l'impulsion du droit européen et du droit français.

c. La prévention et la santé au travail

Les obligations de l'employeur

L'obligation de sécurité

La qualification de l'obligation de l'employeur	Les mesures obligatoires en matière de prévention de la santé au travail
▷ Principe. L'employeur est tenu d'une **obligation de sécurité de résultat** à l'égard de ses salariés. ▷ Conséquences : – le salarié, victime d'un dommage n'a pas à prouver la faute de l'employeur. – le manquement de l'employeur à cette obligation est qualifié de faute inexcusable lorsque l'employeur avait ou aurait dû avoir conscience du danger auquel était exposé le salarié et qu'il n'a pas pris les mesures nécessaires pour l'en préserver.	▷ Identifier les risques et ainsi les éviter en prenant les mesures adaptées. ▷ Informer et former les salariés et leurs représentants sur les processus de travail, les produits utilisés. ▷ Mettre en place des protections. individuelles et collectives lorsque certains risques ne peuvent pas être évités.

Le cas particulier du harcèlement moral

Définition	Conséquences
L'article L. 1152–1 du Code du travail pose qu'« *aucun salarié ne doit subir les agissements répétés de harcèlement moral qui ont pour objet ou pour effet une dégradation de ses conditions de travail susceptible de porter atteinte à ses droits et à sa dignité, d'altérer sa santé physique ou mentale ou de compromettre son avenir professionnel* ».	▷ L'employeur est tenu de prendre les dispositions nécessaires pour éviter ces agissements. ▷ Le salarié doit établir les éléments de fait qui laissent supposer l'existence d'un harcèlement. ▷ L'auteur du harcèlement (employeur, membre du personnel) prouve que ces agissements ne relèvent pas de faits de harcèlement et que sa décision repose sur des éléments objectifs. ▷ Le juge forme sa conviction au vu des éléments fournis par les parties.

Les acteurs de la prévention des risques professionnels

Principaux acteurs de la protection de la santé dans l'entreprise	Rôle
L'inspection du travail	▷ Pouvoir d'injonction du chef d'entreprise de mettre en place des mesures pour corriger telle ou telle situation. ▷ Éventuellement dresse des procès-verbaux quand il constate des infractions à la loi.
Le médecin du travail	▷ Conseille l'employeur et les salariés. ▷ Surveille l'état sanitaire des salariés. ▷ Mène des actions préventives.
Le CHSCT ▷ obligatoire dans les entreprises d'au moins 50 salariés ; ▷ composé du chef d'entreprise, d'une délégation du personnel et de diverses personnes, membres à titre consultatif.	Veille : – à l'observation des règles en matière de santé ; – à l'amélioration des conditions de travail ; – à la sécurité des salariés.
Le salarié	▷ Il dispose d'un **droit d'alerte**. Il signale à l'employeur toute situation de travail dont il a un motif raisonnable de penser qu'elle présente un danger grave et imminent pour sa vie ou sa santé ainsi que de toute défectuosité qu'il constate dans les systèmes de protection. ▷ Il a un **droit de retrait**. Il peut quitter une situation de danger. L'exercice de ce droit ne doit pas être fautif ou abusif. Il ne peut subir aucune retenue ni sanction.

2 Le principe de précaution

Le **principe de précaution** a été reconnu au niveau mondial au Sommet de la Terre en 1992, et inscrit la même année dans le traité de Maastricht. En France, la loi Barnier en 1995 l'inscrit dans son objectif de protection de l'environnement. En 2005, le principe devient constitutionnel.

- **Objectif** : Protéger les hommes des risques probables mais inconnus et incertains dans l'état de la science.

Le principe de précaution dans la Constitution	Le principe de précaution dans le Code de l'environnement (article L. 110-1 II 1)
Article 5. – « *Lorsque la réalisation d'un dommage, bien qu'incertaine en l'état des connaissances scientifiques, pourrait affecter de manière grave et irréversible l'environnement, les autorités publiques veillent, par application du principe de précaution et dans leurs domaines d'attributions, à la mise en œuvre de procédures d'évaluation des risques et à l'adoption de mesures provisoires et proportionnées afin de parer à la réalisation du dommage.* »	Le principe de précaution est celui selon lequel l'absence de certitudes, compte tenu des connaissances scientifiques et techniques du moment, ne doit pas retarder l'adoption de mesures effectives et proportionnées visant à prévenir un risque de dommages graves et irréversibles à l'environnement à un coût économiquement acceptable.

- **Conséquences :**
  - Ce principe inspire de nouveaux textes législatifs et réglementaires aux niveaux européen et national.
  - Il s'applique aux risques technologique, environnemental et sanitaire.
  - Il renforce l'obligation de prévention.
  - La notion de faute s'élargit en matière de responsabilité.

3 L'obligation de sécurité

Définition

L'obligation de sécurité est une obligation selon laquelle un débiteur ne doit pas causer de dommage corporel à son contractant par l'exécution du contrat.

En matière de vente de biens	En matière de prestation de services
L'obligation de sécurité articule les principes de prévention et de précaution. Le vendeur est tenu d'assurer contractuellement la sécurité « *à laquelle on peut légitimement s'attendre et ne pas porter atteinte à la santé des personnes* » (art. L. 221-1 du Code de la consommation).	La jurisprudence impose dans de nombreux contrats une obligation de sécurité (exemple : contrat de transport de personnes ou de marchandises).

Le rôle des pouvoirs publics

- Les pouvoirs publics prennent les mesures nécessaires à l'application de l'obligation de sécurité pour que les produits et les services répondent à ces exigences.
- Au-delà des fonctions législatives, des mises en garde ou des décisions de suspension de production ou de vente d'un produit ou d'un service peuvent être prononcées.
- Le principe de précaution impose aux pouvoirs publics d'agir lorsqu'un risque est possible, même s'il n'est pas encore certain.

Remarque

Des règles légales spécifiques sont présentées dans la fiche 19 concernant la responsabilité du fait des produits défectueux.

19 La réparation

- 1 La réparation d'un dommage
- 2 La réparation des dommages causés par l'inexécution du contrat : la responsabilité contractuelle
- 3 La mise en œuvre de la responsabilité délictuelle
- 4 La responsabilité du fait des produits défectueux

1 La réparation d'un dommage

a. Les différents types de dommages

Dommage matériel	Un bien est détruit ou détérioré. *Exemple : incendie d'un entrepôt.*
Dommage moral	Des droits extrapatrimoniaux sont atteints. *Exemple : un commerçant porte atteinte à l'honorabilité d'un concurrent.*
Dommage corporel	L'intégrité physique d'une personne est atteinte. Exemple : une personne est blessée.
Dommage écologique	Un dommage est causé aux personnes et aux biens par leur milieu mais il est aussi subi par le milieu lui-même. *Exemple : la pollution des eaux et ses conséquences sur les poissons.*

b. Les caractères du dommage réparable

Caractère certain	Un préjudice déjà subi et qui peut être prouvé est certain. Cette certitude peut s'étendre aux conséquences futures du préjudice. *Exemple : un accident entraîne l'incapacité de travail de la victime.*
Caractère déterminé	Il s'agit d'évaluer, de chiffrer le préjudice subi. Ceci suppose, éventuellement, le recours à des experts. Il faut aussi tenir compte de tous les éléments constitutifs du préjudice.

Caractère actuel	Normalement un préjudice futur ne peut pas être réparé. Cependant, dans certains cas, on peut savoir que le dommage se produira ultérieurement et on peut même le chiffrer. Il convient alors d'indemniser le préjudice que subira la victime, dans les années à venir. *Exemple : une victime frappée d'invalidité.*
Caractère direct	Il résulte en droite ligne du fait reproché au responsable. *Exemple : une personne est brûlée par l'explosion d'une machine.*
Caractère portant atteinte à un intérêt légitime	L'intérêt lésé doit pouvoir être pris en considération par la loi. *Exemple : celui qui exerce une activité irrégulière comme la vente d'un coupe-faim interdit par les pouvoirs publics, ne saurait se plaindre, après accident, de devoir interrompre cette activité.*

2 La réparation des dommages causés par l'inexécution du contrat : la responsabilité contractuelle

La mise en jeu de la responsabilité contractuelle vise à réparer un dommage en cas d'inexécution ou de mauvaise exécution du contrat. L'auteur du dommage et la victime sont liés par contrat.

a. Les conditions de la responsabilité contractuelle

Le dommage	Le fait générateur	Le lien de causalité
L'inexécution, l'exécution tardive ou l'exécution défectueuse peuvent occasionner un dommage dont le cocontractant est déclaré responsable. Toutefois, seuls sont en principe réparables les dommages entrés dans les prévisions du contrat	Le fait générateur est l'inexécution ou l'exécution tardive ou défectueuse du contrat. On différencie le cas de l'obligation de résultat et de l'obligation de moyen.	La loi exige une relation causale directe entre le dommage et l'inexécution du contrat.

Obligation de résultat

Définition	Le débiteur s'est engagé à fournir un résultat. *Exemple : il s'est engagé à transporter de la marchandise de Paris à Rouen.*
Inexécution	▷ S'il ne valide pas ce résultat, il est **présumé en faute.** ▷ Toutefois, il peut écarter sa responsabilité en établissant l'existence d'une cause d'exonération

Causes d'exonération	▷ La **force majeure** : il s'agit d'un événement échappant au contrôle du débiteur, qui ne pouvait être raisonnablement prévu lors de la conclusion du contrat et dont les effets ne peuvent être évités par mesures appropriées. Il empêche l'exécution de son obligation par le débiteur. ▷ La **faute du créancier** : quand le créancier participe à la réalisation du dommage, son comportement peut exonérer, au moins en partie, le débiteur. *Exemple : le cas de celui qui fait transporter un bien en ne le protégeant pas suffisamment.* ▷ Le **fait d'un tiers** : il s'agit d'un acte émanant d'une personne autre que les cocontractants et présentant un caractère imprévisible et irrésistible. *Exemple : le camion d'un transporteur est attaqué par des bandits.*

Obligation de moyens

Définition	Le résultat n'est pas promis. Le débiteur s'est seulement engagé à mettre en œuvre tous les moyens nécessaires pour y parvenir. *Exemple : une telle obligation lie le médecin à son patient.*
Inexécution	Le créancier devra prouver une **faute du débiteur** car si le résultat n'est pas obtenu, le débiteur n'est pas présumé fautif. *Exemple : négligence, imprudence.*

(1) L'extériorité n'est pas toujours retenue.

Remarque

L'obligation de sécurité est une obligation de résultat. Elle consiste à ne pas créer de danger pour la santé des personnes. La jurisprudence a créé cette obligation dans certains contrats (exemple : cas de l'hôtelier, de l'employeur dans le contrat de travail).

b. La mise en œuvre

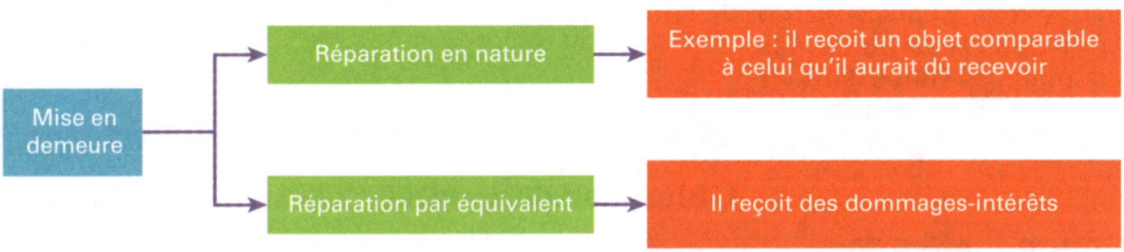

Des clauses contractuelles peuvent concerner les conditions d'existence de la responsabilité ou avoir pour objet le montant des réparations.

3 La mise en œuvre de la responsabilité délictuelle

En **l'absence de contrat** entre la victime et l'auteur du dommage, la responsabilité délictuelle est retenue. Elle naît du dommage causé au tiers.

a. Les conditions

Le fait générateur	Le dommage	Le lien de causalité
▷ Un fait personnel (une faute). ▷ Un fait d'une chose dont on est le gardien (exemple : le garagiste répond de l'automobile qu'il gare en pente). ▷ Un fait d'autrui, d'une personne dont on doit répondre (par exemple l'employeur répond des fautes commises par ses salariés dans leur fonction).	Il existe différents types de préjudices. Pour être indemnisés ces préjudices doivent présenter certaines qualités (*cf.* § précédent).	▷ Le lien de causalité a pour fonction de mettre en relation deux éléments constitutifs de la responsabilité : le fait générateur et le dommage. ▷ Le rapprochement des solutions jurisprudentielles et leur comparaison permettent de dégager les éléments constitutifs du rapport de causalité. ▷ En principe, la charge de la preuve du rapport de causalité incombe au demandeur. Pour venir en aide aux victimes, la loi et la jurisprudence ont créé certaines présomptions de causalité (*cf.* § suivant responsabilité du producteur) qui ont pour conséquence d'inverser la charge de la preuve.

b. Les causes d'exonération

Lorsqu'il y a faute et que le fait dommageable est établi, le responsable en puissance peut s'exonérer de sa responsabilité en déniant le lien de causalité. Il lui faut, pour cela, démontrer que le dommage est dû, en tout ou partie, à une cause étrangère qui ne lui est pas imputable. Cette cause étrangère peut être la **force majeure**, le **fait d'un tiers** ou encore la **faute de la victime.** En cas de dommage résultant concurremment d'une faute de l'auteur du dommage et d'une faute de la victime, il y a partage de responsabilité.

c. La réparation

Le principe est la réparation intégrale du préjudice c'est-à-dire de l'ensemble des dommages qui résultent du fait générateur, mais pas davantage. Elle se réalise en nature ou par équivalent.

d. Le cas particulier de la responsabilité de l'employeur (ou commettant) du fait de ses salariés (ou préposés)

Principe	L'employeur est responsable des dommages causés par ses salariés.
Conditions	▷ Un lien de préposition (un lien de subordination juridique doit exister entre eux). ▷ Le salarié doit avoir commis une faute dans l'exercice de ses fonctions.
Régime juridique	▷ Responsabilité de plein droit : l'employeur est présumé responsable en cas de dommage causé par ses salariés. ▷ Il peut apporter la preuve contraire en prouvant l'existence d'une cause étrangère ou l'abus de fonction du salarié.

4 La responsabilité du fait des produits défectueux

Une loi du 19 mai 1998 instaure un régime de responsabilité du fait des produits défectueux. Cette loi s'applique « *à la réparation du dommage qui résulte d'une atteinte à la personne (ou) à un bien autre que le produit défectueux lui-même* » (art. 1245-1 Code civil).

a. Le domaine

Aux termes de l'article 1245-1 du Code civil, « *le producteur est responsable du dommage causé par un défaut de son produit* ».

Le produit	Tout bien mobilier même incorporé dans un immeuble. Deux caractères : ▷ être défectueux c'est-à-dire qu'il « *n'offre pas la sécurité à laquelle on peut légitimement s'attendre* » (art. 1245-3 al. 1er C. civ.) ▷ être « mis en circulation » (art. 1245-4 C. civ.), ce qui suppose que le producteur s'en soit dessaisi volontairement.

Les responsables	Les producteurs : ▷ Exemples : ▷ le fabricant d'un produit, le producteur de matières premières mais aussi les fournisseurs ; ▷ le vendeur, le loueur sauf exceptions dans ce dernier cas.

b. Le régime juridique

3 conditions	Un dommage + un défaut du produit + un lien de causalité.
La charge de la preuve	La victime doit apporter la preuve de ces 3 conditions.
Les causes d'exonération du producteur	▷ Cas fortuit ou de force majeure. ▷ Faute de la victime. ▷ Causes particulières : le défaut n'existait pas au moment où le produit a été mis en circulation ou encore l'état des connaissances - au moment où il a mis le produit en circulation ne permettait pas de déceler l'existence du défaut.
Prescription de l'action	3 ans à compter de la date à laquelle le demandeur a eu ou aurait dû avoir connaissance du dommage, du défaut et de l'identité du producteur.

20 L'assurance

1 Les principes généraux de l'assurance

a. Principe de l'assurance

L'assurance est une opération par laquelle l'assureur regroupe une pluralité d'assurés exposés à des risques afin d'effectuer une opération de compensation entre les risques indemnisés et ceux pour lesquels une prime aura été versée sans qu'une indemnisation n'ait lieu.

b. Vocabulaire de l'assurance

Risque	▷ Événement aléatoire et dommageable. ▷ Un dommage résultant d'une faute intentionnelle ne peut pas être indemnisé.
Prime	▷ Somme payée par l'assuré pour être couvert en cas de dommage. ▷ Elle est payée d'avance. Elle est fonction des risques couverts et des calculs de probabilité des risques effectués par l'assureur.
Garantie	▷ Prestation que l'assureur s'engage à fournir en cas de réalisation du sinistre. ▷ Les événements couverts et les exclusions sont précisés dans le contrat. ▷ Les plafonds et les seuils d'intervention (franchise) sont précisés dans le contrat.
Police	Contrat d'assurance.
Indemnité	Somme versée à l'assuré en cas de dommage et fonction des conditions du contrat d'assurance.

2 Le contrat d'assurance

Definition

Selon la loi un contrat d'assurance est un contrat par lequel une partie (le souscripteur), se fait promettre pour son compte ou celui d'un tiers (l'assuré), par une autre partie (l'assureur), une prestation généralement pécuniaire due en cas de réalisation d'un risque (exemple : dégâts des eaux) et moyennant le paiement d'une prime ou cotisation.

Il est soumis au droit des contrats, notamment les conditions de validité du Code civil. Des dispositions spécifiques sont prévues au Code des assurances.

a. Les obligations des parties au contrat

Le contrat d'assurance se forme par le seul accord des parties, même verbal. Dans la pratique et pour des raisons de preuve, la formation du contrat est soumise contractuellement à une formalité comme la signature de la police.

Les obligations de l'assureur	Les obligations du souscripteur
▷ Informer de façon pré contractuelle sur les prix et les garanties couvertes (ou exclues). ▷ Conseiller et orienter le choix du cocontractant au mieux de ses intérêts. ▷ Faire remplir par l'éventuel assuré une proposition écrite d'assurance qui sera acceptée par lui. ▷ Exécuter dans le délai convenu la prestation déterminée par le contrat lors de la réalisation d'un risque couvert.	▷ Au moment de la souscription : – payer la prime ; – fournir des informations permettant à l'assureur d'évaluer le risque à garantir ; – être de bonne foi. ▷ Lors d'un sinistre : – le déclarer en respectant les conditions du contrat (délai, pièces du dossier).

b. Le contrat d'assurance de biens

Selon la loi l'assurance relative aux biens est un contrat visant à indemniser. L'indemnité due par l'assureur à l'assuré ne peut pas dépasser le montant de la valeur de la chose assurée au moment du sinistre.

Le contrat couvre les dommages subis par les biens dont on est propriétaire. L'indemnité est en principe limitée à l'importance du dommage, dans la limite des capitaux assurés. Enfin, une partie des dommages peut rester à la charge de l'assuré (franchise).

EXEMPLES *D'ASSURANCES DE BIENS DANS L'ENTREPRISE*

Mobilier – Matériel – Stocks	Risques d'incendie, explosion, tempête, vol, bris accidentel
Bâtiments	Mêmes risques couverts pour les locaux professionnels
Véhicules automobiles	Accident, incendie, vol
Fichiers informatiques	Destruction, piratage, virus
Arrêt ou ralentissement d'activité	Perte d'exploitation à la suite d'une explosion, un incendie ou tout autre événement accidentel

c. Le contrat d'assurance de responsabilité

L'assurance responsabilité couvre les dommages causés aux tiers. Elle garantit l'assuré contre les recours exercés contre lui par des tiers recherchant sa responsabilité en tant que victimes pour obtenir réparation du préjudice qui leur a été causé. Les contrats couvrent généralement les dommages matériels et corporels.

Sont exclus de la garantie :

- la faute intentionnelle de l'assuré ;
- la responsabilité résultant d'infractions pénales.

EXEMPLES *D'ASSURANCES RESPONSABILITÉ DANS L'ENTREPRISE*

Assurance responsabilité civile des produits	▷ L'assurance responsabilité civile des produits couvre la responsabilité du fabricant, vendeur ou producteur, pour les dommages occasionnés par le produit aux victimes. ▷ L'indemnisation peut faire l'objet de limites avec des plafonds par sinistre ou par année.
Responsabilité civile exploitation	L'assurance responsabilité civile exploitation couvre les conséquences de la responsabilité civile en raison des dommages causés aux tiers (salariés, clients ou visiteurs) du fait des activités de l'entreprise.
Assurance-automobile	Elle couvre les dommages causés par les véhicules aux personnes.

QCM

1. Un salarié ressortissant de l'Union européenne qui souhaite travailler dans un autre État membre :
   - ☐ **a.** peut librement exercer une activité professionnelle sur le territoire de cet État membre.
   - ☐ **b.** doit demander l'autorisation de l'État membre d'accueil.
   - ☐ **c.** garde le statut de travailleur salarié de son pays d'origine.
   - ☐ **d.** a un statut, en principe identique à celui de l'État d'accueil.
   - ☐ **e.** est soumis aux mêmes obligations que les résidents de l'État d'accueil.

2. Le principe de la liberté du travail a pour conséquence :
   - ☐ **a.** l'obligation pour chaque individu de travailler.
   - ☐ **b.** l'obligation pour l'État de fournir un travail à chacun.
   - ☐ **c.** la reconnaissance à chacun du droit de travailler et d'obtenir un emploi

3. Lors d'un recrutement, l'employeur est :
   - ☐ **a.** libre.
   - ☐ **b.** soumis aux principes de transparence, pertinence et d'inégalité de traitement des candidats.
   - ☐ **c.** soumis au principe de transparence, pertinence et non-discrimination.

4. Les éléments constitutifs du contrat de travail sont :
   - ☐ **a.** un travail contre rémunération.
   - ☐ **b.** une prestation de travail.
   - ☐ **c.** une rémunération.
   - ☐ **d.** un lien de subordination juridique.

5. Le travail temporaire :
   - ☐ **a.** est un contrat entre une entreprise de travail temporaire et un salarié.
   - ☐ **b.** est une relation triangulaire entre une entreprise utilisatrice, une entreprise de travail temporaire et un salarié.
   - ☐ **c.** est un contrat qui ne peut pas être renouvelé.
   - ☐ **d.** entraîne le versement d'une prime de précarité de 8 % du salaire perçu.

6. Un fonctionnaire :

- ☐ **a.** est un travailleur salarié.
- ☐ **b.** est toujours recruté par concours.
- ☐ **c.** perçoit un salaire.
- ☐ **d.** bénéficie de la garantie de l'emploi.

7. Un commerçant :

- ☐ **a.** agit en son nom et pour son propre compte.
- ☐ **b.** agit sous les ordres de son client.
- ☐ **c.** est un travailleur indépendant.
- ☐ **d.** exerce une profession qui exige une qualification professionnelle.
- ☐ **e.** effectue une prestation de travail intellectuel.

8. La rémunération du salarié :

- ☐ **a.** est fixée librement par négociation individuelle.
- ☐ **b.** doit respecter un salaire plancher fixé par la loi.
- ☐ **c.** est fixée par les conventions et accords collectifs.
- ☐ **d.** est définitivement négociée dans le respect du SMIC et des conventions et accords collectifs.
- ☐ **e.** est négociée dans le respect du SMIC et des conventions et accords collectifs.

9. La formation :

- ☐ **a.** est une obligation pour le salarié.
- ☐ **b.** est une obligation pour l'employeur.
- ☐ **c.** est remboursée par le salarié en cas de départ de l'entreprise qui l'a financée.
- ☐ **d.** est négociée au niveau de l'entreprise.

10. Le congé individuel de formation est accordé :

- ☐ **a.** sans condition.
- ☐ **b.** si le salarié a deux ans d'ancienneté dans l'entreprise.
- ☐ **c.** est à l'initiative du salarié.
- ☐ **d.** est à l'initiative de l'employeur.

11. Le contrat de travail peut être modifié :

- ☐ **a.** par l'employeur.
- ☐ **b.** par le salarié.
- ☐ **c.** par un accord entre l'employeur et le salarié.
- ☐ **d.** avec l'accord des institutions représentatives du personnel.
- ☐ **e.** par l'employeur uniquement pour les seules conditions de travail.

12. En cas de transfert de l'entreprise :

☐ **a.** les contrats de travail en cours sont poursuivis en principe.

☐ **b.** les contrats de travail en cours prennent fin.

☐ **c.** les salariés font l'objet d'une procédure de licenciement économique.

☐ **d.** les contrats de travail sont systématiquement renégociés avec le nouvel employeur.

☐ **e.** le nouvel employeur peut modifier le contrat de travail avec l'accord du salarié.

13. Un salarié peut être licencié :

☐ **a.** pour faute.

☐ **b.** en l'absence de faute en application du pouvoir de direction de l'employeur.

☐ **c.** en l'absence de faute pour des raisons économiques.

☐ **d.** en l'absence de faute pour insuffisance de résultats.

14. Un salarié peut démissionner :

☐ **a.** librement.

☐ **b.** sans préavis.

☐ **c.** à la demande de son employeur.

☐ **d.** par un acte clair et non équivoque.

15. Les syndicats qui négocient les conventions collectives :

☐ **a.** doivent prouver leur représentativité.

☐ **b.** sont représentatifs s'ils ont deux ans d'ancienneté et obtenu 10 % des suffrages aux élections professionnelles dans l'entreprise.

☐ **c.** sont représentatifs s'ils appartiennent à une confédération.

16. Les conventions collectives :

☐ **a.** améliorent toujours les droits des salariés.

☐ **b.** peuvent déroger à la loi.

☐ **c.** peuvent fixer librement les droits des salariés d peuvent déroger à la loi sauf exception.

17. L'entreprise individuelle :

☐ **a.** est confondue avec l'entrepreneur.

☐ **b.** n'a pas de patrimoine propre.

☐ **c.** peut avoir un patrimoine affecté d est une personne morale.

18. Dans une société commerciale :

- ☐ **a.** la responsabilité des associés est limitée.
- ☐ **b.** le capital est divisé en actions
- ☐ **c.** les associés contribuent aux pertes.
- ☐ **d.** il y a au moins deux associés.

19. Une association :

- ☐ **a.** ne peut pas faire de bénéfices.
- ☐ **b.** peut faire des bénéfices.
- ☐ **c.** est à but non lucratif.
- ☐ **d.** a la personnalité morale.

20. Les détenteurs de la procédure d'alerte en cas d'entreprise en difficultés sont :

- ☐ **a.** le commissaire aux comptes.
- ☐ **b.** les délégués syndicaux.
- ☐ **c.** le ministère public.
- ☐ **d.** le comité d'entreprise.
- ☐ **e.** le président du tribunal de commerce.

21. Les procédures de traitement des difficultés sont :

- ☐ **a.** la conciliation.
- ☐ **b.** la procédure de sauvegarde.
- ☐ **c.** la liquidation judiciaire.
- ☐ **d.** le redressement judiciaire.

22. Le redressement judiciaire a pour effet :

- ☐ **a.** de proposer un plan de liquidation.
- ☐ **b.** de réaliser l'actif pour payer les dettes de l'entreprise.
- ☐ **c.** de mettre fin aux fonctions du dirigeant.
- ☐ **d.** d'arrêter un plan de redressement ou de cession.

23. Pour conclure un contrat :

- ☐ **a.** il faut un écrit.
- ☐ **b.** aucun formalisme n'est nécessaire.
- ☐ **c.** le consentement suffit mais dans certains cas un écrit est obligatoire.
- ☐ **d.** le consentement suffit.

24. Les pourparlers :

- ☐ **a.** précédent systématiquement la rédaction d'un contrat.
- ☐ **b.** peuvent être rompus à tout moment.
- ☐ **c.** peuvent être rompus à tout moment mais pas de manière abusive.
- ☐ **d.** sont des contrats préparatoires au contrat définitif.
- ☐ **e.** doivent être menés de bonne foi.

25. Les vices du consentement sont :

☐ **a.** l'erreur.
☐ **b.** la lésion.
☐ **c.** le dol.
☐ **d.** l'objet illicite.

26. Une clause compromissoire :

☐ **a.** prévoit le recours à un arbitre en cas de litige.
☐ **b.** est rédigé au moment du litige.
☐ **c.** est possible dans tous les contrats.
☐ **d.** est possible uniquement dans le domaine commercial.

27. Un contrat de consommation :

☐ **a.** est un contrat entre deux particuliers.
☐ **b.** est un contrat entre un professionnel et un consommateur.
☐ **c.** ne doit pas contenir de clause abusive.
☐ **d.** est librement rédigé.

28. Le contrat :

☐ **a.** est irrévocable.
☐ **b.** peut être annulé par consentement mutuel.
☐ **c.** peut être modifié par le juge.
☐ **d.** peut être révisé par le juge pour l'adapter aux lois économiques en cours.

29. En cas d'obligation de résultat dans un contrat et lorsque l'obligation n'a pas été exécutée :

☐ **a.** le créancier doit apporter la preuve que le débiteur a commis une faute.
☐ **b.** le débiteur est présumé responsable.
☐ **c.** le débiteur ne peut pas s'exonérer.
☐ **d.** le débiteur peut s'exonérer en invoquant la force majeure.

30. La résolution du contrat :

☐ **a.** peut être demandée par le créancier.
☐ **b.** met fin au contrat pour l'avenir.
☐ **c.** anéantit le contrat.
☐ **d.** est possible dans tous les types de contrats.

31. Un marché public :

☐ **a.** est un marché qui concerne tous les particuliers.
☐ **b.** est un marché qui concerne l'État et les collectivités territoriales entre eux.
☐ **c.** est un marché qui concerne l'État et les collectivités territoriales avec des opérateurs publics ou privés.
☐ **d.** est librement négocié.

32. Les principes des marchés publics sont :

- ☐ **a.** la transparence.
- ☐ **b.** la publication sur internet.
- ☐ **c.** l'égalité de traitement des candidats au marché.
- ☐ **d.** la liberté d'accès à la commande publique.
- ☐ **e.** les mêmes que pour les contrats privés.

33. Le contrat électronique :

- ☐ **a.** doit respecter l'ordre public et les bonnes mœurs.
- ☐ **b.** permet de recueillir et exploiter librement les données personnelles du cyberconsommateur
- ☐ **c.** est formé en application de la règle du « double-clic ».
- ☐ **d.** offre la possibilité de se rétracter dans un délai de 7 jours.
- ☐ **e.** offre la possibilité de se rétracter dans un délai de 15 jours.

34. Les œuvres numériques :

- ☐ **a.** sont protégées par le droit d'auteur.
- ☐ **b.** sont protégées par le dépôt à l'INPI.
- ☐ **c.** offrent une protection perpétuelle.
- ☐ **d.** offrent un droit moral perpétuel à leur auteur.
- ☐ **e.** permettent à l'auteur de disposer de droits patrimoniaux pendant toute sa vie.

35. Une personne dispose sur ses données personnelles :

- ☐ **a.** d'un droit d'opposition.
- ☐ **b.** d'un droit d'accès.
- ☐ **c.** d'un droit de modification.
- ☐ **d.** de l'impossibilité de radiation une fois inscrite dans un fichier.

36. L'employeur :

- ☐ **a.** peut surveiller son salarié au travail sous certaines conditions.
- ☐ **b.** peut mettre en place une cybersurveillance librement.
- ☐ **c.** peut interdire l'utilisation d'internet à des fins personnelles sur le lieu de travail.
- ☐ **d.** ne peut pas avoir accès à la messagerie personnelle de son salarié.

37. Le télétravailleur :

- ☐ **a.** est un travailleur indépendant.
- ☐ **b.** a le même statut que les autres salariés.
- ☐ **c.** doit se procurer ses outils de travail.
- ☐ **d.** est joignable à tout moment par son employeur.

38. La responsabilité civile est fondée sur :

- ☐ **a.** la sanction d'un comportement répréhensible.
- ☐ **b.** la réparation d'un dommage.
- ☐ **c.** la faute d le risque.

39. L'employeur a une obligation de sécurité :

- ☐ **a.** qualifiée d'obligation de moyens.
- ☐ **b.** qualifiée d'obligation de résultat.
- ☐ **c.** qui le présume responsable en cas de dommage du salarié.
- ☐ **d.** dont le manquement doit être prouvé par le salarié, victime d'un dommage.

40. Pour être réparé, un dommage doit être :

- ☐ **a.** certain.
- ☐ **b.** actuel.
- ☐ **c.** matériel.
- ☐ **d.** déterminé.
- ☐ **e.** non hypothétique.

41. Les conditions de la responsabilité contractuelle sont :

- ☐ **a.** la faute.
- ☐ **b.** le lien de causalité.
- ☐ **c.** le dommage.
- ☐ **d.** le fait générateur.

42. Les acteurs de la prévention des risques professionnels sont :

- ☐ **a.** le CHSCT.
- ☐ **b.** le médecin du travail.
- ☐ **c.** l'autorité judiciaire.
- ☐ **d.** le salarié.
- ☐ **e.** la DGCCRF.

43. Le harcèlement moral :

- ☐ **a.** est autorisé dans les entreprises.
- ☐ **b.** est un délit pénal.
- ☐ **c.** est un délit civil.
- ☐ **d.** doit être prouvé par le salarié.

44. En cas d'inexécution ou mauvaise exécution du contrat, le créancier peut :

☐ **a.** mettre le débiteur en demeure.

☐ **b.** demander l'exécution en nature, c'est-à-dire des dommages-intérêts.

☐ **c.** demander l'exécution par équivalent, c'est-à-dire des dommages-intérêts.

☐ **d.** demander l'exécution en nature et des dommages-intérêts en cas de préjudice.

45. Les conditions de la responsabilité délictuelle sont :

☐ **a.** la faute.

☐ **b.** le lien de causalité.

☐ **c.** le dommage.

☐ **d.** le fait générateur.

46. Les conditions de mise en œuvre de la responsabilité de l'employeur sont :

☐ **a.** une faute du salarié.

☐ **b.** un lien de subordination juridique.

☐ **c.** une faute du salarié dans l'exercice de ses fonctions.

☐ **d.** la preuve de la faute apportée par la victime du dommage.

☐ **e.** l'impossibilité pour l'employeur de s'exonérer.

47. Le régime de la responsabilité des produits défectueux s'applique :

☐ **a.** pour réparer les dommages causés au produit.

☐ **b.** pour réparer les dommages causés aux autres produits.

☐ **c.** pour réparer les dommages causés aux personnes du fait du produit défectueux.

☐ **d.** de plein droit et sans possibilité d'exonération au producteur.

48. Le contrat d'assurance :

☐ **a.** est soumis aux conditions de validité des contrats.

☐ **b.** met à la charge de l'assureur une obligation de conseil.

☐ **c.** engage la responsabilité de l'assureur en cas de manquement à l'obligation de conseil.

☐ **d.** comprend des clauses négociées librement par les parties.

49. Le contrat d'assurance de biens :

- ☐ **a.** a pour objet le transfert de propriété d'un bien à l'assureur.
- ☐ **b.** a pour objet d'assurer une perte d'exploitation à la suite d'une explosion.
- ☐ **c.** a pour objet d'assurer tous les biens de l'entreprise sauf les immeubles.
- ☐ **d.** donne un bien en garantie à l'assureur.

50. Le contrat d'assurance de responsabilité :

- ☐ **a.** couvre les dommages causés par les véhicules aux personnes.
- ☐ **b.** couvre les destructions de matériel informatique.
- ☐ **c.** couvre la responsabilité du fabricant pour les dommages occasionnés par les produits aux victimes.

Solutions

1. **a, d et e** – 2. **c** – 3. **c** – 4. **b, c et d** – 5. **b** – 6. **a et d** – 7. **a et c** – 8. **e** – 9. **a et b** – 10. **c** – 11. **c et e** – 12. **a et e** – 13. **a, c et d** – 14. **d** – 15. **a** – 16. **d** – 17. **c** – 18. **c** – 19. **b et c** – 20. **a, d et e** – 21. **b, c et d** – 22. **d** – 23. **c** – 24. **c et e** – 25. **a et c** – 26. **a et d** – 27. **b et c** – 28. **a et b** – 29. **b et d** – 30. **a et c** – 31. **c** – 32. **a, c et d** – 33. **a et d** – 34. **a et d** – 35. **a, b et c** – 36. **a et c** – 37. **b** – 38. **b, c et d** – 39. **b et c** – 40. **a, b et d** – 41. **b, c et d** – 42. **a, b et d** 43. **b et c** – 44. **a, c et d** – 45. **b, c et d** – 46. **b et c** – 47. **b et c** – 48. **a, b et c** – 49. **b** – 50. **a.**

Lexique

Acceptation
Manifestation de volonté par laquelle une partie manifeste son accord d'être liée par contrat.

Accord collectif
Règle mise au point par les partenaires sociaux (syndicats de salariés et d'employeurs) et ayant pour but d'organiser un point particulier de la relation de travail.

Action
Fraction du capital d'une société de capitaux.

Association
Contrat par lequel deux ou plusieurs personnes mettent en commun leurs connaissances ou leur activité dans un but autre que de partager les bénéfices.

Base de données
Recueil d'œuvres, de données ou d'autres éléments indépendants, disposés de manière méthodique et individuellement accessibles par divers moyens, notamment électroniques.

Capacité juridique
Aptitude d'une personne à avoir des droits et des obligations, et à les exercer.

Clause abusive
Clause qui a pour objet ou effet de créer au détriment du consommateur un déséquilibre significatif entre les droits et les obligations des parties.

Clause attributive de juridiction
Clause qui désigne par avance le tribunal compétent en cas de litige.

Clause compromissoire
Clause qui prévoit qu'un litige sera tranché par un arbitre.

Clause de réserve de propriété
Clause qui diffère le transfert d'un bien au complet paiement d'un bien.

Clause limitative de responsabilité
Clause qui réduit la responsabilité des parties.

Clause pénale
Clause qui prévoit que celui qui manquera à sa parole contractuelle paiera à l'autre une somme d'argent.

Clause résolutoire de plein droit
Clause qui prévoit l'anéantissement d'un contrat s'il survient un événement décrit.

Clause de dédit formation
Clause par laquelle un salarié s'engage à rembourser tout ou partie des frais de formation s'il quitte l'entreprise, après avoir reçu une formation, avant une certaine date.

Clause de révision de prix
Clause qui prévoit que le montant du prix variera en fonction des conditions économiques.

CNIL
La Commission nationale de l'informatique et des libertés est une autorité administrative indépendante qui a pour mission de protéger la vie privée et les libertés dans le monde numérique.

Commerçant
Personne physique qui fait de manière habituelle des actes de commerce et agit en son nom et pour son compte.

Compte Personnel de Formation (CPF)
Compte ouvert à toute personne, âgée d'au moins 16 ans, qui reçoit chaque année un crédit d'heures de formation que le salarié peut utiliser.

Conciliation
En droit de l'entreprise en difficulté se dit d'une procédure ayant pour objet de rechercher le règlement des difficultés de l'entreprise par la mise au point d'un accord amiable avec les principaux créanciers.

Congé Individuel de Formation (CIF)
Congé permettant à un salarié de suivre, à son initiative, une formation.

Consensualisme
Principe selon lequel un contrat est validement formé par le simple accord des parties.

Consommateur
Personne physique qui agit à des fins qui n'entrent pas dans le cadre de son activité commerciale, artisanale, industrielle ou libérale.

Contrat
Accord de volontés entre deux ou plusieurs personnes destinées à créer, modifier, transmettre ou éteindre des obligations.

Contrat administratif
Contrat conclu par une personne publique et qui comporte un contenu spécifique.

Contrefaçon
Atteinte au droit d'auteur, délit civil et pénal.

Convention collective
Règles mises au point par les partenaires sociaux (syndicats de salariés et d'employeurs) et ayant vocation à traiter l'ensemble des conditions d'emploi, de formation professionnelle et de travail, ainsi que les garanties sociales.

Coopérative
Groupement de personnes ayant pour but de satisfaire leurs aspirations et besoins économiques, sociaux et culturels communs.

Corps
En droit de la fonction publique, le corps regroupe les fonctionnaires soumis au même statut particulier et ayant vocation au même grade.

Démission
Rupture du contrat de travail à durée indéterminée à l'initiative du salarié.

Directive
Source du droit de l'UE, disposition s'adressant aux états membres et leur fixant des buts à atteindre.

Discrimination
Traitement inégal de deux personnes se trouvant dans la même situation. En droit du travail, la discrimination s'identifie à partir de critères visés par la loi. Exemples : état de santé, orientation sexuelle, appartenances politique, syndicale et religieuse.

Dol
Tromperie ayant pour but de pousser une personne à contracter.

Données personnelles
Toute information relative à une personne physique identifiée ou pouvant être identifiée par référence à des éléments qui lui sont propres.

Droit d'alerte
Droit permettant à un salarié de signaler à son employeur toute situation de travail dangereuse.

Droit de retrait
Droit permettant à un salarié de quitter son poste de travail quand il est confronté à une situation dangereuse pour sa santé ou sa sécurité.

Emploi
Terme utilisé, en droit de la fonction publique, pour désigner le poste auquel le fonctionnaire est rattaché. En droit privé, le terme est synonyme de travail.

Entreprise individuelle
Entreprise sans personne juridique, créée et exploitée par une personne physique en son nom et pour son propre compte.

Erreur
Croyance fausse portant sur l'un des termes du contrat.

Exécution forcée
Recours aux tribunaux et à la force publique pour obliger le débiteur à respecter sa parole contractuelle.

Fait d'un tiers
Comportement émanant d'une personne autre que les parties au contrat et permettant une exonération de la responsabilité civile du débiteur.

Faute du créancier
Participation du créancier à la réalisation d'un dommage entraînant une exonération partielle ou totale de la responsabilité civile du débiteur.

Fonctionnaire
Personne physique employée et nommée par une personne publique dans un emploi permanent et titularisée à son poste dans un grade de la hiérarchie administrative.

Force obligatoire des contrats
Principe qui pose que le contrat est la loi des parties.

Force majeure
Événement échappant au contrôle du débiteur et lui permettant une exonération de sa responsabilité civile.

Formalisme
Principe selon lequel la formation d'un contrat dépend de l'accomplissement d'une formalité ; exemple : la rédaction d'un écrit.

Grade
En droit de la fonction publique, titre conférant vocation à occuper un emploi d'une certaine catégorie.

Jurisprudence
Ensemble des décisions de justice rendues par les cours et tribunaux.

Licenciement
Rupture du contrat de travail à durée indéterminée à l'initiative de l'employeur.

Liquidation judiciaire
En droit de l'entreprise en difficulté se dit d'une procédure qui organise la fin de l'activité de l'entreprise et le paiement éventuel des créanciers.

Marché public
Contrat onéreux conclu entre un pouvoir adjudicateur et un opérateur public ou privé.

Modification des conditions de travail
Changement mineur des conditions d'exercice de la relation de travail.

Modification du contrat de travail
Changement des éléments du contrat de travail.

Négociation collective
Processus par lequel les partenaires sociaux négocient les conditions de travail dans l'entreprise.

Nullité
Sanction d'une mauvaise condition de formation du contrat.

Objet
Contenu du contrat.

Obligation de garantie
Lien de droit par lequel un débiteur garantit un résultat.

Obligation de moyens
Lien de droit qui oblige une partie à mettre à la disposition d'une autre toutes ses ressources pour essayer d'atteindre un objectif.

Obligation de résultat
Lien de droit par lequel le débiteur s'engage à obtenir un résultat particulier.

Obligation de sécurité
Lien de droit par lequel une partie s'engage à ne pas causer de dommage corporel à son cocontractant.

Obligation d'information
Lien de droit par lequel une partie s'engage à fournir à l'autre des informations.

Offre
Déclaration de volonté par laquelle une partie manifeste son intention de se tenir pour liée si l'autre partie accepte.

Patrimoine
Ensemble des biens et des obligations à caractère pécuniaire d'une personne.

Partenaires sociaux
Syndicats d'employeurs et de salariés.

Part sociale
Fraction du capital d'une société de personnes ou d'une SARL.

Personnalité juridique
Aptitude d'une personne à participer au commerce juridique.

Plan de formation
Ensemble des actions de formation que l'employeur fait suivre à son personnel chaque année.

Pourparlers
Période plus ou moins longue de discussions entre des parties avant la conclusion éventuelle du contrat.

Pratiques commerciales déloyales
Mauvaises pratiques commerciales visant le consommateur.

Principe de faveur
En cas de conflit entre deux règles de droit du travail, on applique au salarié la règle la plus favorable.

Principe de précaution
Il a pour objectif de protéger les hommes de risques probables, inconnus et incertains dans l'état de la science.

Professionnel
Personne qui agit dans le cadre de ses activités économiques.

Professionnel libéral
Personne physique exerçant à titre habituel de manière indépendante une activité de nature civile.

Redressement judiciaire
En droit de l'entreprise en difficulté, se dit d'une procédure qui a pour objet de régler les difficultés d'une entreprise qui est en état de cessation des paiements mais dont on estime qu'elle peut être sauvée.

Régimes matrimoniaux
Ensemble des règles qui organisent les relations financières à l'intérieur du mariage.

Règlement
Source en droit de l'UE, ensemble de règles ayant une portée générale et obligatoire s'adressant à des catégories de personnes envisagées de manière générale et abstraite.

Résolution
Anéantissement du contrat.

Responsabilité civile
Action qui vise à réparer un dommage.

Responsabilité contractuelle
Action qui vise à réparer le dommage résultant de la mauvaise exécution ou de la non – exécution du contrat.

Risque
Événement incertain susceptible de causer un dommage aux personnes et aux biens.

Salarié
Personne physique liée à un employeur par un contrat de travail.

Sauvegarde
En droit de l'entreprise en difficulté se dit d'une procédure qui a pour objet de régler les difficultés d'une entreprise qui n'est pas en état de cessation des paiements.

Séparation de biens
Régime matrimonial dans lequel chaque époux conserve la propriété de ses biens et est débiteur de ses dettes.

Site Internet
Ensemble de documents et d'applications placés sous une même autorité et accessible par la toile à partir d'une adresse universelle.

SMIC
Salaire minimum interprofessionnel de croissance ; synonyme de salaire plancher.

Société
Contrat par lequel deux ou plusieurs personnes conviennent de mettre en commun des biens ou leur industrie et de partager les bénéfices qui peuvent en résulter.

Société de capitaux
Société constituée en considération du capital apporté et dont la responsabilité des associés se limite aux apports.

Société de personnes
Société créée en considération de la personnalité des associés et dont la responsabilité est indéfinie.

Télétravail
Forme de travail utilisant les technologies de l'information dans le cadre d'un contrat de travail.

Traité
Ensemble de règles conclues par des États et ayant vocation à organiser leurs relations ou celles entre leurs ressortissants.

Traitement
Opérations portant sur des données.

Travailleur indépendant
Personne physique travaillant pour son propre compte : commerçant, artisan.

Violence
Contrainte exercée pour obtenir le consentement d'une partie au contrat.

72585 - (I) - OSB 80 - LUM - GCO
Imprimerie CHIRAT - 42540 Saint-Just-la-Pendue
Dépôt légal : juin 2016
N° 201605.0284

Imprimé en France